東京発
半日ゆるゆる登山

朝寝坊しても大丈夫！
都心から6時間で行って登って帰ってこられる

石丸哲也

ヤマケイ新書

JN218497

目次

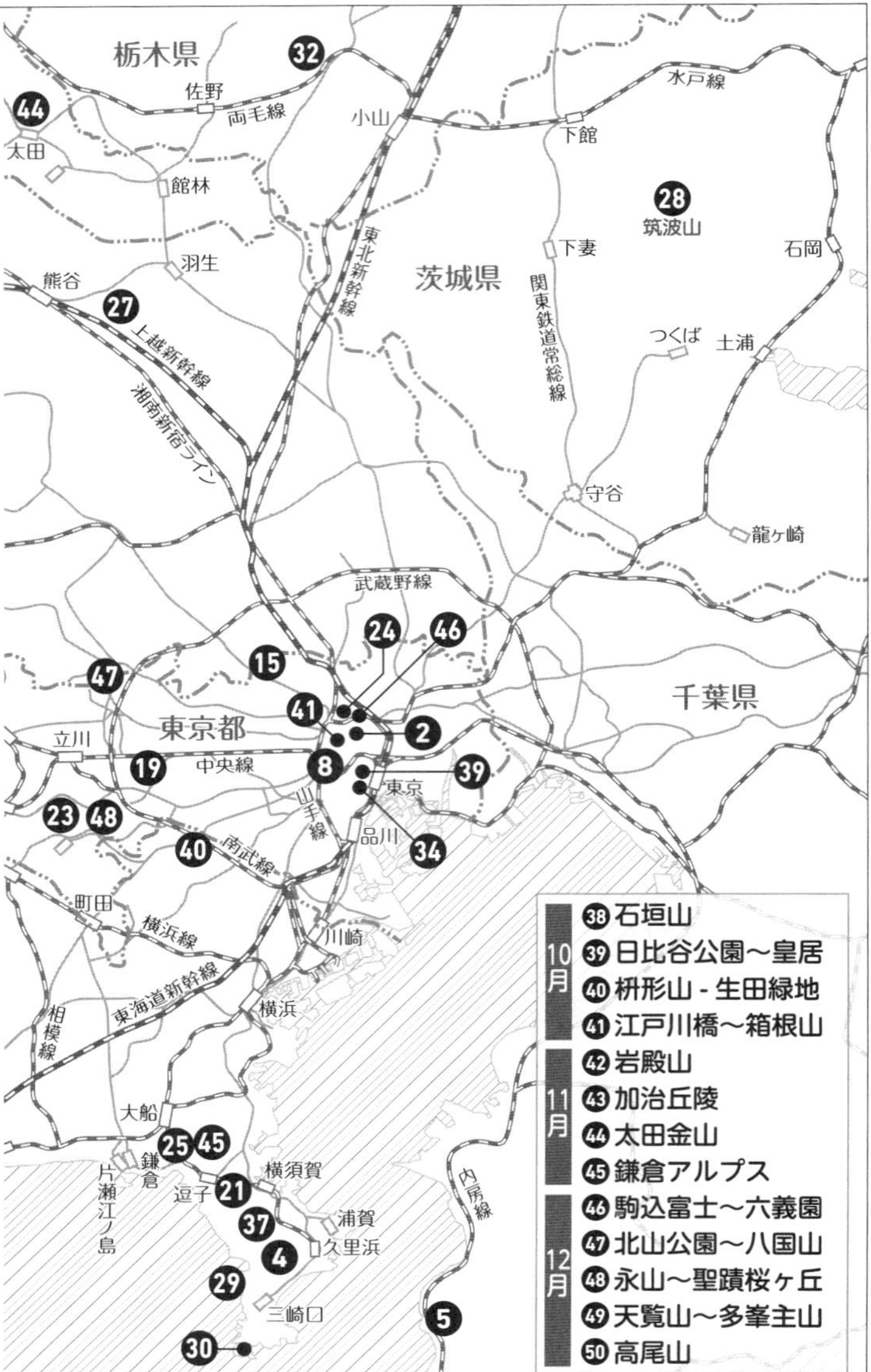
栃木県
32
44
佐野
両毛線
小山
水戸線
下館
太田
館林
28
筑波山
下妻
石岡
羽生
熊谷
茨城県
東北新幹線
関東鉄道常総線
27
上越新幹線
つくば
土浦
湘南新宿ライン
守谷
龍ケ崎
武蔵野線
24
46
15
47
41
千葉県
東京都
2
立川
19
中央線
8
39
東京
山手線
23
48
品川
40
南武線
34
町田
横浜線
川崎
東海道新幹線
横浜
相模線
大船
25
45
鎌倉
片瀬江ノ島
逗子
21
横須賀
37
浦賀
4
久里浜
内房線
29
三崎口
5
30
10月
38 石垣山
39 日比谷公園〜皇居
40 枡形山 - 生田緑地
41 江戸川橋〜箱根山
11月
42 岩殿山
43 加治丘陵
44 太田金山
45 鎌倉アルプス
12月
46 駒込富士〜六義園
47 北山公園〜八国山
48 永山〜聖蹟桜ヶ丘
49 天覧山〜多峯主山
50 高尾山

1月
1 日の出山
2 上野公園・摺鉢山〜谷中
3 宝登山
4 武山三山
5 鋸山

2月
6 吾妻山
7 曽我丘陵
8 新宿御苑〜千駄ヶ谷富士
9 大高取山

3月
10 幕山
11 小仏城山
12 龍籠山
13 仙元山

4月
14 蓑山
15 赤塚城山
16 桜保存林〜八王子城山
17 頭高山

5月
18 関八州見晴台
19 浅間山〜多磨霊園
20 陣馬山
21 二子山

6月
22 霞丘陵
23 高幡不動〜南平丘陵
24 飛鳥山
25 源氏山

7月
26 南沢あじさい山
27 忍城〜埼玉古墳群
28 筑波山
29 荒崎海岸

8月
30 城ヶ島
31 鳩ノ巣渓谷
32 太平山
33 御岳山〜ロックガーデン

9月
34 浜離宮〜愛宕山
35 物見山〜武蔵嵐山
36 巾着田〜日和田山
37 大楠山

はじめに

「山はココロもカラダも健康にしてくれる」

山登りの魅力をたずねられたとき、私がこう答えると、皆さん同意されます。とはいえ日々の仕事や生活が忙しいと、なかなか山に行く機会を作れません。たまの休みぐらいは家でゆっくりしたい、という気持ちもわかります。

「山は早出、早着が基本」ですが、近郊の超低山であれば、朝寝坊して出かけても充分に山を味わえるし、逆に、夕方、用事があるようなとき、サクッと行って帰ってもこられます。

この本では「山の手線内の主要ターミナル駅を起点に、半日で行って、登って、帰ってこられる」50のルートを紹介しています。各ルートはそれぞれ歩くのにおすすめの季節として、1月第1週から12月第5週まで、週ごとに案内する構成としました。さらに他の季節や山麓の楽しみ、サブコースなども紹介することで、読者のみなさんがそれぞれのオリジナルコースや季節を考えるきっかけにもできるよう工夫しています。

なお、超低山とはいえ、奥多摩など山岳地の山を楽しむことは安全の上に成り立っています。事前に歩くコースを把握して計画を家族に知らせておくこと、登る山によっては登山届にまとめて提出することなどがより安全なゆるゆる登山につながります。

本書の使い方

【コース番号・都県、山域・エリア】紹介している山などが所在する都県と山域・エリア。

【時期】コースの設定時期の月と週です。

01 東京都 奥多摩

1月 1週

日《ひ》の出《で》山《やま》で迎える初日の出と温泉の初湯

穏やかな山頂の元旦に、よい年が始まりそうな予感を感じて

歩 6km／2時間45分　標 929m(御岳山)・902m(日の出山)
交 3時間／2990円(新宿駅からJR中央線・青梅線など)
適 元旦・4月下旬〜6月上旬・盛夏・11月上旬〜中旬

【山名など】タイトル、サブタイトルでそのコースの魅力を紹介しております。

歩 **【歩行時間、歩行距離】**休憩時間などを含まない歩行時間の合計です。個人差、道の状況や荷物による変動があるので目安として考え、余裕のある計画、行程で望んでください。距離は地図データから読み取ったものです。実際の歩行とは誤差がある場合もあります。

標 **【標高】**標高はそのコースの最高地点と必要に応じて主なポイントも記しています。

交 **【アクセス】**東京の主要ターミナル駅からの往復の時間と運賃を記しています。運賃は2019年10月時点のものです。最新情報をご確認ください。

適 **【適期】**出かけるのに適した時期を記しています。原則として本文で紹介している時期と魅力を先頭に、そのほかの適期を記しています。

DATAについて

＊各データは原則として2019年10月時点のものです。

★モデルコース

本文で紹介しているコースの歩行時間で、休憩時間を含んでいません。歩行時間は個人差がありますので、目安として参考にしてください。本文で紹介していないコースを参考として紹介しているところもあります。

★歩行距離／時間

本文で紹介しているコースの歩行距離と所要時間。距離は地図データから読み取り、実際の歩行とは誤差がある場合もあります。

★アクセス

東京の主要ターミナル駅を起点として、時間と費用を考えあわせて2019年8月時点での公共交通機関の経路を選んでいます。公共交通機関は経年変化があり、また季節や曜日による変動もあるので、事前に最新情報を確認してご利用ください。

★シーズン

本文で紹介、推薦している時期の説明です。新緑、花、紅葉、イベントがある時期などを紹介しています。年により花期やイベント開催日は変動があるので計画時にご確認ください。

★アドバイス

各コースの注意箇所、歩くときの具体的な注意点などを記しています。

★立ち寄りスポット

本文で紹介している温泉や食事どころ、美術館や博物館などの情報を紹介しています。本文に入っていない、おすすめスポットを紹介しているところもあります。休業日について、原則として年末年始、美術館などの展示替えによる休館などは省略しています。本書発行後の変更もありえますので、最新情報をご確認ください。

★問合せ

各地の観光協会や地元の交通機関についての問い合わせ先です。

★取材メモ

著者が実際に歩いたときのメモです。

★地図

著者自身の手によるもので、コースの概念図となっています。範囲により縮尺を調整しています。方位はすべて上が北です。

DATA

★モデルコース　御岳山駅→25分→御岳山→45分→日の出山→45分→滝本→50分→つるつる温泉　麻生山・白岩滝経由：日の出山→40分→麻生山→1時間10分→白岩滝バス停→20分→つるつる温泉

★歩行距離/時間　6km/2時間45分　麻生山・白岩滝経由：8.5km/3時間20分

★アクセス　行き＝新宿駅→JR中央線・青梅線直通快速1時間10分→青梅駅→青梅線普通15分→御嶽駅→西東京バス10分→滝本→御岳山ケーブル6分→御岳山駅　帰り＝つるつる温泉→西東京バス20分→武蔵五日市駅→JR五日市線・青梅線直通普通20分→立川駅→中央線快速40分→新宿駅　※青梅線、五日市線ともに曜日などで運行区間や列車の種類変動。

★シーズン　4月下旬～6月上旬ごろの新緑、盛夏のレンゲショウマ花期、11月上旬～中旬ごろの紅葉も楽しい。

★アドバイス　例年、元日のころは雪がなく、降っても御岳山駅～御岳山はすぐ除雪される。初日の出を待つ間はとくに寒く感じるので、防寒・防風のウェアを充分に用意したい。御岳山の神代ケヤキ～日の出山は夜の山道を歩くのでヘッドランプか懐中電灯が必要。不安があれば御岳山駅～御岳山で初日を迎えた後、日の出山へ向かうとよい。

★立ち寄りスポット　つるつる温泉：洋風の生涯青春の湯、和風の美人の湯ともに大浴場、露天風呂、サウナを備え、週ごとに男湯と女湯が入れ替わる。食堂、売店もある。10～20時（受付19時まで。食堂は11～19時ラストオーダー）、第3火曜（祝日の場合翌日）定休。820円（3時間）。☎042-597-1126。瀬音の湯：男女それぞれに大浴場と露天風呂、サウナを備え、秋川流域の日帰り温泉館では比較的新しく、広い。10～22時（受付21時まで。食堂は11時30分～21時ラストオーダー）、無休。900円（3時間）。☎042-595-2614

★問合せ　青梅市観光協会 ☎0428-24-2481、御岳登山鉄道（ケーブルカー）☎0428-78-8121

★取材メモ　取材時は、明るくなってから、金比羅尾根を下り、瀬音の湯で温まって帰った。しっかり歩きたかったこと、瀬音の湯はつるつる温泉より混まないであろうと考えたことが理由。取材日：2017年1月1日。

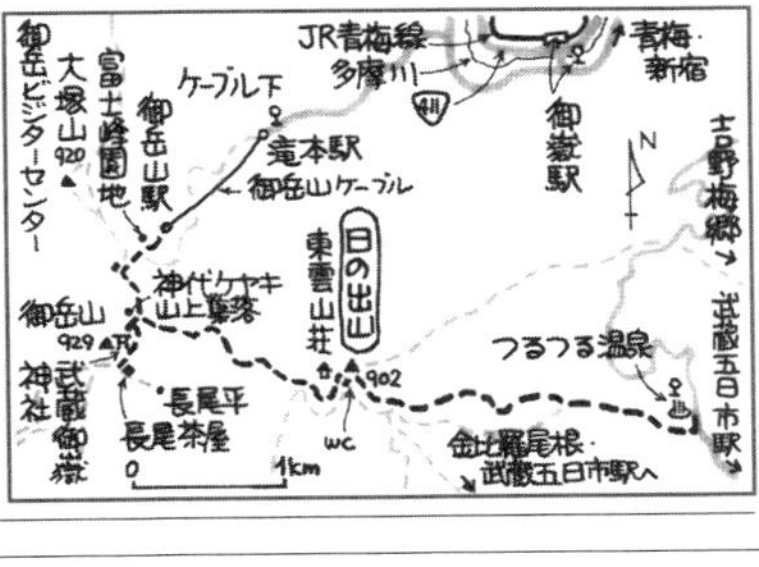

1月 1週

日《ひ》の出山《でやま》で迎える初日の出と温泉の初湯

穏やかな山頂の元旦に、よい年が始まりそうな予感を感じて

歩 6km／2時間45分　ぺ 929m（御岳山）・902m（日の出山）
交 3時間／3060円（新宿駅からJR中央線・青梅線など）
適 元旦・4月下旬〜6月上旬・盛夏・11月上旬〜中旬

大晦日から元旦にかけて、首都圏では終夜運行や未明の臨時の列車が運行されます。ケーブルカーやバスの臨時運行もあり、公共の交通機関を利用して夜が明ける前に登り、山頂で初日を拝める山もあります。その中でも人気が高いのが、奥多摩の御岳山《みたけさん》と尾根続きの日の出山です。終夜運行される御岳山のケーブルカー、ＪＲ青梅線の臨時列車と接続するバスを利用すれば、標高約８３１ｍのケーブルカー御岳山駅まで運んでもらえます。

このエリアの特長は初日を見られるスポットが豊富なこと。御岳山駅かたわらの御岳平園地、その上にあり臨時営業のリフトで登れる富士峰、御岳山への表参道や御岳山付近、長尾平などがあります。一番人気は御岳山駅から1時間足らずの日の出山で、関東平野が日の前に開けてダイナミックな初日を拝めますし、日の出山という名前も初日の出スポッ

ケーブルは大晦日
〜元旦も運行

武蔵御嶽神社の拝殿。熊野権現をまつる本殿が背後にあるが立ち入り不可。周囲には二柱社神の使いである狼をまつる大口真神（おおくちまがみ）社などの末社が並ぶ

トにぴったりです。日の出山南東側の麻生《あそう》山《さん》が２０１５年の秋、山頂東側が伐採されて展望の山に生まれ変わり、初日の出の穴場と思われます。日の出山より少し遠く、出発が遅れたこともあり、今回は手堅く日の出山を目指すことにしました。

大晦日夜から元旦にかけての青梅線は、ほぼ1時間に1本、運行され、バスとケーブルカーも接続しています。ケーブルカーの山頂駅である御岳山駅に着いたのは、まだ真っ暗な4時30分。初詣客や登山者の姿はありますが、昼間よりはずっと人が少なく、静かです。駅北側の御岳平からは、都心方面の市街地がイルミネーションのように見えました。武蔵御嶽《むさしみたけ》神社への参道には街灯がありますが、参道の杉並木も静まり

かえり、林のなかは闇に沈んで、ふだんよりさらに厳かに感じられます。

門々に新年の飾りが付けられた山上集落を抜け、石段を登りつめると、紀元前の創建という武蔵御嶽神社が鎮座する御岳山山頂です。社殿には灯りがともされ、かたわらの社務所も開いていて、お守りを求める人などでにぎわっていました。初詣を済ませた時点で、6時50分ごろの初日の出には、まだ1時間近くあるので、長尾平入口の長尾茶屋に寄ることにしました。ふだんは金曜日〜月曜日の営業ですが、年末年始は曜日にかかわらず、終夜営業しているとのこと。管理人の川崎直之さんは、東京都山岳連盟の役員で、山岳耐久レースの草分けであるハセツネ（長谷川恒男）カップの運営に尽力されてきました。日本に十数人しかいないというマスターソムリエの資格をもち、名門ホテルのソムリエなどを歴任された方で、天空のソムリエと呼ばれて、茶屋には吟味したワインや奥多摩の地酒も置かれています。

川崎さんにご挨拶し、御岳山の名水で淹れたコーヒーをいただいて、日の出山へ向かいました。武蔵御嶽神社の石段下までもどり、日の出山へ向かうと街灯はなくなります。杉やヒノキが茂って真っ暗な林の中ですが、なだらかで歩きやすい道が続きます。やがて、斜面をひと登りすれば日の出山頂上で、日の出の30分ほど前の6時20分に到着。うっすらと明るくなった山頂には、多くの登山者が日の出を迎える準備をしています。座って待て

上・2017年の初日。川崎方面にかかる雲の上に昇った。下・麻生山から眺めた都心の高層建築群。左にひときわ目立つ東京スカイツリー、その左に池袋のサンシャイン60、右に新宿の高層ビル、東京タワーなど

るスペースを見つけて陣取ると、目の前に山友達のグループが。思いがけない年始のあいさつを交わして、日の出を待ちました。

当日は地平線近くに雲があり、太陽が顔を見せたのは6時54分。大地を赤々と染めて川崎方面から昇る見事な初日で、丹沢山地の上には富士山も顔を出し、周囲から歓声が上がりました。例年より暖かく、ほぼ無風。穏やかな元旦を山の上で迎えられ、よい年の始まりとなりました。

日が昇り、明るくなってから、麻生山に登り、金比羅《こんぴら》尾根経由で瀬音の湯へ下山しました。ただし、長めのコースなので、つるつる温泉へ下るほうが手軽で、利用者も多いので、モデルコースは、こちらを紹介します。つるつる温泉へは、日の出山か

初日が昇った直後、日の出山山頂は思い思いに写真を撮る人、祝杯を挙げる人などで賑わっていた。私は金比羅尾根を瀬音の湯へ下ったが、友人たちのグループはつるつる温泉へ下山していった

らいったん南へ下り、麻生山へ向かう金比羅尾根と別れて東へ下ります。元日、つるつる温泉は8～19時（食堂は9時30分～18時ラストオーダー）で営業しているので朝湯に入れるのもうれしいところです。それでは歩き足りないという人は、麻生山まで行き、白岩滝を経て、つるつる温泉へ向かうと変化もあり、楽しいコースになりますが、一部、わかりづらい分岐があります。私が下った瀬音の湯への道もわかりづらい分岐があるので、不安なら金比羅尾根を武蔵五日市市街へ下り、バスで瀬音の湯へ向かうとよいでしょう。日の出山から五日市市街まで2時間45分、瀬音の湯までは3時間15分ほどです。

DATA

★モデルコース　御岳山駅→25分→御岳山→45分→日の出山→45分→滝本→50分→つるつる温泉　麻生山・白岩滝経由：日の出山→40分→麻生山→1時間10分→白岩滝バス停→20分→つるつる温泉

★歩行距離/時間　6km/2時間45分　麻生山・白岩滝経由：8.5km/3時間20分

★アクセス　行き=新宿駅→JR中央線・青梅線直通快速1時間10分→青梅駅→青梅線普通15分→御嶽駅→西東京バス10分→滝本→御岳山ケーブル6分→御岳山駅　帰り=つるつる温泉→西東京バス20分→武蔵五日市駅→JR五日市線・青梅線直通普通20分→立川駅→中央線快速40分→新宿駅　※青梅線、五日市線ともに曜日などで運行区間や列車の種類変動。

★シーズン　4月下旬～6月上旬ごろの新緑、盛夏のレンゲショウマ花期、11月上旬～中旬ごろの紅葉も楽しい。

★アドバイス　例年、元日のころは雪がなく、降っても御岳山駅～御岳山はすぐ除雪される。初日の出を待つ間はとくに寒く感じるので、防寒・防風のウェアを充分に用意したい。御岳山の神代ケヤキ～日の出山は夜の山道を歩くのでヘッドランプか懐中電灯が必要。不安があれば御岳山駅～御岳山で初日を迎えた後、日の出山へ向かうとよい。

★立ち寄りスポット　◎つるつる温泉：洋風の生涯青春の湯、和風の美人の湯ともに大浴場、露天風呂、サウナを備え、週ごとに男湯と女湯が入れ替え。食堂、売店もある。10～20時（受付19時まで。食堂は11～19時ラストオーダー）、第3火曜（祝日の場合翌日）定休。860円（3時間）。☎042-597-1126。◎瀬音の湯：男女それぞれに大浴場と露天風呂、サウナを備え、秋川流域の日帰り温泉館では比較的新しく、広い。10～22時（受付21時まで。食堂は11時30分～21時ラストオーダー）、無休。900円（3時間）。☎042-595-2614

★問合せ　青梅市観光協会 ☎0428-24-2481、御岳登山鉄道（ケーブルカー）☎0428-78-8121

★取材メモ　取材時は、明るくなってから、金比羅尾根を下り、瀬音の湯で温まって帰った。しっかり歩きたかったこと、瀬音の湯はつるつる温泉より混まないであろうと考えたことが理由。取材日：2017年1月1日。

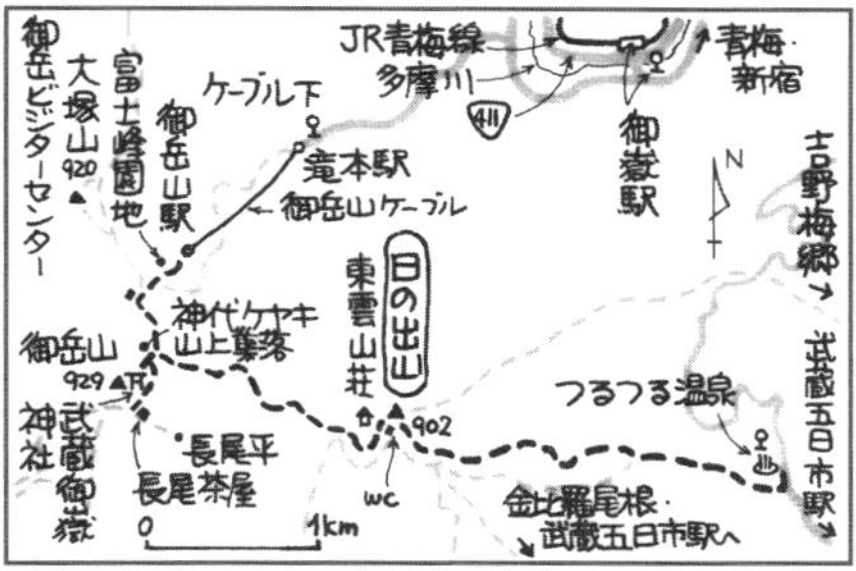

1月 2週

上野《うえの》・摺鉢山《すりばちやま》から谷中《やなか》

正月の上野の山から下町の七福神巡りを楽しむ

歩 7・5km／2時間15分　⛰約20m（摺鉢山）
交 7分／160円（上野駅、ＪＲ京浜東北線・山手線）
適 通年

青雲寺の恵比寿天

「東京都心部の街なかに山があるの？」と疑問を感じる方も多いと思いますが、東京の荒川から西の地域には台地が広がり、石神井《しゃくじい》川や神田川、その支流の谷が台地に食いこんで、意外に複雑な起伏があります。東京に700以上ともいわれる坂があり、坂の宝庫となっている理由でもあります。2019年6月、原宿の太田記念美術館で開催された「江戸の凸凹～高低差を歩く」展は、現在ではビルが建ち並ぶなどで、わかりづらくなった台地や坂道、展望がよくわかる浮世絵の風景画を地形の解説とともに展示する好企画でした。

上野に数多《あまた》ある美術館やホール、博物館、動物園などの文化施設は、あまり意識されていないかもしれませんが、山を登らなければ利用できません。南側の上野広小路《ひろこうじ》や西側の不忍池《しのばずのいけ》からは、はっきりした段差がありますが、多くの人が利用するＪＲ上野駅の公園口

公園入口に立つ西郷隆盛の銅像

谷中七福神でもある不忍弁天堂

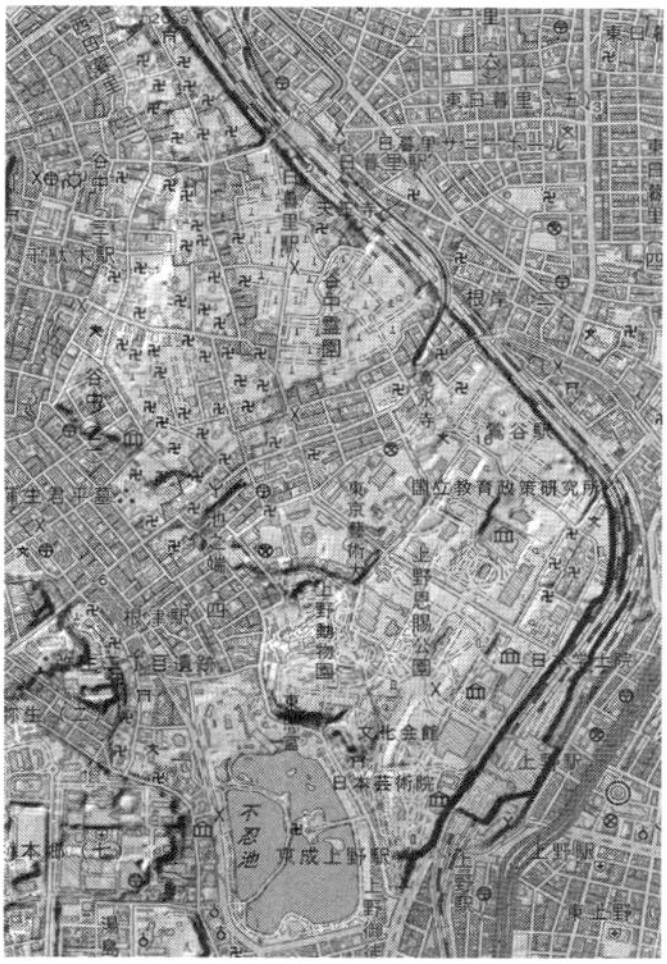

→ベースマップの地形図に陰影を表示。出典：国土地理院

は、東側中腹のホームから階段を登った出口がほぼ山の上で、登ったことがわかりにくいです。また、山といっても、はっきりした山頂はなく、全体に台地状。登山では、国交省国土地理院発行の地形図で等高線などから地形を読み取りますが、上野など都心部は平坦で等高線の間隔が広く、建物や道路の表示が混みあって、地形を読むのは困難です。

しかし、地理院ウェブサイトの電子地図では地形の起伏の陰影を表現、建物や道路を透過でき、地形が一目瞭然。上に上野の例を掲載しました。下端、南側の不忍池から急に高くなり、北へ向かうと美術館などがある上野公園、谷中を経て、西日暮里《にしにっぽり》駅あたりまで台地が続いていることがよくわかります。東、つまり右側の陰影が濃い線状の部分は急斜面で、その下に沿ってJRの線路が通っています。さらに東側の平坦地は、荒川沿いに土砂が堆積した低地です。西側のやや下に一部が見える本郷台地との間は広い谷状で、大正のころまで藍染川《あいぞめがわ》が不忍池へ流れていたそうです。

しかし、上野の山でも、麓の低地と台地上との標高差は15mほど。しかも、山岳地帯のようにはっきりした地形ではないので「登山」として楽しむには、目の付けどころ、コースの選択や組み合わせなどが必要になります。

上野の場合、山の上は平坦ですが、はっきりしたピークがあります。東京文化会館西側の摺鉢山は、名前のとおり摺鉢を伏せたような丘で、古墳とされています。ここを上野の山のピークと考え、登った感を最大限に感じるため、上野広小路側の上野四丁目交差点を「登山口」に。正月なので、招運来福《しょううんらいふく》の谷中七福神巡りを組み合わせ、台地上を北へ「縦走」して、田端《たばた》駅を「下山口」とするプランの完成です。さらに文化施設、展覧会やイベントをチェックし、史跡なども訪ねれば、魅力満載の半日ゆるゆる登山を楽しめます。

上野四丁目交差点へは、上野駅の広小路口を出るか、地下鉄の上野駅か上野広小路駅からアクセス。地下鉄なら駅が地下にある分、標高差が大きく、登高感も高まりますね。す

目指す最高地点の摺鉢山

寛永寺五重塔

ぐ上野公園入口の石段ですが、先に不忍池へ行き、谷中七福神の不忍弁天堂にお参りしましょう。広小路側に戻って、石段を登ると、有名な西郷隆盛の銅像が立っています。あまりに有名で最近まで知りませんでしたが、作者は明治から大正にかけ活躍した彫刻家の高村光雲。詩人・高村光太郎の父親でもあります。ちなみに、上野公園は１８７３（明治６）年、太政官布達《だじょうかんふたつ》により、飛鳥山《あすかやま》公園、芝公園などとともに開園した日本初の公園です。先へ進んで彰義隊《しょうぎたい》の墓、清水《きよみず》観音堂を過ぎると摺鉢山です。高さ約５ｍで、あっけなく登れますが、山頂は広場で、石材のベンチもあるので、登頂感を味わって、休憩していきましょう。

下山は、ル・コルビュジエが設計し、ロダンの「考える人」像などが前庭にある西洋美術館、シロナガスクジラの実物大模型やＳＬがある科学博

国立博物館の本館

谷中にはレトロな街並みが残る

↓七福神の御朱印
集めも楽しい

物館を過ぎ、国立博物館を回りこむようにして寛永寺《かんえいじ》本堂へ。徳川家光《いえみつ》が開基、初代住職を天海《てんかい》僧正が務め、上野の山全体が寺域だった大寺院ですが、1869（慶応4）年の上野戦争で伽藍《がらん》の大半を焼失。現在の本堂は川越喜多院《きたいん》の本地堂《ほんちどう》を明治になって移築したものです。大黒天の護国院にお参りしたあとは谷中霊園へ。徳川慶喜《よしのぶ》、横山大観、渋沢栄一、森繁久弥《もりしげひさや》など多数ある著名人の墓参りも人気があります。霊園を通り抜け、毘沙門天の天王寺と寿老人の長安寺に詣で、戦前の街並みが温かさを感じさせてくれる谷中の街歩きを楽しんで、布袋尊の修性院、恵比寿天の青雲寺へ。少し離れた福禄寿の東覚寺に着けば、田端駅は目の前です。

DATA

★モデルコース　上野駅→15分→不忍弁天堂→20分→摺鉢山→25分→寛永寺本堂→25分→天王寺→25分→青雲寺→25分→田端駅。

★歩行距離/時間　7.5km／2時間15分

★アクセス　行き：JR宇都宮線・常磐線・山手線・京浜東北線・東京地下鉄銀座線・日比谷線上野駅スタート。帰り：田端駅→山手線・京浜東北線7分→上野駅

★シーズン　通年楽しめるが、七福神の御朱印を集められるのは1月1日～10日のみ。上野公園の桜は3月末～4月上旬。新緑は4月上旬～5月なかば。不忍池のハスは7月中旬～8月中旬。紅葉は11月末～12月上旬ごろ。

★アドバイス　食事処は上野広小路と谷中ぎんざ周辺に多数。上野公園内、施設によりレストランやカフェを併設。七福神巡りをせずに谷中や根津、不忍池から西へ向かい、湯島天神や本郷の下町を歩くのもよい。

★立ち寄りスポット　多数あるので、主な施設の常設展示のデータのみを記す。休業日は年末年始を記載していないので、この時期の利用は確認を。◎台東区立下町風俗資料館：9時30分～16時30分（16時締切）、月曜（祝日の場合翌日）休館。300円。☎03-3823-7451。◎国立西洋美術館：9時30分～17時30分（曜日などによる変動あり）、月曜（祝日の場合翌日）休館。500円。☎03-5777-8600。◎国立科学博物館：9時～17時（16時30分締切。曜日などによる変動あり）、月曜（祝日の場合翌日）休館。630円。☎03-5777-8600。◎東京国立博物館：9時30分～17時（16時30分締切。曜日による変動あり）、月曜（祝日の場合翌日）休館。620円。☎03-5777-8600。◎台東区立朝倉彫塑館：9時30分～16時30分（16時締切）、月・木曜（祝日の場合翌日）休館。500円。☎03-3821-4549

★問合せ　台東区観光課 ☎03-5246-1111

★取材メモ　正月の街は華やぎがあり、寺院も七福神ののぼりが立てられ、七福神巡りの人も多く、おめでたい気分があふれていた。谷中の江戸千代紙・菊寿堂いせ辰では縁起物の犬張り子を求めた。戌年ならジャストだが、ほかの年も、その年の干支が描かれた犬張り子があることも。取材日：2013年1月7日、2019年8月18日ほか。

いせ辰の
犬張り子

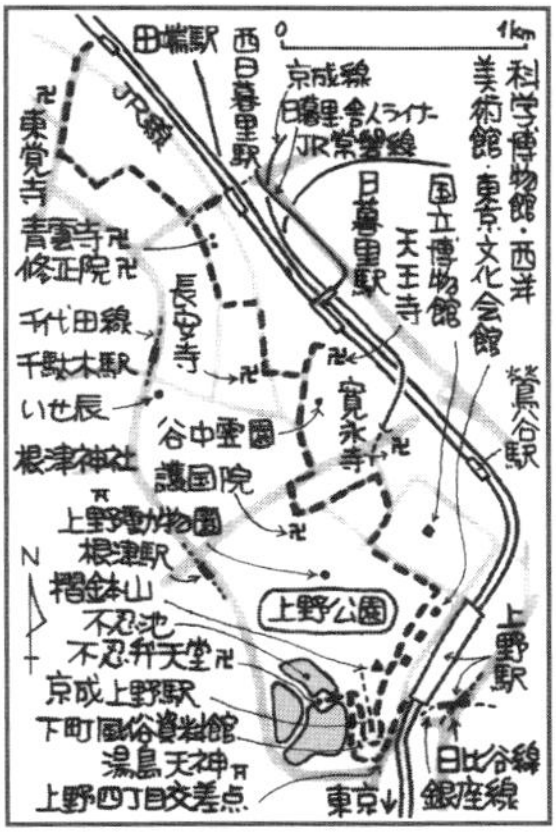

1月
3週

氷池から宝登山《ほどさん》に登り、ロウバイ園へ

冬枯れの季節に見ごろとなる天空の花園を訪ね、展望も楽しむ

(歩)8・2km／2時間45分　497m
(交)3時間40分／2780円（池袋駅から東武東上線など）
(適)1月中旬～2月下旬（ロウバイ）・2月下旬～6月下旬、11月中旬～11月下旬

宝登山は荒川の上流、岩畳やライン下りで知られる長瀞《ながとろ》の渓谷に臨んで頭をもたげています。標高５００ｍ弱、高尾山より低い山ですが、存在感のある独立峰で、秩父三社のひとつ宝登山神社をまつる古くからの霊山です。一方、現代ではロープウェイや花木園が整備され、観光地としても親しまれています。宝の登山と読める縁起のよい山名で、新年の登山にも人気があり、1～2月は花木園のロウバイも楽しみになります。ロウバイは蠟梅、臘梅などと表記されるロウバイ科の花木で、名前のとおり蠟のように光沢があり、香りのよい黄色の花を、まだ山野草が咲き出さない、寒さが厳しい季節に咲かせます。

宝登山山頂の日当たりのよい斜面に広がるロウバイ園は合わせて３０００本以上、全国有数の規模を誇っています。山頂直下に開けているので、周囲の山を眺め、荒川を見下ろ

1月から楽しめるロウバイ

以前に撮った満開の西ロウバイ園。外側の花びらが薄黄色、内側の花びらが小豆色のものが基本種のロウバイ。内側も薄黄色のソシンロウバイ、全体に薄黄色で内側の花びらに小豆色の輪が入るマンゲツ、計3種類が見られる

す展望も魅力。最近、はやりの表現を使えば「天空のロウバイ園」です。西側は花が早め、東側は遅めで長く楽しめるのも特徴です。毎年、出かけていて、直近では２０１９年1月24日、２０１８年1月16日に訪ねました。ともに例年なら見ごろの時期ですが、両年ともに遅れ気味で、まだ満開前。とくに２０１８年は、咲き始めたのは早く、前年の12月下旬には開花が進んでいたそうですが、年が明けてからの寒さで遅れたとのことでした。

長瀞町観光協会のサイトに開花情報があり、まだ早いことはわかっていましたが、カルチャースクールの企画なので、日程を遅らせることができず、予定通り出かけました。しかし、たくさんの丸いツボミが青

空に映える姿がとても可愛かったです。これまで見ごろのときしか登っていなくて、これは新鮮な眺めでした。ロウバイ園ではマンサクやフクジュソウも咲き始めていて、冬の花ウォッチングに満足のいく山行となりました。

宝登山に鎮座する宝登山神社は西暦110（景行天皇《けいこう》40）年、日本武尊《やまとたけるのみこと》が東征の折、山火事に遭ったが、神犬の助けで難を逃れ、宝登山山頂に神霊を祀ったことが創建の始まりとか。そのため、秩父から奥多摩にかけて狼＝お犬さまを神の使いとして崇め、奥秩父の三峯神社《みつみねじんじゃ》や奥多摩の武蔵御嶽神社《むさしみたけじんじゃ》（P13）では狛犬のところに狼像が鎮座しています。宝登山神社では、麓の本殿は通常の狛犬ですが、山頂の奥宮では狼が迎えてくれます。2018年は戊年だったので、いっそう新年の山歩きにぴったりでした。次の戊年は2030年ですが、干支にかかわらず、お参りしたいところです。

宝登山のコースは、秩父鉄道野上《のがみ》駅で下車する長瀞アルプスが人気ですが、2018年、2019年ともに、短時間で周回できる長瀞駅から氷池経由のコースを歩きました。氷池は長瀞名物、天然氷のかき氷に使う氷を採る池です。冬枯れの雑木林に入り、小さな谷に沿って登り、氷池に着くと、ちょうど氷を切り出しているところに出会いました。厚さ50cmくらいでしょうか。板状に凍った氷が手際よく長方形に切られていきます。天然氷そのものが全国でも珍しいそうで、その現場に出合うのはなかなか貴重な機会と思われました。

氷池では、ちょうど氷を切り出していた

野上峠からはのどかな長瀞アルプスの尾根道をたどる

ローカル線の趣あふれる長瀞駅。関東の駅百選に選定されている

谷を登りつめ、野上峠で長瀞アルプスコースに合流した後は、冬枯れで明るい雑木林の尾根をたどります。出合った車道を北へ少し歩いて、再び山道に入り、丸太の階段もある急登を頑張ると、ロウバイの芳香が漂ってきて、ロウバイ園、宝登山山頂に着きます。山頂一帯はロウバイ園のすぐ上にあるなだらかな広場で、ぽかぽかの日だまりになっているのでランチ休憩にも最適。眼の下にはロウバイ園を隔てて荒川や秩父盆地を見下ろし、その上に秩父のシンボル武甲《ぶこう》山が立派です。右手に鋸の歯のようにギザギザとした岩峰を連ねているのは日本百名山の両神山《りょうかみさん》。ちなみに両神山の両神神社にも狼がまつられています。

　のんびり休憩した後、ロウバイ園を散策

宝登山山頂付近から南西側の眺め。蛇行する荒川に沿って秩父盆地が広がり、さらに段丘があるのがよくわかる。左の三角形で目立つ山は秩父のシンボルでランドマークの武甲山。山頂のすぐ下に広がる岩壁は石灰石の採掘跡だ

し、春の気分を先取りして下山しました。ロープウェイもありますが、山麓まで表参道を歩いても30分あまり。表参道は蛇行する林道で、傾斜がゆるやかなので下りやすく、一般車は通行禁止なので、静かです。

宝登山神社に参拝し、あとはまっすぐの車道を15分ほどでゴールの長瀞駅ですが、途中の喫茶山草に寄るのが楽しみになっています。メニューはいろいろありますが、春の息吹を感じられるツクシのパスタが私のお気に入りです。大盛りの自家製漬物とコーヒーか紅茶がセットで1000円はコストパフォーマンスも抜群。まだツクシが豊富に採れる時期ではないので、メニューになかったのですが、注文OK。味覚でも春を感じてくつろげました。

DATA

★モデルコース　長瀞駅→25分→氷池→40分→野上峠→45分→宝登山→40分→宝登山神社→15分→長瀞駅

★歩行距離/時間　8.2km/2時間45分

★アクセス　行き・帰り：池袋駅→東武東上線快速急行1時間5分→小川町駅→東武東上線20分→寄居駅→秩父鉄道15分→長瀞駅　※寄居駅はJR八高線も利用可能。秩父鉄道は西武秩父線西武秩父駅から御花畑駅、JR高崎線熊谷駅、東武伊勢崎線羽生駅で乗り換えも。

★シーズン　ロウバイは12月下旬に咲き出すが、見ごろは1月中旬〜2月下旬。ロウバイが終わるころ、すぐ下の梅百花園が見ごろに入り、3月中旬頃まで楽しめる。4月10日ごろ長瀞駅周辺から宝登山神社の桜、下旬前後は不動寺の八重桜が見ごろ。5月下旬〜6月上旬、長瀞花の里のハナビシソウ（カリフォルニアポピー）園が見ごろ。紅葉は11月中旬〜下旬。

★アドバイス　ロウバイの時期も降雪直後を除けば積雪や凍結はないことが多い。不安があれば出かける前に問い合わせるか、チェーンスパイクなどの滑り止めの用意を。長瀞駅からシャトルバスを利用してロープウェイで登り、表参道を下ればお手軽コースになり、小さい子ども連れでも安心だ。

★立ち寄りスポット　◎喫茶山草：10時〜、火曜定休。☎0494-66-0583。◎阿左美冷蔵宝登山道店：天然氷を使った人気のかき氷店。10時〜17時、火曜定休。☎0494-66-1885。◎長瀞町郷土資料館・旧新井家住宅：民俗資料を展示。9時〜16時（4〜9月は17時まで）、月曜（祝日の場合翌日）休館。200円。☎0494-66-0297

★問合せ　長瀞町観光協会 ☎0494-66-3311

★取材メモ　喫茶山草の店主は和食の修業をされ、パスタは和風だしが優しい味わいのスープスパゲッティ。取材日：2018年1月16日、2019年1月24日ほか。

ツクシのパスタ

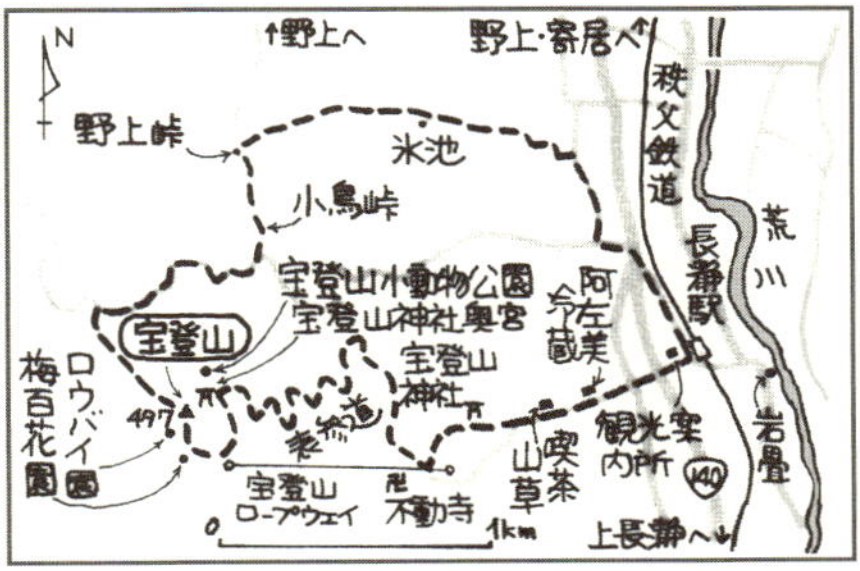

1月4週

武山《たけやま》三山《さんざん》と野比《のび》海岸《かいがん》のスイセン

ひと足早い春をたずねて、東京湾に臨む丘陵をミニミニ縦走

歩 10km／3時間10分　⛰226m（砲台山）
交 1時間57分／1670円（品川駅から京急本線・久里浜線）
適 1月（スイセン）

三浦半島の南東部、東京湾に面して連なる武山三山は武山、砲台山、三浦富士の総称です。登山口のひとつ、野比海岸のスイセンが例年よりかなり早く見ごろと聞いて、出かけてきました。海岸のウォーキングだけではなく、山も登ろうと考え、近くの武山、三浦富士のミニミニ縦走と組み合わせることに。なんとなく三浦富士から武山へ向かうことが多いのですが、三浦富士から京急長沢駅へ下るほうが、コースがわかりやすく、スムーズに歩けるので、今回は逆回りとしました。また、津久井浜駅から武山へは、ハイキングコースになっている津久井浜の観光農園経由ではなく、その西側に広がり、見晴らしのいい台地上の農道を歩く計画で出かけました。

京急を津久井浜駅で降り、直接、台地上へ向かうこともできますが、せっかくなので海

香りのよいスイセンの花

津久井浜の対岸には房総半島を望める。中央左寄りの双耳峰は『南総里見八犬伝』の舞台とされた富山。津久井浜は冬もウィンドサーフィンを楽しむ人が多い。伊東ひろみさんもヨットを楽しめることから引っ越してきたそうだ

も眺めようと海岸へ向かうと、素敵な雰囲気の店が。「うみべのえほんやツバメ号」と記されていて、もしや!?と、中をのぞくと、開店準備中だったご主人の伊東ひろみさんが気づいて、招き入れてくれました。住宅か小さな商店を改装したとおぼしき、こぢんまりした店内は半分が絵本の展示・販売スペース、残りが喫茶スペース、2階がギャラリーになっています。勧められるままにギャラリーを鑑賞した後、気になっていた店名の由来を聞くと、やはり、岩波少年文庫に収められた『ツバメ号とアマゾン号』から。イギリスの湖水地方で夏休みを過ごす4人の子どもたちが、湖の無人島でキャンプ、ヨットで「探検」をしながら過ごす物語です。勤務中の父親は子どもたちだけで

過ごすことを認め、母親はテントを縫うなどして、子どもたちの自主的な冒険を支えます。読みながら、子どもたちとともに感じたワクワク感、アウトドアでののびのびとした体験や想像。それは、私の山登りの姿勢に少なからず影響しています。ハイキングから始めた山登りで『ツバメ号とアマゾン号』の世界を見つけ、山にはまったともいえます。伊東さんとは少し話しただけでしたが、共通の心を感じ、シアワセなスタートを切れました。

　津久井浜の海岸から、対岸に房総半島の鋸山《のこぎりやま》や富山《とみさん》を眺めたあと、ダイコンなどの畑が広がって、のどかな高台へ。暖かい日で、少し遠くはかすんでいましたが、思いがけず富士山が頭を見せていたり、早くもタチツボスミレが花を咲かせていたりする道を登り、武山山頂の展望台で相模湾や房総半島を展望。シイなどの常緑樹が茂る尾根道を砲台山、三浦富士と歩いて、予定通り京急長沢駅へ下山しました。市街地へ下り着く手前、東側の林のなかに平和の母子像があります。１９７７（昭和52）年9月27日、横浜市の住宅地に米軍機が墜落。土志田和枝さんの3歳と1歳の男の子は全身やけどで翌日死亡。和枝さんは皮膚移植手術を繰り返すなど4年4ヶ月にわたる闘病生活の末、１９８２年（昭和57）1月26日に、心因性の呼吸困難でなくなりました。事故直後、米軍は日本人を締め出して機体回収などの作業を行ったとのこと。手を合わ

三浦富士山腹にある
平和の母子像

南麓から見る武山三山の山なみ。左が武山、右寄りの電波塔が建つ山が砲台山。麓は高台の平地に野菜の畑が広がり、春はキャベツ、夏はスイカ、秋から冬は大根が栽培されてのどか。いずれも三浦半島の特産品になっている

せたものの、２００４年、宜野湾市の沖縄国際大学に米軍ヘリが墜落事件の現場で日本の警察さえ締め出されたことが思い起こされ、とても「安らかにお眠りください」とは祈れませんでした。

　京急長沢駅で京急線のガードをくぐり、海辺に出て、長岡半太郎記念館・若山牧水《ぼくすい》資料館を見学。旅を愛し、焼岳《やけだけ》や妙義山《みょうぎさん》にも登った牧水は１９１５～16（大正４～５）年、この近くに住んでいたそうです。等身大に伸ばされた牧水の姿に、身長、体重とともに「１日の酒量２升６合」と記され、思わず微笑んでしまいました。海岸には「海越えて鋸山はかすめども／此処の長浜浪立ちやまず」と記された歌碑が建てられています。長岡半太郎は今でいえばノー

野比海岸公園にはヤシの木が植えられ、目の前の野比海岸には砂浜が広がって南国のようだ。スイセンはボランティア団体・水仙の会によって植栽、手入れされているそうで、約2.5kmの歩道に沿って、約200万株が植えられている

ベル賞受賞者クラスの物理学者で、記念館は別荘があった地です。

見学後、砂浜を歩き、ボードウォークという木製の遊歩道がある野比海岸公園に入ると、あちこちにスイセンが咲いていました。園内にはヤシの木なども植えられ、真冬なのに日差しは暖かく、海からのそよ風がスイセンの芳香を運んできて、穏やかな早春の一日を満喫できました。

散策後は徒歩10分少々のＹＲＰ野比駅へゴールイン。ちなみにＹＲＰは横須賀リサーチパークの略称。情報通信技術の開発研究施設として１９９７年に開設され、十数棟のビルで企業、大学など56機関が研究開発活動をしているとのことです。

DATA

★モデルコース　津久井浜駅→1時間15分→武山→20分→砲台山→30分→三浦富士→50分→若山牧水資料館→15分→YRP野比駅

★歩行距離/時間　10km/3時間10分

★アクセス　行き=品川駅→京浜急行快速特急1時間/800円→津久井浜駅 帰り=YRP野比駅→京浜急行快速特急57分/790円→品川駅

★シーズン　冬も気候温暖で、通常、雪や寒気に悩まさせれることはないが、風が強い日もあるので風を防ぐ上着を用意したい。一方、夏は蒸し暑い日が多く、快適に歩けるのは紅葉の11月から新緑の5月ごろ。ゴールデンウィークごろには武山山頂のツツジ園が見ごろになる。

★立ち寄りスポット　◎うみべのえほんやツバメ号は2013年3月にオープンした横須賀唯一の絵本専門店&カフェで1000冊以上と絵本や関連グッズを販売。コーヒーや紅茶をいただきながら閲覧でき、地元のフルーツを使ったケーキなど季節折々の楽しみも。2階のギャラリーでの絵本の原画展、ワークショップ、演奏会などイベントも盛りだくさん。ホームページやフェイスブックで情報を発信している。10〜19時、水・木曜定休(不定休あり)。☎046-884-8661

◎津久井浜観光農園：1月初め〜ゴールデンウィークにイチゴ狩り、9月中旬〜11月上旬にサツマイモ掘り、10月下旬〜11月下旬にミカン狩りを楽しめる。売店もあるので、獲れたての季節のフルーツを仕入れ、山頂で味わうのも楽しい。津久井浜観光農園 ☎046-849-4506、現地案内所 ☎046-849-5001

★問合せ　横須賀市観光協会 ☎046-822-8301

★取材メモ　取材時はボードウォークから、さらに海岸沿いに進み、くりはま花の国を散策して京急久里浜駅まで歩いた。くりはま花の国は5月上旬〜6月中旬にポピー、9月中旬〜10月下旬にコスモスが斜面一面に咲いて人気だが、一年を通して季節の花を楽しめる。1月中旬の取材時にはスイセン、クリサンセマム・ノースポールなどが咲いていた。園内にはゴジラの滑り台がある冒険ランド、ハーブ園、足湯などもある。24時間開放、無休、無料(施設により休業時間・利用料あり)。☎046-833-8282。取材日：2016年1月16日、2018年4月22日ほか。

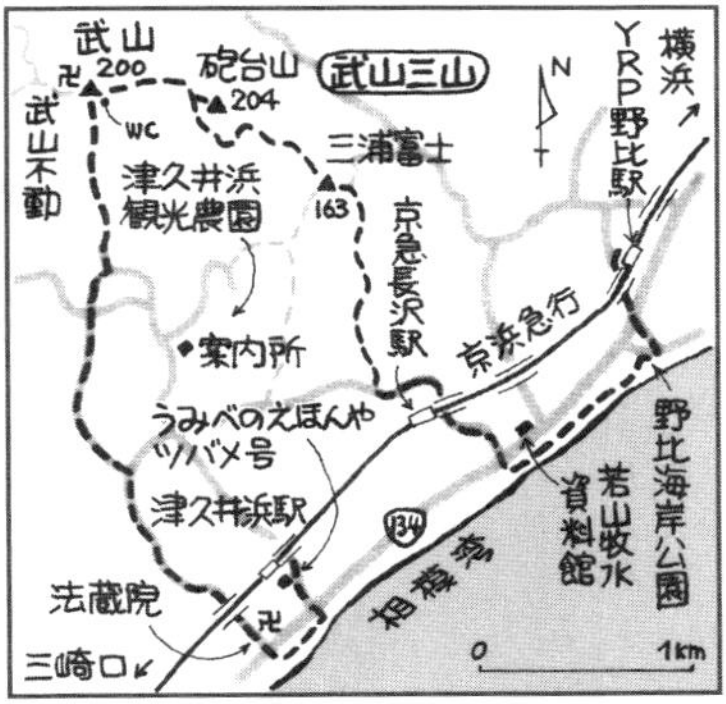

1月5週

東京湾を横断して鋸山《のこぎりやま》に登り、海の幸も

海の上にそびえる富士山を眺め、石仏の宝庫の古刹を下る

歩 7・5km／3時間30分 ⓐ 329m
交 4時間／3170円（品川駅から京急線など。東京湾フェリー往復きっぷ利用）
適 1月上旬～2月下旬（スイセン・梅）・10月上旬～5月中旬

各都道府県の最高峰で最も高いのは山梨県・静岡県の富士山であることは周知ですが、最も低いのはどこか、ご存じの方は少ないでしょう。沖縄県と答える人が多いですが、実は千葉県で408mの愛宕山《あたごやま》。ちなみに沖縄県は石垣島にある526mの於茂登岳《おもとだけ》で次点です。鋸山はさらに低い329mですが、東京湾に臨み、名前のとおり鋸の歯のような稜線が目立ち、古くから名山とされてきました。実際に登れば、北面は石切場跡の垂壁が連なり、南面は古刹・日本寺《にほんじ》の境内で全国屈指の石仏の宝庫。東京湾と富士山の絶景、下山後の海鮮料理など、房総ならではの魅力にあふれています。アクセスと歩行時間の合計が約7時間と長めですが、独特の楽しさがあるので、ぜひ出かけたい山です。

日本寺の大仏

40分の船旅は、対岸の鋸山が徐々に近づき、高くそびえて見えるようになり、これからの登山の期待、テンションを高めてくれる。名前のとおり鋸の歯のような尾根を連ね、海に面してそびえることもあって山容は立派

アクセスは大きく2つ。東京湾東側からのJR総武線・内房線経由と西側からの東京湾フェリー経由があります。所要時間は大差ないのですが、後者は、これから登る鋸山を正面にして東京湾を横切る小さな船旅が楽しさを倍増してくれます。さらに、京浜急行の東京湾フェリー往復きっぷを使えば割安になることもあって、私のお気に入りです。三角点の往復を省けば45分ほど行程を短縮できますが、山頂だけでなく、最も素晴らしい展望地点もパスしてしまうので、ぜひモデルコースのプランで歩きたいところです。

金谷《かなや》港から浜金谷駅前を通り、家並みを抜けて、内房線のガードをくぐると、すぐ裏参道登山口に着きます。裏参道を登れば地獄のぞきまで1時間の近道ですが、左へとり、車力道《しゃりきみち》を登るのがおすすめです。江戸末期から昭和中期、房州石、金谷石の名前で大量に切り出された建築石材を運び下ろした道で、石切場跡を間近に見られること、三角点を往復するのに有利であることなどが理由です。車道終点には解説板があり、石材の運搬は女性の仕事だったことが記されています。石切よりは軽作業だったということでしょうが、木製の荷車を背負って急傾斜の道を登り、石材を載せた荷車にブレーキをかけながら下りる作業を1日3回、繰り返したそうで、私にはとても無理。男性の仕事である石切は、さらに過酷な重労働だったであろうことも、ひしひしと感じられました。

ところどころ、石畳やブレーキ跡が残る車力道を登り、石切場跡が近づいてきたところで、指導標に従って左に入り、急な階段を登っていくと稜線上に出ます。すぐ西がこのコース随一の展望地点である「地球が丸く見える展望台」。東京湾越しの富士山と丹沢、箱根、南アルプスなどの山々、太平洋の水平線や大島など、ネーミングも大げさではないパノラマが開けます。稜線を東へ進むと、小さな登り下りを繰り返して、標高329・1mの三角点がある山頂に到着です。測量の基点となる一等三角点が設置され、北側が開けて鹿野山《かのうさん》などの房総丘陵や木更津方面の東京湾を眺められます。

車力道に戻り先へ進むと、石切場跡直下の池、野外劇場のような広場（実際にライブが行

地球が丸く見える展望台に立つと、標高329mとは思えない迫力のパノラマが広がる。東京湾を隔てた富士山をはじめ箱根や丹沢、大島などの展望に目を奪われる。足もとには東京湾フェリーと金谷港がジオラマのようだ

われたこともあるそうです）をたずねていきます。裏参道と合流して、階段を登り、日本寺北口で拝観料を納めて境内に入ります。見上げる百尺観音は世界戦争戦死病没殉難者供養と交通犠牲者供養のため6年をかけて1966（昭和41）年に完成したという磨崖仏です。すぐ先でロープウェイからの参道に合流し、ひと登りすると地獄のぞきです。垂壁の上に張り出しており、安全柵はありますがスリル満点。地獄のぞきとその周辺からも東京湾や富士山を眺められます。

帰りは南側の斜面を蛇行して下っていくと、おびただしい石仏が現れます。江戸時代後期、28人の石工が21年をかけて刻んだ東海千五百羅漢です。実際、1553体がまつられているそうです。参道沿いには岩

車力道から見上げる石切場跡の垂壁。巨大なオブジェのようだ

石切場跡に残された岩が空中に突き出した地獄のぞき。海寄りからこの構図で撮れて、人気の撮影スポットになっている

窟や自然石のトンネルもあって、鋸山登山をより印象的なものにしてくれます。平坦になり、高さ31m、日本最大の石仏座像という大仏、本堂などに拝観して表参道を下ると車道を下り、保田《ほた》駅へ。内房線手前で左へ入ると、車がほとんど通らない裏道で、畑が広がるなかを内房線の列車が走るローカル線ムードを楽しめます。保田駅がゴールですが、さらに足をのばし、保田漁協直営の食事処ばんやへ。獲れたての新鮮な素材はもちろん、メニューの多さ、盛りのよさも素晴らしく、入浴施設もあります。スイセンの時期なら江月《えづき》スイセンロードも訪れたいところ。半日ではなく、朝からたっぷり1日かけて、この山の魅力を堪能したいものです。

DATA

★モデルコース　金谷港→10分→浜金谷駅→10分→裏参道分岐→1時間→鋸山三角点→40分→地獄のぞき→40分→大仏→50分→保田駅

★歩行距離/時間　7.5km／3時間30分

★アクセス　行き・帰り：品川駅→京浜急行快速特急1時間5分→京急久里浜駅→京急バス15分→久里浜港→東京湾フェリー40分→金谷港。帰り：保田駅→JR内房線5分→浜金谷駅→徒歩8分→金谷港。東京湾フェリー往復きっぷ利用。または東京駅→JR総武線・内房線快速1時間30分→君津駅→総武線30分→浜金谷駅。

★シーズン　梅雨と蒸し暑い時期を除く10月上旬〜5月中旬ごろが適期。温暖なので冬も登りやすく、1月はスイセン、2月は梅などが咲き、雪化粧した富士山も美しい。新緑は4月上旬〜5月上旬、紅葉は11月下旬〜12月ごろ。

★アドバイス　関東ふれあいの道として整備されているが、一部、急な階段、コースからはずれると足場のよくないところなどもある。安全に行動し、石切場跡や石仏をゆっくり見学するためにも余裕ある計画を。ロープウェイ利用は浜金谷駅→徒歩10分→山麓駅→鋸山ロープウェー3分→山頂駅→徒歩20分→地獄のぞき。

★立ち寄りスポット　◎日本寺：8〜17時、無休。600円。☎0470-55-1103。保田漁協ばんや：保田駅から徒歩15分。9時30分〜19時（18時30分ラストオーダー）、無休。☎0470-55-4844

★問合せ　富津市観光協会 ☎0439-80-1291、鋸南町保田観光案内所 ☎0470-55-1683、京急バス久里浜営業所 ☎046-835-1211、東京湾フェリー ☎046-835-8855、鋸山ロープウェー ☎0439-69-2314

★取材メモ　鋸山山頂は狭いが、地球が丸く見える展望台は広場状でベンチも置かれているので、ここでランチタイム。快晴無風の日だまりで、展望に恵まれ、最高の休憩地だった。取材日：2015年1月12日、2018年12月13日ほか。

ボリュームも品数も大満足、ばんやの日替わり御膳 1800円

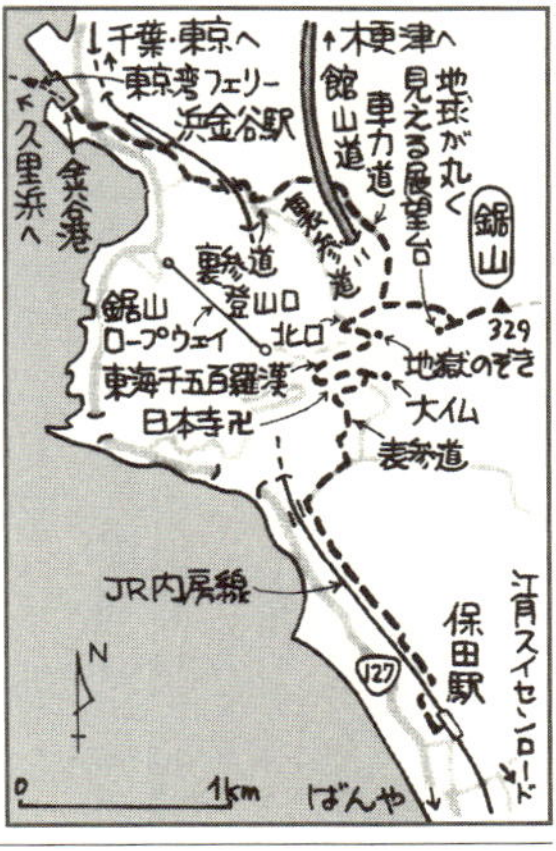

2月 1週

吾《あ》妻《づま》山《やま》から袖《そで》ヶ《が》浦《うら》海岸へ

菜の花畑と芝生の広場の山頂から富士山と相模湾を見渡す

歩 5km／1時間45分 ㋬ 136m
交 2時間／2340円（品川駅からJR東海道本線）
適 1月上旬～2月中旬（菜の花）・10月上旬～5月中旬

二宮駅前の「ガラスのうさぎ」像

吾妻山はＪＲ東海道本線二宮駅のすぐ北側、相模湾に面して頭をもたげている丘です。山頂は富士山や箱根、丹沢《たんざわ》、相模湾などの眺めがよく、特に早春、菜の花が咲くころは写真撮影やハイキングを目的とする人でにぎわいます。周囲にも丘陵が広がり、北は丹沢の渋沢丘陵、西は小田原の曽我《そが》丘陵などへ続いていますが、もともとなだらかなうえ、ところどころ宅地が開発されるなどして、丘陵全体の地形ははっきりとしていません。しかし、吾妻山は南側を東海道本線、東から北側を葛川《くずかわ》、北端を東海道新幹線で区切られ、残る西側も車道が山裾を通っていて、位置や範囲が明確です。およそ１・３㎞四方の広がりがあり、標高は１３６ｍに過ぎませんが、海から近く、二宮駅でも標高が約25ｍしかないので、登った感もそこそこあります。

吾妻山山頂では標高から想像できない大展望を楽しめる。写真は西側で、菜の花畑を前景に富士山、その左は箱根の最高峰・神山（左）と明神ヶ岳。富士山の右には丹沢の山々が連なって見える

一帯は二宮町により、吾妻山公園として整備されて、山頂に芝生の広場や菜の花畑が広がります。二宮駅からの役場口コースは斜面にアスレチックやツツジ園などが整備され、舗装された園路を手軽に登れて、最も多くの人が利用しています。次いで、利用者が多いのは、最短コースである南側の梅沢口。急斜面ですが、道はジグザグに登るので、それほど急ではなく、暖地の海辺らしく、シイやタブノキなどの常緑広葉樹林が茂っています。

今回は、最も自然度が高く、山らしい道のりを楽しめて、距離も長い、北西側の釜野口から登りました。二宮駅から北へ向かい、葛川沿いの緑豊かで、ちょっとレトロな趣がある山裾の住宅地を歩き、中里口を

過ぎて北西側に回りこむと釜野トンネルに着きます。トンネルの手前、右側が登山口で、登山道に入ると、すぐ雑木林になります。

ひと登りで尾根に出て、中里口コースと合流し、尾根を南下していくと、林が開けます。尾根上から東側の斜面は、以前、小動物園があったところだそうで、現在は芝桜園になっています。約3万6000株のシバザクラが富士山などの模様に植えられて、春にはピンクや白など色とりどりの花が目を楽しませてくれます。富士山の頂点にあたる丘の上には浅間大神《あさまのおおかみ》の石碑があり、富士山信仰の歴史もしのばれます。

雑木林の尾根をさらに南下し、ひと登りして、林が開けると吾妻山山頂に到着です。まず、目を惹くのは菜の花畑の上に、雪をかぶって頭を出す富士山。その左には箱根や相模湾、右には丹沢の山々など、こんな簡単に登って楽しめるのが申し訳ないようなパノラマが開け、花の甘い香りが鼻をくすぐります。下山は役場口へ。スイセンがあちこちに咲く道を役場口へ下り、二宮駅に戻りました。10時20分にスタートして、かなりゆっくり歩いたのですが、まだ12時40分。もともと、湘南らしい、お洒落な店でランチをいただく予定で、ジャストタイミングです。

お店は、近くに住む日本画家の長谷川誠子さん推薦の山田食堂が第一候補でしたが、カウンターのみ10席、予約不可で、満員のため入れず。次の候補のお店、山小屋は臨時休業。

芝生が広がる吾妻山山頂は、のんびり早春の日だまりを楽しんだり、ランチ休憩をするにも最適。南側は相模湾から太平洋の大海原が開け、天城山など伊豆半島の山々もよく見える

第三候補の指帆亭《しはんてい》へ向かいました。こちらは広く、相模湾に臨むロケーションも素敵。結婚式にも使われる、お洒落なフレンチレストランですが、ランチは手ごろな価格です。私は前菜とテリーヌ・ド・カンパーニュがセットのBコースを頼み、明るく広い店内でくつろぎながらいただきました。

食後は、袖ヶ浦公園から海岸に出ました。遠浅ではなく、波も意外に荒くて、海水浴には向かないようですが、そのかわり、丸い石がたくさん打ち上げられています。西側に河口がある酒匂川《さかわがわ》から丹沢山地などの石が運ばれ、その間に角が丸くなったものらしいです。いろいろな色、模様の石があり、目立つのは白い長石《ちょうせき》、無色透明な石英《せきえい》にゴマ塩のように黒い角閃石《かくせんせき》などが集まった石英閃緑岩。５００万〜７００万年前、地下深いところでマグマがゆっくり固まってできたそうです。数は多いのですが、暗い色のものが多く、地味で目立ちにくいのが凝灰岩《ぎょうかいがん》。かつては緑がかったものを緑色《りょくしょく》凝灰岩（グリーン・タフ）と呼んでいたと思いますが、今はとくに区別しないようです。

↑外海に面して、白波が打ち寄せる袖ヶ浦海岸

海岸には丹沢などから運ばれてきた丸い石が多い

丹沢山地の基となった海底火山の噴出物で造られ、色合いが異なったり、軽石や泥岩《でいがん》の礫《れき》を含むものもあったりします。ほかにも全体に灰色の流紋岩《りゅうもんがん》、黒や茶色がかった溶岩などもあり、見飽きません。滑らかに磨かれていて、絵を描いたら面白そうなどと思い、形のよい石を拾っていたら、いつの間にかザックがずっしりと重くなってしまいました。

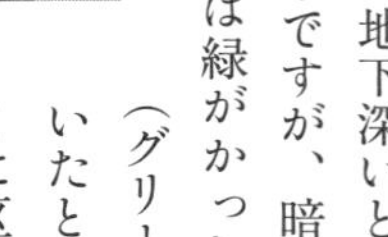

拾った石に猫を描いてみた

DATA

★モデルコース　二宮駅→30分→釜野口→25分→吾妻山→15分→二宮駅→15分→指帆亭→20分→二宮駅

★歩行距離/時間　5km／1時間45分

★アクセス　行き・帰り：品川駅→JR東海道本線1時間→二宮駅

★シーズン　山頂の菜の花畑は12月下旬から咲き始め、見ごろは1月上旬～2月中旬だが、2月下旬まで楽しめる。12月～1月はスイセン、3月下旬～4月上旬は山頂などの桜、4月は芝桜園のシバザクラ、4月下旬～5月中旬はツツジ園のツツジ、6月下旬～7月上旬は役場口コースなどのアジサイ、7月中旬～8月は菜の花畑のコスモスなど。新緑は4月上旬～5月中旬、紅葉は11月下旬～12月上旬。夏は暑いが、登りが短いので、とくに不適ではない。平塚の花火大会や七夕祭りと組み合わせるのもよい。

★アドバイス　二宮駅を基点に一周する短いコースだが、季節折々の楽しみがあり、立ち寄りスポットも豊富なので、コース、時期を変えて再訪すると楽しい。

★立ち寄りスポット　◎「ガラスのウサギ」像：二宮駅付近では第2次世界大戦の終戦直前、艦載機の機銃掃射による犠牲者が出た。二宮駅南口の像は『ガラスのうさぎ』（高木敏子著）の主人公をモチーフに平和への願いをこめて1981（昭和56）年に建てられた。◎指帆亭：ランチ11時30分～17時（ラストオーダー14時）、月・火曜定休（祝日は営業）。☎0463-43-1611。◎山田食堂：アットホームな家庭料理の店ということだがまだ訪問を果たせず。ランチ11時30分～14時、火曜定休・臨時休業あり。☎080-3094-7377。◎徳富蘇峰記念館：徳富蘇峰の原稿、手紙、蔵書などを展示。2月は梅が咲く。10時～16時、8月中旬休館。500円。☎0463-71-0266

★問合せ　二宮町観光協会 ☎0463-73-1208

★取材メモ　海岸の石は、最も重い1kgのをはじめ、大小、持ち帰った。組み合わせて総重量を調節できて、想定外の漬物石に重宝している。取材日：2017年2月16日、2018年4月19日ほか。

指帆亭のランチは1280円～

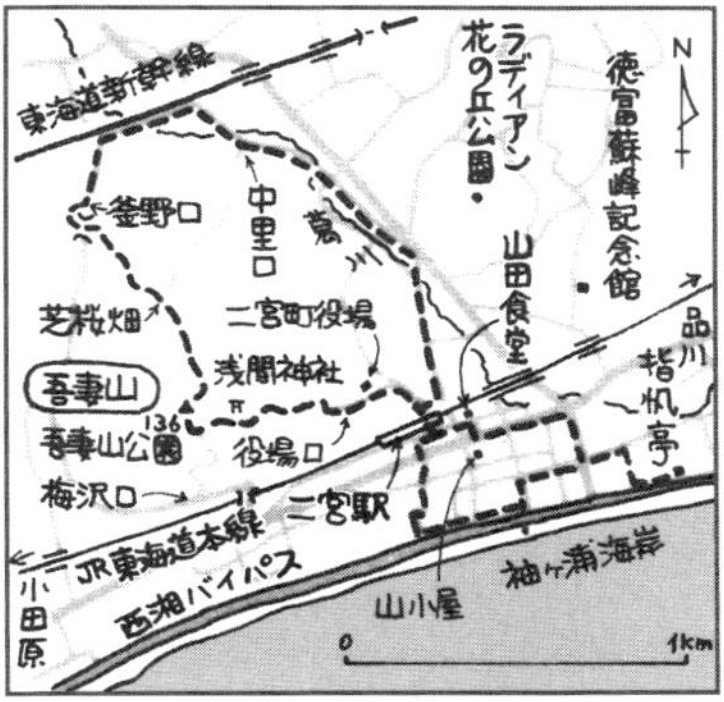

2月 2週

曽《そ》我《が》丘陵《きゅうりょう》と梅林に春の訪れを予感する

関東三大梅林に数えられる曽我梅林と背後の丘陵をハイキング

歩 8・5km／3時間35分 へ 328m（不動山）、317m（浅間山）
交 2時間35分／2680円（品川駅からJR東海道本線など）
適 2月上旬～2月下旬（梅）・10月上旬～5月中旬

まだ風は真冬の冷たさの2月。でも、日差しは強まり、日照時間も長くなって、春が近いことが感じられるようにもなります。首都圏の低山の野草は、まだわずかしか開花しておらず、この時期にまとまって花を見られるのは、規模でも、数の多さでも梅が筆頭です。梅の開花前線は意外にゆっくりで、関東では2月に太平洋側の平地から咲き出し、3月にかけて徐々に内陸へと北上していきます。トリビアですが、桜の開花前線のほうが北上するスピードがずっと速く、首都圏では梅前線に1ヶ月以上も遅れる桜前線は青森あたりで追いつき、北海道に上陸するころは梅を追い越していたりします。言い換えれば、北海道ではそれだけ梅が遅く、私も5月11日に洞爺湖《とうやこ》梅林で梅見をしたことがあります。北海道といえど、すでに若葉が萌えだして新緑を背景に梅が咲き、残雪の羊蹄山《ようていざん》が洞爺湖に姿を映

白梅が多く植えられている

不動山を過ぎると、樹林が開け、なだらかな尾根がのびやかに広がる。尾根上には梅林が花を咲かせ、背後には相模湾が広がって、気持ちのよいところだ。少し進むと曽我梅林や富士山も眺められる

すという、見慣れない景色を楽しみました。

曽我丘陵は相模湾に臨んで温暖なので、首都圏の梅林では最も早く見ごろを迎えます。古くから有名な梅林は梅干しなどに加工する実を採るために植えられたところが多く、曽我梅林も例外ではありません。全体で3万5000本というスケールを誇りますが、十郎、白加賀など採果用の白花の品種がほとんど。ただし別所梅林の中心部など観光客が多いところには紅やピンクの品種も植えられて華やかです。なお、梅は中国原産で、1400年ほども昔、遣唐使によってもたらされたと考えられています。

梅を楽しむ曽我丘陵ハイキングもほぼ毎年、出かけていて、直近では2018年2月22日に歩きました。当日、天気はあいに

くのどんよりとした曇り空でしたが、個人の取材ではなく、カルチャースクールの講座なので、予定通りの日程で出かけたのでした。しかし、朝はみぞれ模様だったので、止んだだけでもラッキーです。肌寒さも感じられましたが、梅の香りが漂って春を先取りした気分になれたし、人出が少なかったので静かな山道や梅林を歩けたことなど、この日ならではの楽しみもありました。

　コースは、よく歩かれている下曽我駅からの往復コースより北側、上大井《かみおおい》駅からのスタートです。ところどころに梅林が見られる斜面を登り、まずは「おおいゆめの里」を目指します。おおいゆめの里は東京ドームの4倍、19haの山林を里山として保全し、花木園などを整備しているところです。斜面に河津桜が植えられており、例年、2月下旬ごろから見ごろに入るので、梅には遅めの時期に出かけると、両方の花を楽しめます。しかし、この年は河津桜が遅れていて、まだ咲き始めでした。「おおいゆめの里」の東側、大井町農業体験施設・四季の里には付近の農家が出品している農産物直売所があり、美味しそうな野菜や果物がいろいろ並んでいて、私はミカンを買いました。今回、気温が低めだったのですが、暖かい室内で休憩し、きれいなトイレを利用できて、ありがたかったです。

丘陵上から曽我梅林、御殿場線を見下ろす

晴れれば、まだ雪がたっぷり残っている富士山が絶景。尾根上にも梅の花と富士山を一緒に眺められるポイントがあちこちにあるので、ゆっくり景色や撮影を楽しんでいきたい

ここからは尾根歩きで、狭い農道のような車道を進みます。途中、大山など丹沢の山々がよく見えました。林間の道を進み、電波塔が並ぶなだらかなピークが浅間山です。尾根の道は最高地点である不動山を巻いてしまうのですが、途中から登る山道があり、入口には不動山への小さい標識もあります。ひと登りで着く不動山山頂は木立に囲まれて展望はないですが、小広場になっていて、ここで昼食をとり、先ほどのミカンをいただきました。大半のハイカーは不動山山頂をパスしてしまうので、私たちだけの貸し切りでした。

不動山の先は開けて、尾根上に梅林やミカン園が広がり、相模湾なども望める、気持ちのよい道が続きます。大山への参詣道

枝振りが絵になる木が多い別所梅林は曽我梅林のなかでも最も広く、梅見の人も多い。別所梅林中心部の八幡社付近では、梅のシーズン中、梅製品や軽食の露店が並び、週末には流鏑馬（やぶさめ）などのイベントも

が越えていたという六本松跡を過ぎ、南側斜面へ下って曽我梅林に入りました。最も大きな別所梅林は一面に梅が咲いて、芳香もたっぷり楽しめました。八幡社付近は観光の中心で、梅製品などの売店や食堂が並んでいます。日本の三大仇討《あだうち》のひとつ曽我兄弟の墓がある城前《じょうぜん》寺《じ》も人気スポットですが、今回は寄らずに梅林の散策をゆっくり楽しみ、御殿場線北側の裏道を通って下曽我駅へ向かいました。駅の手前にある梅の里センターは地域振興を目的とした施設で、展示コーナーには地元の名人が漬けた梅干しの数々をはじめとする梅製品が並び、梅林の散策マップも配布されていました。

DATA

★モデルコース　下曽我駅→35分→八幡社→50分→六本松跡→30分→不動山→50分→おおいゆめの里→50分→上大井駅

★歩行距離/時間　12km／3時間35分

★アクセス　行き：品川駅→JR東海道本線1時間10分→国府津駅→JR御殿場線5分→下曽我駅　帰り：上大井駅→御殿場線10分→東海道本線1時間10分→品川駅　※新宿駅→小田急線快速急行1時間20分→新松田駅・松田駅→御殿場線10分→下曽我駅、片道990円の経路もあり。

★シーズン　曽我梅林の花期は2月上旬～下旬でピークは中旬。2月の週末、別所梅林の八幡社付近で獅子舞、流鏑馬、梅の種飛ばし大会などさまざまなイベントが行われる。丘陵上の小梅林は曽我梅林より1週間ほど遅く見ごろになるところが多い。紅葉は11月下旬～12月上旬。冬の日だまりハイキングにも。

★アドバイス　案内した上大井駅スタートの場合、丘陵の尾根までの登りがややわかりにくいので、モデルコースは逆コースを記した。不動山を巻く場合、コース最高地点は浅間山となる。

★立ち寄りスポット　◎四季の里直売所：8時～15時、月曜(祝日の場合翌日)休館。☎0465-84-5029。◎梅の里センター：9時～17時、無休。見学無料。☎0465-42-5321

★問合せ　大井町役場地域振興課　☎0465-85-5013、小田原市観光協会　☎0465-22-5002

★取材メモ　曽我梅林は中河原、原、別所の3梅林の総称。今回は別所梅林と丘陵上の梅林を歩いた。本文で挙げた以外にも野道のホトケノザ、「おおいゆめの里」のスイセン、民家や畑のかたわらの菜の花、ロウバイやミツマタなどの花も。曽我梅林、曽我丘陵ともに、雪を頂いた富士山や箱根の展望もよいが、取材日は曇っていて見えず。富士山の写真は別の年の同時期のものを掲載した。取材日：2016年2月26日、2018年2月22日ほか。

おおいゆめの里

四季の里直売所

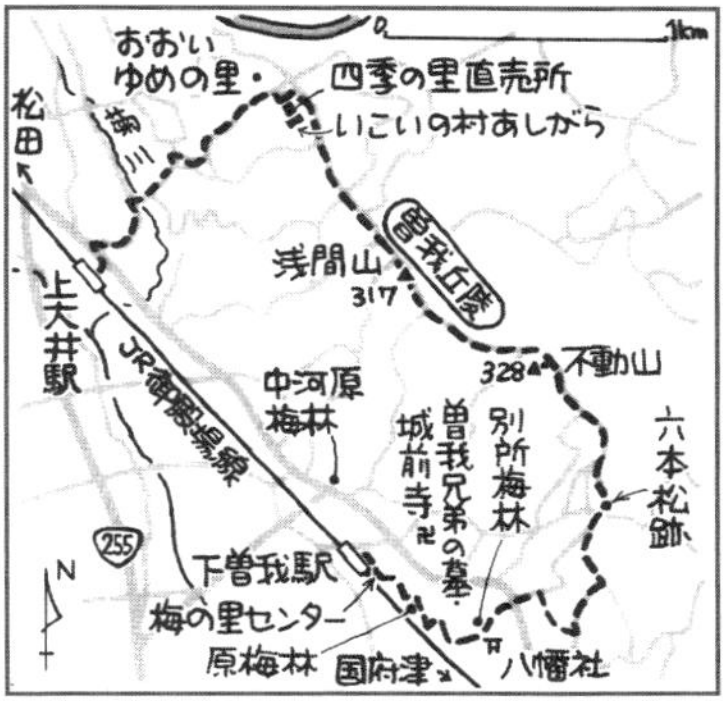

2月 3週

新《しん》宿《じゅく》御《ぎょ》苑《えん》から千《せん》駄《だ》ヶ《が》谷《や》富《ふ》士《じ》

西口の高層ビル街から都会のオアシス、ミニ富士山を散策

(歩)9km／2時間25分　(山)約40m（新宿中央公園）
(交)4分／140円（新宿駅、JR総武線）
(適)2月（梅）・4月上旬〜中旬（桜）・通年

都庁展望室からの眺め。新宿御苑は中央のドコモタワーから左側のビルの陰。右の緑地は明治神宮

数ある「都会のオアシス」から最も優れたところを選べといわれたら、迷うことなく新宿御苑を推します。理由のひとつは、高層ビルが建ち並ぶ新都心、1日の乗降者が350万人以上という巨大ターミナル新宿駅から徒歩10分の地の利。もうひとつは東京ドームの12倍以上、58haの広さと、他の追随を許さない自然と庭園のクオリティです。詳しくは、園内を散策しながら紹介するとして、コースを考えましょう。私は、新宿御苑だけで1日を費やすことが多いですが、せっかく出かけるなら、周辺の散策も楽しみたいですよね。スポットはたくさんありますが、新宿中央公園と東京都庁展望室、

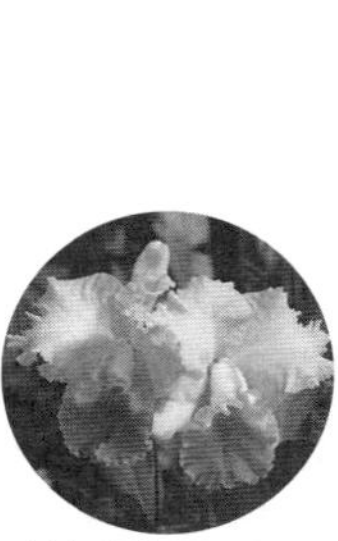

新宿御苑では大温室のランも魅力

「君の名は。」の人気シーン、サークル信号を同じ角度で撮ってみた

雑木が美しい京王プラザホテルの庭園

最後に「登山」として千駄ヶ谷富士をチョイスしました。

　スポットに挙げませんでしたが、新宿はアニメ映画「君の名は。」にたびたび登場し、モチーフの場所を訪れる聖地巡礼者にも人気です。私も新宿警察署裏のサークル信号に寄りました。高層ビルを見上げる新宿中央公園は芝生の広場やケヤキの木立が快く、ここも貴重な都会のオアシスです。私は半世紀近く前、東京農業大学造園学科に在籍。雑木を多用した造園のパイオニアで、この公園を設計した造園家・小形研三《おがたけんぞう》氏の京央造園設計事務所でアルバイトをしていました。受注時は保守の東《あずま》都政時代で「デモや集会に使われる広場を造らない」設計方針でしたが、革新の美濃部《みのべ》都政に変わり「青空と広場を重視する対話都政」が旗印になり、急きょ設計変更されたとのこと。都会のオアシスも政治で変わるものなのだと知りました。この本を書くにあたって、個人的な思い出、とくに年寄りの昔話は控えたのですが、巻頭の総図を作ってくれた北村優子さんに裏話をしたところ「それ、おもしろいから入れたら」と言われました。北村さんは「山と溪谷」編集部ＯＢで編集感覚にも優れ、私の及びも付かないエンスージアストでもあるので、素直にアドバイスに従いました。

都庁展望室は地上２０２ｍ。コース最高所の50倍の高所に歩かずして登るのは気が引けますが、階段は通行禁止なので、エレベーターを利用。外国人や観光客向けの売店、カフェがある展望室は晴れれば西に富士山も眺められますが、東側の新宿御苑をしっかりチェック。新宿駅へ戻る途中、京王プラザホテルの中央通り側の庭園にも寄りました。コナラやミズキなどの雑木や自然石が使われ、コンパクトな空間に自然のエッセンスを感じられ、高層ビルの庭園では傑出したもの。孤高の造園家・深《ふか》谷《や》光《こう》軌《き》氏の作品です。

いよいよ新宿御苑です。新宿門を入ったら、敷地北側の園路かその南側の芝生を東へ進むのが私の順路です。冬から早春に咲くスイセン、十月桜や河津桜などの花を見ていくと、風景式庭園の広大な芝生が広がります。大温室を見学して、バラ花壇とプラタナス並木がある整形式庭園へ。下の池に下り、北岸に沿って、中の池、上の池へ続く日本庭園を散策

新宿御苑の風景式庭園。左のユリノキ、中央のメタセコイアなど外来種の大木が多く、葉を落とした冬〜早春は樹形がよくわかる。芝生の広場は暖かくなると、ピクニックやランチを楽しむ人で賑わう

すると、途中でカンザクラの花や梅林を観賞できます。上の池北側の母と子の森は2007年に整備されたエリアで、野生の生物が暮らす環境と自然教育のフィールドを目的としたビオトープです。

新宿御苑は、江戸時代には譜代大名・内藤氏の下屋敷。明治になり、国の農業試験場、宮内庁の新宿植物御苑を経て、明治39年、皇室庭園・新宿御苑が誕生します。ベルサイユ宮殿を思わせる整形式庭園はフランス式の庭園で、このときにフランスの造園家アンリ・マルチネーに計画が依頼されたものです。風景式庭園はイギリス式の庭園で、芝生は皇室のゴルフ場として利用されていました。北側にある重文の旧洋館御休所には当時のバスタブなどが遺されています。戦後は国民公園新

千駄ヶ谷富士と呼ばれて親しまれている鳩森八幡神社の富士塚。登るだけなら1分少々だが、3つの登山口やお中道があり、麓の里宮と山頂の奥宮、金明水、中腹の身禄行者像などを訪ね、じっくり登りたい

宿御苑として公開され、１９７１（昭和46）年、環境庁（現在は環境省）の所管となって、今に至っています。こうした経緯から、様々な様式の庭園があり、外来種がいち早く導入されてユリノキ、メタセコイア、ラクウショウなどの大木を見ることもできます。母と子の森からは上の池〜下の池の南岸を散策し、高台の桜園地を抜けて千駄ヶ谷門へ。

千駄ヶ谷駅を経て鳩森八幡《はともりはちまん》神社に着けば、寛政元（１７８９）年、都内最古という千駄ヶ谷富士の富士塚（Ｐ２８２駒込富士参照）が迎えてくれます。身禄《みろく》行者の洞窟や小御嶽《こみたけ》石尊大権現も再現され、東京都の民俗文化財に指定されているミニ富士に登頂した後は、東京オリンピックに備えて工事中の新国立競技場を見て、千駄ヶ谷駅へ向かいました。

DATA

★モデルコース　新宿駅→20分→新宿中央公園→10分→東京都庁展望室→30分→新宿御苑新宿門→園内散策1時間→千駄ヶ谷門→15分→鳩森八幡神社→10分→千駄ヶ谷駅。

★歩行距離/時間　9.0km／2時間25分

★アクセス　行き:新宿駅下車　帰り:千駄ヶ谷駅→中央・総武線4分→新宿駅。※新宿駅はJR山手線・中央線・総武線・埼京線・湘南新宿ライン、京王線、小田急線、東京地下鉄丸ノ内線、都営地下鉄新宿線・大江戸線が乗り入れる。

★シーズン　新宿御苑の梅は1月下旬～2月、スイセンは12月～2月上旬ごろが見ごろ。桜は3月なかば～4月下旬、バラは5月と10月、菊花壇展が11月上旬～なかばなど。新緑は4月上旬～5月上旬、紅葉は11月下旬～12月なかば。

★アドバイス　新宿御苑の芝生でのランチが楽しいが、アルコール類は持ち込み禁止。園内のカフェは内藤トウガラシなどの新宿野菜、シカ肉を使ったメニューも。桜の時期の週末は入園口が大渋滞するので、開園すぐか夕方、大木戸門からの入園で渋滞を避けたい。新宿駅最寄りなので、私は映画や買いもの、高尾山の帰りに寄る、正月の散策後、新宿末廣亭の初席を聴きに行くなど様々に活用している。

★立ち寄りスポット　◎東京都庁展望室：北展望室と南展望室があるが、見える景色は大差ない。9時30分～23時（22時30分入館締切）、北展望室は第2・4月曜、南展望室は第1・3火曜（祝日の場合翌日）休室。無料。◎新宿御苑：9時～16時30分（季節により変動。30分前に入園締切）。500円。☎03-3341-1461

★問合せ　新宿観光振興協会 ☎03-3344-3160

★取材メモ　まだ風が冷たい2月、梅やフクジュソウが見ごろとなり、早咲き、寒咲きの桜が咲いて、花の季節が始まる。4月の桜の時期がいちばん人気で、この時期は、日々、装いが変わる。2019年4月、開園時間延長とともに入園料が200円から500円となったのを機に年間パスポート2000円を購入。2019年の桜のシーズンは計12日、通った。取材日：2017年1月19日、2019年8月19日ほか。

新宿御苑のカフェゆりのきのシカ肉のミートソース・スパゲッティ

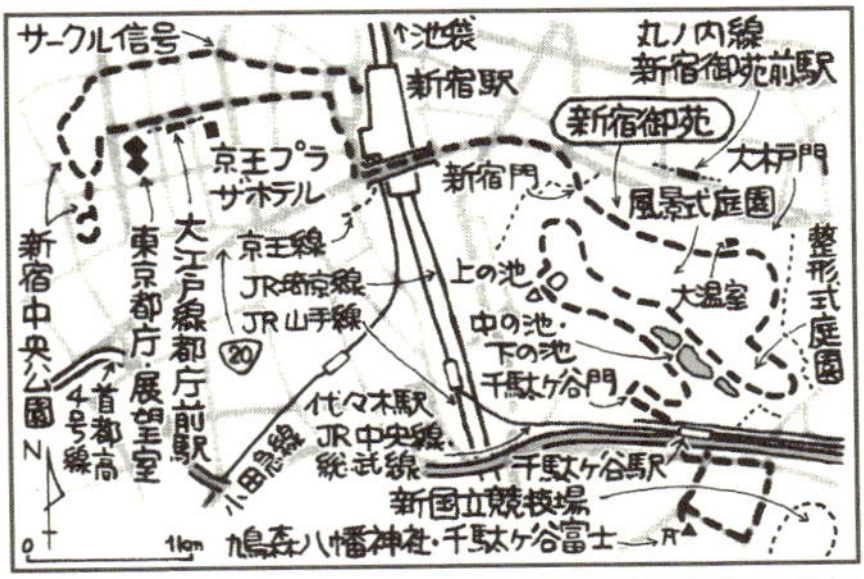

2月
4週

越生《おごせ》梅郷《ばいごう》、大高取山《おおたかとりやま》を越生駅から一周

梅が薫るのどかな山里の散策、山頂の展望を楽しむ

歩 10㎞／3時間30分 ⛰376m
交 2時間10分／1480円（池袋駅から東武東上線・越生線）
適 2月下旬～3月上旬（梅）・10月上旬～5月中旬

関東三大梅林に数えられる越生梅郷は、北寄りの山沿いにあり、花期は遅め。例年、2月下旬～3月上旬が花盛りとなります。全体では2万本の梅が植えられているとのことで、梅まつり会場で観光の中心となる越生梅林付近から越辺川《おっぺがわ》に沿い、上流にかけて梅郷が広がっています。梅郷全体も越生梅林と呼ばれますが、まぎらわしいので、ここでは梅まつり会場を越生梅林、全体を越生梅郷と記します。

越生梅林までは、越生駅から黒山行きのバスを利用できますが、のんびり歩いても1時間足らず。山里の風情を愛で、寄り道を楽しむ計画で出かけました。越生駅西口を出て、まっすぐ歩くと、すぐ埼玉県道30号飯能寄居線に出合い、右へ。手前右側の青い建物ＯＴＩＣ（越生タウンインフォメーションセンター）は越生町の観光案内、特産品の展示販売など

梅郷観光中心地の越生梅林は有料だが、園内には枝振りのみごとな古木が多く、紅梅も植えられて見ごたえがある。梅の期間は梅製品の即売所や軽食コーナー、獅子舞や和太鼓演奏などのイベントも

を行う施設なので、行きにはハイキングや梅林の情報、帰りはお土産などを入手できます。県道を進むと、立派な古民家も見られ、江戸~明治時代、生糸産業で栄えたなどの歴史がしのばれます。

歴史と言えば、越生は、江戸城を築いた太《おお》田《た》道灌《どうかん》の生地でもあるそうです。鷹狩りの途中、雨に遭って、農家で蓑《みの》を借りようとしたところ、出てきた乙女が無言でヤマブキの花を差し出したというエピソードの地ともいわれ、越生駅の東側には山吹の里歴史公園もあります。意味がわからず帰宅した道灌は、家臣から古歌の「七重八重／花は咲けども山吹の／実の一つだに／なきぞ悲しき」の「実の……」に「お貸しする蓑がありません」の意味をこめたものと教えられ、学問に励むきっかけとなったと言われています。ヤマブキには黒い実がなるので、この歌は誤りという人もいます。しかし、それは通常の一重のヤマブキ。詠われているのは八重咲きで、蕊《しべ》が花びらに変化したもので実がなりにくく、誤りではありません。昔の人は植物の生態をよく見ていたのですね。

越生町役場の先で、静かな裏道を歩いて行くとツツジの名所である五大尊つつじ公園の入口がありますが、花期ではないので今回はパス。さらに、越生梅林へ向かう車道も見送って直進し、ちょこんと盛り上がる弘法山へ向かいます。小さな丘ですが、越生梅郷を見下ろすことができ、麓の弘法山観世音は越生七福神の弁財天の寺院でもあります。弘法山から下り、越辺川北側の道を進んでいくと小さな梅林が見られるようになり、越生梅林に着きます。観光客にも人気の場所だけに、にぎやかですが、樹齢200年以上という、水墨画や浮世絵のような枝振りの古木は一見の価値があります。

梅林から先も越辺川の北側を歩いて行くと、右手に大豆工房みやがあります。こだわりの素材で豆腐や油揚げ、おからケーキなどを製造・販売していて、私がとりわけ感動したのは豆乳。甘くて濃厚、大豆っぽさがまったくなくて、まさにミルキーな逸品でした。向かい側の最勝寺は越生七福神の福禄寿です。また、みやの前の道を進むと、幹周り15m、高さ30m、樹齢1000年以上という巨木、上谷《かみやつ》の大楠がありますが、こちらも今回はパ

越生梅郷は越辺川に沿って、明るく開けた山里。あちこちに梅林があり、これから登る大高取山を眺められる。こぢんまりした里山で、登山道は杉やヒノキの植林が多いが、山頂や下山途中など、要所で展望も得られる。

ス。梅園小学校のかたわらで越辺川を渡り、広がる梅林を縫って、県道を渡り、うめその梅の駅と名づけられた越生自然休養村センターへ。越生の特産品や農産物の販売コーナー、食堂があり、冬季限定のひもかわうどんと味噌おでんで昼食にしました。

うめその梅の駅のすぐ上、寿老人の円通寺から山道に入り、ひと登りすると尾根上に着きます。尾根を南へ登っていくと、ヒノキや杉の林で薄暗いですが、歩きやすく、30分ほどで大高取山山頂に着き、東側が開けて、関東平野を見渡せます。

下山は、梅と並ぶ越生の特産品であるユズの里、桂木観音を通って、日帰り入浴できるゆうパークおごせへのコースなどもありますが、今回は西山高取経由の最短コー

太田道灌ゆかりの法恩寺

JR八高線と東武越生線のホームが隣り合う越生駅

上・東側が開けた大高取山山頂
下・西山高取から都心方面を眺める

スで越生駅へもどることに。下山道も植林が多く、展望は乏しいですが、西山高取では大高取山に優る関東平野の展望を楽しめます。当日は空気が澄んでいて、東京スカイツリーもはっきり見えました。西山高取で五大尊つつじ公園、世界無名戦士之墓への道を分け、なおも尾根道を下ると、世界無名戦士之墓、越生七福神大黒天の正法寺から下ってくる車道に合流します。車道を右へ下り、太田道灌が開山したと伝えられる、恵比寿天の法恩寺に着けば、越生駅前の県道は目の前。OTICに寄り、酸味と甘味が爽やかなユズジュースで喉をうるおし、帰宅の途につきました。

DATA

★**モデルコース**　越生駅→40分→弘法山→25分→越生梅林→25分→越生自然休養村センター→45分→大高取山→50分→世界無名戦士之墓→25分→越生駅

★**歩行距離/時間**　10km／3時間30分

★**アクセス**　行き・帰り：池袋駅→東武東上線急行45分→坂戸駅→東武越生線20分→越生駅　※越生駅はJR八高線も利用できる。

★**シーズン**　越生梅林の見ごろは2月下旬〜3月上旬前後。黒山側に広がる梅林の見ごろはやや遅く、3月中旬ごろまで楽しめる。五大尊つつじ公園の見ごろは4月中旬〜5月上旬。芽吹き〜新緑の4月上旬〜5月中旬、11月中旬〜下旬の紅葉、冬は日だまりハイキングも。

★**アドバイス**　越生駅〜越生梅林のバスは川越観光自動車の黒山行きを利用するが、梅の時期の週末は混みあうことが多い。越生駅から梅林へ直行すると徒歩45分ほど。タクシーは約1200円。ゆうパークおごせへ下山は大高取山→20分→桂木観音→40分→ゆうパークおごせ。七福神の残る2寺院は梅林の上流に、毘沙門天で太田道灌墓所がある龍穏寺、黒山の手前に布袋尊の全洞院があり、うめその梅の駅から片道約2時間。

★**立ち寄りスポット**　◎越生梅林：開花期に梅まつりが行われ、梅製品などの売店や軽食の出店、週末の郷土芸能上演やミニSL運行でにぎわう。入園は8時30分〜16時。300円。　◎大豆工房みや：9〜17時、金・土曜定休（梅林開花中は営業）。☎049-277-2038。◎うめその梅の駅：9時30分〜17時、不定休。☎049-292-3100。◎OTIC：9〜17時、無休。☎049-292-6783。◎ゆうパークおごせ：内湯や露天風呂、食事処を備える温浴施設。OTIC前からシャトルバス10分。10時〜22時（入館は21時まで）、第2木曜定休。800円〜。☎049-292-7889。　◎ウェルサンピアおごせ：P119参照。

★**問合せ**　越生町観光協会 ☎049-292-1451

★**取材メモ**　取材日、気温はまだ低かったが、無風、快晴でのんびり梅と山里を楽しめた。取材日：2013年4月27日、2016年3月15日ほか。

越生自然休養村センターのひもかわうどんと味噌おでん

3月1週

湯《ゆ》河《が》原《わら》梅《ばい》林《りん》から幕《まく》山《やま》に登る

咲き競う色とりどりの梅の上にそびえる山で日だまりと展望を

歩 7・5km／2時間20分　へ 626m
交 3時間30分／3800円（品川駅からJR東海道本線など）
適 2月上旬～3月上旬（梅）・10月上旬～5月中旬

湯河原温泉の北側に頭をもたげる幕山は、相模湾に臨んで温暖な気候に恵まれ、古くから秋～春のハイキングに親しまれてきました。とくに早春、中腹の湯河原梅林が見ごろの時期が人気で、観光客も多く、にぎやかです。小田原の曽我丘陵（P48）、外秩父の越生梅郷（P60）で記したように、古くからの大規模な梅林は実を採るために植えられ、白梅が主体。一方、湯河原梅林は観光用に整備され、花を観賞するための園芸品種が集められているので、赤やピンクの花も多く、近寄って見れば八重咲きや二重咲きの品種もあって華やか。早咲きの品種、遅咲きの品種もあり、長く花を楽しめるのもうれしいところです。梅の本数は約4000本で、曽我梅林の10万本に比べるとつつましく感じられるかもしれませんが、1ヶ所に集まっているうえ、斜面に植えられている中を遊歩道、登山道が通っ

アセビも咲いていた

幕山公園から見上げる幕山。中腹に山名の由来となった幕岩が見える。幕岩はクライミングのゲレンデとしても親しまれ、南向きで暖かいので、冬はとくに人気。湯河原梅林は幕岩下の斜面に広がる

ているので、梅林全体を見下ろしたり、花越しにまわりの山を眺めたりでき、スケールの大きな景観も楽しめます。

ここも毎年のように出かけていますが、去年と今年は機会を逸し、直近は2017年の3月4日でした。実は、当日、晴れの予報だったので、西丹沢の大室山《おおむろやま》で富士山を眺める計画で家を出ました。しかし、丹沢へ向かう小田急の車窓から見る空はどんより曇り、丹沢主稜線の山々は山頂部が雲に覆われています。あらためて予報をチェックすると、午後から晴れ間が出るようでしたが、富士山の展望など望むべくもなさそうでした。大室山は翌日に延ばすことにして、代わりの山を物色したのですが、すでに新松田まで来ていて、選択肢が限られ

ていました。最終的に、小田原へ出て、東海道本線に乗り換え、湯河原の幕山を目指すことにしました。湯河原温泉観光協会の開花情報では、湯河原梅林は最盛期をわずかに過ぎているようでしたが、まだ花を楽しめそうなことと、梅林から一周して下ってくるころに晴れてくることを期待しての選択でした。

湯河原梅林の取り付きとなる幕山公園に着いたのは9時30分。青空が見えているのに気をよくして、梅林の写真を撮りながら新崎川に沿って進み、大石ヶ平で山道に入り、幕山の北面へ回りこんで登っていきます。途中、前の週に高尾山で見たヤマルリソウが咲き始めていました。

幕山山頂に着いたのは11時ちょうど。山頂の芝の広場は、ランチを楽しむ登山者で賑わっていました。期待したほど晴れ間が広がらず、目の下の相模湾や真鶴《まなづる》半島、大島なども霞んでいたので、昼食をとりながら天候の回復を待ちました。しかし、大きく天気が好転する様子はなかったので11時50分に下山開始。途中で思いがけず知り合いに出会ったり、野草の花を撮ったりしながら、のんびり下って、梅林の上端に12時25分着。まだ青空は広がらないこともあって、梅林の撮影を切り上げ、西側に頭をもたげる城山に登って帰ることにしました。

再び新崎川に沿って登り、一ノ瀬橋から、しとどの窟《いわや》を目指します。しとどの窟は

梅林の斜面を横切るように登っていくと、新崎川対岸の山が見えてくる。斜面の梅林なので、行程や風景に変化があるのも湯河原梅林の特徴だ。幕山公園に戻ったあと、対岸の尾根に登り、城山をめざした

1180（治承4）年8月、源氏再興のため挙兵した源頼朝が戦に敗れ、隠れたところと伝えられる岩窟で、たくさんの石仏が祀られています。窟を見て、弘法大師像が並ぶ参道を登ると、いったん車道に出ます。城山トンネルをくぐって山道に入り、尾根に沿ってゆるやかに登ります。やがて前方が明るくなるとすぐ城山の山頂。ここも芝の広場ですが、幕山と対照的に登山者が全くおらず、ちょうど青空が広がって、相模湾などの展望も満喫できました。ちなみに城山の名は、頼朝に力を貸した土肥実平《どひさねひら》の城があったことが由来とされています。

湯河原駅へ下る道はところどころに花を見せる椿をはじめ、いろいろな花木が植えられて、4月上～中旬ごろの桜、4月下旬

上・幕山から真鶴半島を見下ろす
下・日だまりの広場になっている幕山山頂

登山道は幕岩の下を通り、クライマーを間近に見られる

ごろのツツジ、6月中旬〜7月上旬ごろのアジサイと様々な花を楽しめます。やがて車道に出ますが、指導標に従って車道をショートカットして下り、頼朝が兜を置いたという兜石などを見て、湯河原駅へ向かいました。

湯河原梅林をゆっくり楽しむには、モデルコースのように幕山公園から湯河原梅林を通って幕山に登り、大石ヶ平を経て幕山公園へ一周するか、幕山往復が手軽です。城山に登る場合も湯河原梅林から登るほうが道もわかりやすく、一ノ瀬橋〜幕山登山口を往復する必要もありません。歩き足りない人は幕山から南郷山に登り、鍛冶屋へ下るのもおすすめです。

DATA

★モデルコース　幕山公園バス停→10分→幕山登山口→1時間→幕山→45分→一ノ瀬橋→15分→幕山登山口→10分→幕山公園バス停

★歩行距離/時間　7.5km／2時間20分

★アクセス　行き・帰り：品川駅→JR東海道本線1時間30分→湯河原駅→箱根登山バス15分→幕山公園　※「時は金なり」の方は小田原駅か熱海駅まで東海道新幹線に乗れば湯河原駅まで約45分。新宿駅→小田急線急行1時間30分→小田原駅→東海道本線20分→湯河原駅の経路も。

★シーズン　湯河原梅林の花期は2月上旬〜3月上旬で、期間中、地産品の売店や軽食の出店、郷土芸能や音楽のステージなどの梅の宴が開かれる。2月下旬〜3月初めが例年のピークで夜間のライトアップも。期間中入園200円。新緑は4月上旬〜5月上旬、紅葉は11月下旬〜12月上旬。冬、山頂広場の日だまりでまったりするのもよい。

★アドバイス　とくに危険なところなどはないが、梅林を出てから幕山直下まで急斜面が続くので、ゆっくり、着実なペースで登るとよい。梅林経由で往復なら最も手軽。幕山公園行きのバスは梅の宴期間中運行。期間外は鍛冶屋行きバスを終点で下車。鍛冶屋→35分→幕山登山口→20分→鍛冶屋。城山へは一ノ瀬橋→45分→しとどの窟→50分→城山→1時間10分→湯河原駅。南郷山へは幕山→1時間→南郷山→1時間20分→鍛冶屋。

★立ち寄りスポット　◎ゆとろ嵯峨沢の湯：鍛冶屋から徒歩15分の日帰り温泉館で露天風呂や海鮮の食事処が魅力。帰りの湯河原駅・真鶴駅行きバスあり。9時30分〜21時（土休日は22時まで）、木曜定休（祝日・8月は営業）。1380円。☎0465-62-2688

★問合せ　湯河原温泉観光協会☎0465-64-1234

★取材メモ　取材時は曇りがちだったが、暖かく、梅の香りにあふれて早春の梅の山を堪能できた。幕山登山口から時計回りで登ったのは、幕山到着が反時計回りより遅く、晴れる確率が高くなると予想したため。取材日：2017年3月4日。

湯河原梅林の梅は品種が多く、花の色や花びらの数も多様

3月2週

高尾《たかお》梅郷《ばいごう》から小仏《こぼとけ》城山《しろやま》へ

満開の梅林で賞梅し、早春の花をたずねて沢沿いに登る

Ⓐ歩 11・5km／4時間15分　670m
Ⓐ交 2時間／1120円（新宿駅から京王線など）
Ⓐ適 2月下旬〜3月中旬（梅）・10月上旬〜5月中旬

　東京の奥庭と呼ばれる高尾山ですが、今や東京はおろか、全国、いや世界でも断トツで登山者が多い山なのだそうです。しかし、登山者が集中するのは京王線高尾山口駅〜高尾山山頂の各コースで、先へ進んで奥高尾縦走路へ入れば、ずっと人が少なくなります。奥高尾縦走路にはいくつものピークがありますが、最初に登るのが小仏城山。もとの山名は城山のようですが、あちこちにある同名の山と区別するため、小仏城山と呼ばれています。標高は高尾山より70mほど高いだけで、長距離自然歩道の東海自然歩道、関東ふれあいの道が通っていて登りやすく、高尾山からステップアップするにも最適です。

　その小仏城山へのルートで、奥高尾縦走路より、さらに静かで、ベテランにも好まれているのが日影沢林道です。山頂までなだらかな林道で、車止めゲートがあるので車にわず

手まり状に咲くミツマタ

木下沢梅林は小下沢に面した斜面と、その上の高台に広がる。高台上は平坦で、梅の花越しに周囲の山を眺められる。ベンチが置かれた広場もあるので、ゆっくり休憩したり、ランチをとるにも最適だ

らわされることもありません。意外に花が多いところでもあり、道が広いので、観察するため立ち止まったり、しゃがみこんだりするのに、ほかの登山者に気を遣う必要がないことも人気の理由です。

日影沢林道最寄りのバス停である日影の近くにある木下沢《こげさわ》梅林は約1400本。高尾梅郷で最も大きく、見ごたえのある梅林で、日影沢林道に早春の花が咲きそろうころ、ちょうど見ごろを迎えます。日影沢林道とあわせて歩くプランは私もお気に入りで、直近では2019年3月14日、中高年の方たちのサークルを案内してきました。日影までバスを利用してもよいのですが、高尾駅から、南浅川に沿って点在する小梅林や野草の自生地を訪ねられる梅郷遊歩道

を日影まで歩くプランで出かけました。

高尾駅北口から甲州街道を西へ進み、中央本線のガードをくぐってすぐ、南浅川北岸の梅郷遊歩道に入ります。すぐ梅の並木で、古木も見られますが、このあたりは高尾梅郷では開花が早く、取材日はピークをやや過ぎていました。南浅川の清流のかたわらを歩き、ほぼ見ごろの天神梅林、湯の花梅林を愛でて、遊歩道を進み、高尾山の霞台へ登る蛇滝コース入口で車道に合流します。対岸に見ごろの梅、民家の庭先のミツマタなどの花を見て、日影バス停の先で、いったん日影沢林道を見送り、大きく蛇行して中央自動車道をくぐったところに木下沢梅林が広がっています。白梅を主にピンクなどの品種も植えられていて、全体にちょうど見ごろ。快晴で、花が青空に映えていました。

梅は桜より開花期間が長く、咲き始め、咲き終わりもゆっくりなので、古人は時期に合わせて、見方を変え、楽しんでいたそうです。咲き始めは、花を探して歩く探梅《たんばい》、花盛りのときは咲きそろう品種を観賞する賞梅《しょうばい》、終期は、散っていく花に名残りを惜しむ送梅《そうばい》という言葉があります。それを知ってから、私の梅の見方も、奥深いものになりました。梅林に入り、芳香に包まれて、賞梅を楽しみ、丘の上の広場でランチをとりましたが、まさに春爛漫の気分でした。前の週末が梅まつりのイベント日で、数日後に梅林の特別開園期間が終了するタイミングでしたが、散りかけた花もあれば、まだツボミもあって、梅の開

上・コチャルメルソウ
左上・ハナネコノメ
左下・タカオスミレ

花期の長さを実感しました。

　木下沢梅林から日影沢林道分岐へ戻り、第2の目的地である日影沢林道へ。日影沢を渡り、すぐ左のウッドデッキに入って、日影沢に下りたところのハナネコノメ群生地は、とりわけ人気が高いスポットです。斜面が崩壊して規模は小さくなっていましたが、白い花に赤い葯《やく》が愛らしい花をたくさんつけていました。

　日影沢林道を進むと、ユリワサビ、コチャルメルソウ、ヨゴレネコノメ、ヤマネコノメソウなどがあちこちに咲いています。ニリンソウ、カントウミヤマカタバミは咲き始め。高尾の名前を冠したタカオスミレも日当たりのよい斜面に咲き出し、うららかな日差しとあいまって、花の春の幕開け

小仏城山の山頂は平らで広く、2軒の茶店とベンチ、テーブルがある休憩スポット。東側は都心方面の眺めがよく、高尾山もよく見える（写真）。南側は芝生の斜面で富士山や相模湖を眺められる

を実感することができました。

小仏城山山頂では、植えられた黄花のラッパズイセンが見ごろでした。これから4月にかけては山頂一帯の桜、東海自然歩道を相模湖方面へ下ってすぐの場所では花桃（箒桃《ほうきもも》）などが咲き競い、華やかになるので楽しみです。下山は、その東海自然歩道を下り、千木良《ちぎら》からバスで相模湖駅へ出て、帰宅しました。

小仏城山山頂の東側には山名標とチェーンソーアートの天狗像がある

DATA

★モデルコース 高尾駅→1時間30分→日影→15分→木下沢梅林→20分→日影沢キャンプ場→1時間30分→小仏城山→40分→千木良

★歩行距離/時間 11.5km／4時間15分

★アクセス 行き：新宿駅→京王線特急50分370円→高尾駅 帰り：千木良→神奈川中央交通バス10分180円→相模湖駅→JR中央線10分200円→高尾駅→京王線特急50分→新宿駅 ※新宿駅〜高尾駅はJR中央線も利用でき、料金は中央線が570円、京王線が370円で3割ほど違うことは知られている。中央線は、それでも京王線と競合するため特定区間運賃として割安に設定されていて、高尾駅から先は、その対象外。相模湖駅から中央線で新宿駅まで990円だが、高尾駅で京王線に乗り換えれば中央線200円＋京王線370円＝計570円。

★シーズン 高尾梅郷の梅の木は合計約1万本、見ごろは2月下旬〜3月中旬。木下沢梅林はふだんは中に入れないが、開花期は特別開放され、露店やスタンプラリーも。期間は年により変動。桜は4月上旬に麓で見ごろ、1週間ほど遅れて山の上で見ごろになる。桜と前後して芽吹きが始まり、5月なかばごろまで新緑を楽しめる。日影沢のニリンソウ群生地は4月上旬ごろ。紅葉は11月中旬〜下旬。

★アドバイス 行程を短縮したいときは高尾駅北口から日影か大下までバスに乗るとよい。小仏城山から高尾山経由でケーブルカーを使わず下山は小仏城山→1時間→高尾山→1時間20分→高尾山口駅。P306参照。千木良から相模湖駅まで歩くと45分〜1時間。

★立ち寄りスポット ◎城山茶屋：メガ盛りのかき氷が有名だが、こだわりのなめこ汁250円、甘酒300円なども。9時〜17時、不定休（営業時間、休業日は季節や天気で変動）。☎042-665-4933

★問合せ 八王子観光コンベンション協会 ☎042-649-2827、相模湖観光協会 ☎042-684-2633

★取材メモ 取材時は快晴で風もなく、おだやかな早春の一日を満喫。ネコノメソウ群生地は狭くなった分、撮影スポットが限られ、平日でも順番待ちだった。取材日：2019年3月14日ほか。

城山茶屋のメガ盛りかき氷

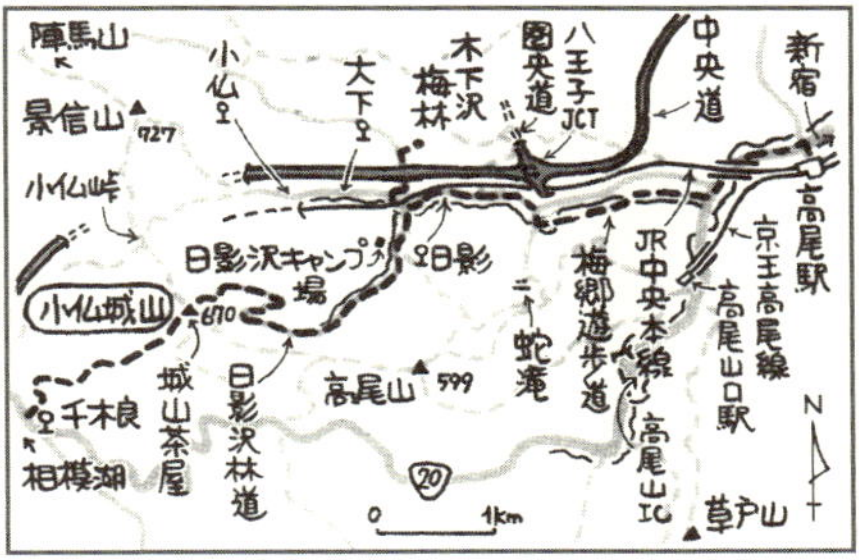

3月 3週

龍《たつ》籠《ご》山《やま》と城《しろ》山《やま》かたくりの里

春の妖精に会いに、花の名所の里山を訪ねる

歩 6km／2時間50分　標 357m
交 2時間／1780円（新宿駅から京王線など。入園料セットのシャトルバス含む）
適 3月下旬～4月初め（カタクリ）・10月上旬～5月中旬

龍籠山なんて聞いたことがないという方も多いと思います。こぢんまりした丘で、ここを主目的に登るより、麓の花の名所である城山かたくりの里とあわせて登られることが多いようです。城山かたくりの里は私有地の里山で、所有者がカタクリをはじめ、さまざまな花木や山野草を植えられ、百花繚乱の花園と化す春は一般に公開されています。城山湖北岸の草戸山に登り、京王線の高尾山口へ下山、もしくは三沢峠から梅ノ木平・小坂家のカタクリ自生地へ下るのもいいですが、軽く一日の山歩きとなるので、半日登山には龍籠山がおすすめです。なんだか付け足しのように思われるかもしれませんが、城山かたくりの里から龍籠山へのコースは、雑木林や梅林の雰囲気がよい里山歩きで、早春に咲く野生の草木の花や芽吹きにも会えるし、龍籠山では展望も楽しめるなど魅力充分です。

カタクリと同じころに
咲くコブシ

小松丘陵裾野の車道を登っていくと本沢梅園を通る。例年ならカタクリの花期には見ごろを過ぎているが、取材時は遅れていて梅見も楽しめた。梅林上の金刀比羅宮からひと頑張りで牡龍籠山山頂に着く

取材日は、雨模様であいにくの天気でしたが、カルチャースクールの企画で日程を変えるのがむずかしいので出かけました。ただし、城山かたくりの里に寄って龍籠山を登る予定を逆コースに変更しました。城山かたくりの里は、花好きなら一日中でもいたいようなところで、帰りがけに寄るとせわしないことが、先に寄りたい理由です。しかし、当日の予報は午前中が雨のち曇り、午後は曇りで晴れ間も出そうでした。カタクリの花は日が差さないと開かないので、まだ、つぼんでいることが予想されました。帰りのほうが日が差しそうなうえ、気温も上がって開花が期待できそうだったことからのプラン変更でした。

というわけで、まずは龍籠山へ。幸い、

雨は止んでいますが、山道がまだ濡れて滑りやすいことを考え、車道から登って、帰りに小松丘陵を歩くことにしました。畑が広がり、民家が点在する、のどかな谷あいを歩いていくと、一面に白い花が群がって咲く林が現れました。本沢梅園で、カタクリの最盛期は散りぎわのことも多いのですが、この年はまだ見ごろでした。三差路に出て、右へ進み、小松丘陵コースに出合うと、左手の石段上に金刀比羅宮が鎮座しています。社殿の前と、その上は都心方面などの展望が開け、霞みがちでしたが、橋本付近のビル群などはよく見えました。社殿を回りこんで登り、奥宮を過ぎて航空神社の祠《ほこら》が祀られたところが龍籠山山頂。立木に「牡龍籠山《おたつごやま》 357m」の小さな標識が取り付けられていました。南側に車道を隔てて頭をもたげ、351・8mの三角点があるピークを雌龍籠山《めたつごやま》、あわせて龍籠山と呼ばれているようです。なぜ「牡」と「牝」もしくは「雄」と「雌」の表記でないのか、気になりますが不明です。山頂は狭いながらスペースがあって展望も得られ、雨も心配なさそうだったので、ここで昼食にしました。

山頂から西へ、なだらかな道を少し進むと、すぐ下に見える車道へ急下降します。下り着いた車道を左へ回りこんで、先ほどの三差路を過ぎ、小松丘陵の山道に入ります。雑木林はまだ全体に冬枯れ状態でしたが、芽吹きに先がけて咲くキブシやウグイスカグラの花が雨露を宿して花開き、春がすぐそこに来ていることを教えてくれました。ひと下りした

龍籠山は小さな丘で、かたくりの里とあわせても手軽な行程だ。写真は人造湖の城山湖から見た牡龍籠山。左手前のダム堰堤を進むと草戸山へ。城山湖を囲む山を一周するハイキングコースも整備されている

評議原の平地は、片倉城や小松城の武将たちが落城の評議をしたところだそうです。一帯はカエデの林で、新緑、紅葉が美しいところでもあります。なだらかな尾根道を下っていくと、小松城跡の解説板が立っています。ここから北東へ約6㎞の丘陵上に室町時代、築かれたとされる片倉城の支城とのことで、付近には空濠や土塁が見られ、解説板の手前、祠が祀られているあたりが本丸跡のようです。

すぐ先で右へ下ると、宝泉寺のかたわらで、行きに通った車道に合流し、城山かたくりの里へ向かいました。受付の横に品のよいピンク色のシデコブシが咲いているのを皮切りに、園内に入ると、丘の上へ続く園路に沿って、ミツマタ、ダンコウバイ、

小松丘陵の平坦でのどかな尾根道

カタクリの群生

かんざしのようなキブシの花

白花のカタクリも見られる

トサミズキ、イワウチワ、ミスミソウ（雪割草）、コブシ、箒桃《ほうきもも》、ヒカゲツツジ、アケボノツツジ等々、色も形もさまざまな花たちが咲き乱れていました。お目当てのカタクリ群生も花を開いて、迎えてくれていて、参加者のみなさん、大喜びでした。花が終わった後、5月ごろには葉も姿を消してしまうことからスプリング・エフェメラル、春の妖精と呼ばれるカタクリなどの花をゆっくり眺めたり、写真を撮ったりしていたら、あっという間に1時間以上たっていました。集合し、下の広場で、出店の酒まんじゅうを買い、おやつにいただいた後、春の先がけの花たちに出会えて、満ち足りた気持ちで、城山かたくりの里を後にしました。

DATA

★**モデルコース**　城山かたくりの里→園内散策1時間→城山かたくりの里→10分→登山道入口→50分→龍籠山→40分→登山道入口→10分→城山かたくりの里

★**歩行距離/時間**　6km／2時間50分

★**アクセス**　行き・帰り：新宿駅→京王線準特急40分→橋本駅→シャトルバス20分→城山かたくりの里。※橋本駅はJR横浜線・相模も利用できる。シャトルバスはカタクリが見ごろの期間の運行で、橋本駅南口から徒歩約10分のアリオ橋本前から発車する。路線バス利用の場合、橋本駅北口から神奈川中央交通バス20分の城山総合事務所入口で下車、徒歩20分。

★**シーズン**　城山かたくりの里では、カタクリが3月下旬〜4月上旬見ごろ。3月中旬はセツブンソウ、バイカオウレン、フクジュソウなど、4月上旬〜中旬は外国の品種である黄花カタクリなどの花が見ごろとなる。小松丘陵の新緑は4月上旬〜5月中旬、紅葉は11月下旬〜12月上旬ごろ。

★**アドバイス**　草戸山を経て、高尾山口駅への歩行時間は金刀比羅宮下→40分→草戸山→1時間30分→高尾山口駅。梅ノ木平経由は金刀比羅宮下→40分→三沢峠、または草戸山→30分分→三沢峠→45分→梅ノ木平・小坂家→30分→高尾山口駅。草戸山からの下りは八王子市となる。ともに龍籠山よりは本格的な山歩きとなる。

★**立ち寄りスポット**　◎城山かたくりの里：3月第2土曜〜4月第3日曜の9時〜日没。期間中無休。500円。☎042-782-4246（小林方）

★**問合せ**　相模原市観光協会 ☎042-771-3767、八王子観光コンベンション協会 ☎042-649-2827

★**取材メモ**　城山かたくりの里に限らないが、春先は天気の変動が激しく、年によって花の時期がずれることも多い。取材日は例年並みだった。前日の雪が残っているところもあったが歩くのに支障はなかった。取材日：2017年11月23日、2018年3月22日ほか。

龍籠山山頂の航空神社は第2次大戦中、墜落した軍用機の乗員を祀る

3月 4週

カタクリの里と古刹を訪ねて仙《せん》元《げん》山《やま》へ

のどかな里山歩きで「春の妖精」などの花を楽しむ

歩 10・5km／3時間10分　山 299m
交 1時間10分／1640円（池袋駅から東武東上線）
適 3月下旬～4月上旬（カタクリ）、3月下旬～5月中旬、11月中旬～12月中旬

仙元山は和紙の里、武蔵の小京都などと呼ばれる埼玉県小川町の里山です。小川町は秩父の山地と関東平野が接する付近にあり、穏やかな山なみに囲まれて落ち着いた風情が漂う町。古くから様々な産業や交易で栄え、今も和紙工房、老舗の食事処、酒蔵などが健在です。仙元山は、その街並みのすぐ南側に頭をもたげ、山裾には2ヶ所のカタクリ群生地が保護されています。駅から歩けて、休憩を入れても4時間足らずで登れる低山なので、ゆっくり出かけ、カタクリの花をじっくり眺めても余裕の行程です。

　小川町駅を出て、古い民家も残る駅前の通りを南へまっすぐ進みます。途中、左手にある※楽市《らくいち》おがわは小川町の観光案内所。小川町のパンフレット、特産品などが置かれ、仙元山やカタクリ群生地への道や開花情報なども得られるので、立ち寄りたいところです。販

カタクリ

※楽市おがわは、2021年4月、小川町駅前に移転、名称も「むすびめ」に変更された。機能は引き継がれ、観光パンフレット配布、和紙製品などの民芸品や工芸品を販売している。

仙元山へ向かう途中、国道254号が槻川を渡る橋から、槻川の流れと穏やかな山なみを眺める。右の最も高く見えるピークが仙元山。左手の山裾にカタクリの群生地がある

売コーナーは和紙製品や茶葉のほか、小川町に関する書籍、骨董雑貨などが並んで、見ているだけでも楽しく、以前、買った藍染めの台付き杯洗は今もアイスクリームやかき氷をなどに利用しています。

　楽市おがわからすぐの十字路を左折し、小川町役場の前を通って道なりに進むと国道２５４号に合流します。八高線の鉄橋をくぐった先、兜川を渡る橋の上からは仙元山がよく見えます。川を前景にした穏やかな山容に心が和みます。橋の先で南へ入り、ふたたび兜川、すぐ槻《つき》川を渡って、対岸の道を東へ、仙元山山裾の斜面に沿って歩いて行くとカタクリとオオムラサキの林に着きます。斜面に遊歩道が設けられ、展示館兼休憩所には、大形で青紫の羽に黄色と白

の斑点が美しい国蝶オオムラサキをはじめ、世界の蝶や昆虫の標本が展示されています。さらに進んで西光寺に着くと、独特な楼門と、そのかたわらに満開のシダレザクラが迎えてくれました。

西光寺から、もうひとつのカタクリ群生地であるカタクリとニリンソウの里に入ります。こちらのほうが規模も花の密度も優れ、カタクリとともにヤマエンゴサクやムラサキケマン、カタクリが見ごろを過ぎるころから4月中旬頃にかけてニリンソウの群生が目を楽しませてくれます。2つの自生地は、全体に密生しているわけではないですが、トータルの面積ではカタクリで有名な栃木の三毳山《みかもやま》の自生地に匹敵するかと思われる規模です。訪れる人は少ないので、静かに観賞したい人にもおすすめです。開花期間には維持管理をしている地元のボランティアが中心部に詰めていて、100円を寄付すると、お茶をふるまい、手作りの竹製品をプレゼントしてくれました。竹製品は靴べらなどもありましたが、長さ60㎝ほどもある箸をチョイス。家人には「角張って滑りにくく、麺をゆでるときなど使いやすい」と好評です。

カタクリとニリンソウの里を出て大聖寺を往復します。収蔵庫に1344（康永3）年の建立で国の重文に指定された石造法華経供養塔板碑が保管された古刹で、山門付近からは山里ののどかな風景を眺められます。来た道を戻り、山裾を進んで八宮神社からハイキングコースに入ります。なだらかな尾根の斜面を巻くように登ると林道に出合います。林道を右へ進めば、全長約200mのローラー滑り台やアスレチックが家族連れに人気の見晴らしの丘公園に入ります。高さ13mの木製展望台に登れば、周囲の山なみを一望でき、このコース一番のパノラマが開けます。

林道出合まで戻り、ふたたびなだらかな尾根を登って、北側からのコースと合流し、左へひと登りすれば仙元山山頂です。木立に囲まれていますが、北側は展望が開け、広場になっていて休憩によい

斜面一面に咲くカタクリとニリンソウの里の群生地。カタクリ群生地の林内には入れないが、小川町駅寄りに、間近に観察、撮影できるポイントがある

見晴らしの丘公園の展望台から北西側の眺め。取材日は春霞だったが、小川町の市街を囲む官ノ倉山、その外側の皇鈴山、大霧山など外秩父の山々を見渡せた

ところです。

帰りは北側のコースを下ります。１８６０（万延元）年に造られた百庚申《ひゃくこうしん》の石碑を見て、指導標に従って下ると、谷沿いの道となり、畑が開けると住宅地に出ます。あとはのんびり、単線でローカル線ムードが漂う八高線の踏切を渡り、槻川を渡って小川町駅へ戻りました。

直近の取材日は２０１９年３月24日。花は全体に例年よりやや早めで、シダレザクラとカタクリは見ごろ、ニリンソウは咲き始め、ソメイヨシノは開花間近でした。この日は時間の余裕がなかったのですが、小川町和紙体験学習センター、埼玉伝統工芸会館、酒蔵などに立ち寄ると、小さな山旅がより楽しいものになります。

DATA

★モデルコース　小川町駅→35分→西光寺→30分→大聖寺→40分→見晴らしの丘公園→40分→仙元山→45分→小川町駅

★歩行距離/時間　10.5km/3時間10分

★アクセス　行き・帰り：池袋駅→東武東上線急行1時間10分→小川町駅　※JR八高線小川町駅も利用できる。

★シーズン　カタクリは例年3月末～4月上旬。3月下旬～4月上旬の芽吹き、4月上旬～中旬の桜、4月中旬～5月中旬ごろの新緑、11月中旬～12月上旬ごろの紅葉、晩秋～初冬の展望もおすすめ。

★アドバイス　とくに危険や困難なところはない。仙元山から大日山へ縦走し、東武東上線武蔵嵐山駅へ向かうコースは仙元山から3時間30分かかり、コースの整備はやや劣るが、小倉城跡などの山城跡や嵐山渓谷の見どころがある。

★立ち寄りスポット　◎小川町和紙体験学習センター：和紙の手すきを体験できる。10時～15時、月曜(祝日は開館)・祝日の翌日休館。☎0493-72-7262。　◎埼玉伝統工芸会館：和紙の製作実演、手すき体験あり。9時30分～17時(手すき体験は15時まで)、月曜(祝日は開館)・祝日の翌日休館。☎0493-72-1220。　◎晴雲酒蔵：花から発見した酵母を使うなど個性的な地酒を醸す。見学、試飲ができ、食事処も併設。見学は9時～12時・13時～17時、無休。☎0493-72-0055

★問合せ　小川町観光協会(小川町役場)☎0493-72-1221

★取材メモ　取材日は、東武東上線を途中下車して午前中、川越市立美術館「相原求一朗の軌跡」展、午後から仙元山へ。相原氏の作品は日高山脈の幌尻岳を下山後、中札内の六花の森で初めて観て、峻厳で雄大な山岳画に感銘した。川越市は相原氏の出身地で、毎年のように企画展が開かれている。取材日：2019年3月24日ほか。

西光寺のシダレザクラと楼門

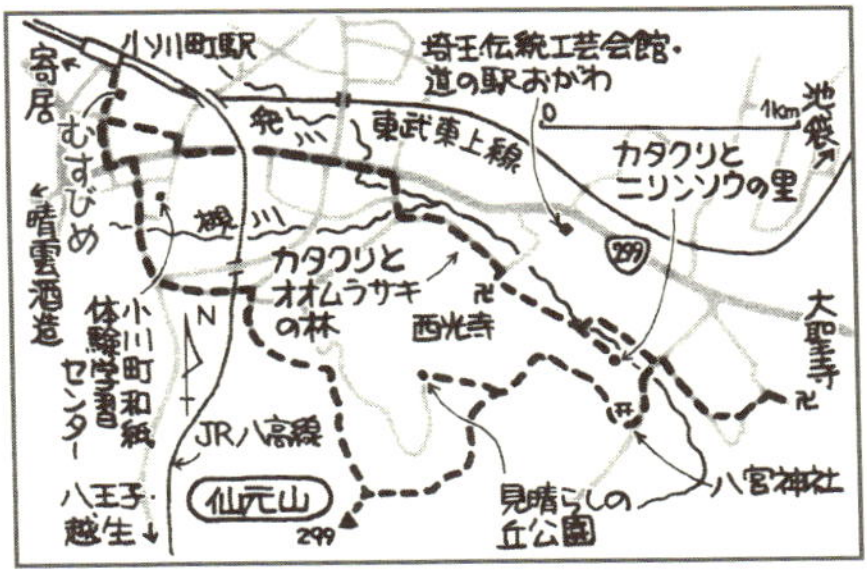

4月 1週

「関東の吉野山《よしのやま》」と呼ばれる蓑山《みのやま》へ

山頂の美の山公園で天空の花見と展望を楽しむ

歩 6km／2時間20分 ㊦587m
交 3時間40分／2920円（池袋駅から東武東上線など）
適 4月上旬〜5月初め（桜）・4月上旬〜12月上旬

楚々としたヤマザクラの花

秩父鉄道が走る秩父周辺の荒川沿いは、手ごろな低山の宝庫で、蓑山もそのひとつです。ほかの山々は連なって、小規模な山脈状になっていますが、蓑山は少し離れて頭をもたげ、独立峰とも形容されます。全体になだらかで、動物が丸くうずくまったような趣。その平坦な山頂部に美《み》の山《やま》公園が広がっています。埼玉県に桜の名所をつくろうと、10年がかりで桜を植え、1979（昭和54）年に開園。全山で8000本が植えられているそうです。種類はソメイヨシノが最も多いですが、八重のサトザクラ系の品種も植えられ、雑木林には野生のヤマザクラも咲きます。

東京都心のソメイヨシノは、例年3月下旬に開花し、1週間ほどで満開となります。埼玉県や神奈川県の都市部もほぼ同時期、北寄りの栃木県や群馬県の市街地では数日遅く、

親鼻駅と旧都営地下鉄車両

重なって咲く花を十二単衣（じゅうにひとえ）にたとえたジュウニヒトエ

狼（お犬さま）像がある蓑神社

山地ではさらに遅れて、麓で4月上旬、山では4月中旬～5月初めが例年の見ごろのようです。蓑山では例年、麓で4月の第1週が見ごろ、美の山公園は4月中旬～下旬が花盛りで、私もこの時期に登ることが多いです。4月上旬は、長瀞《ながとろ》駅前や宝登山《ほどさん》参道の桜並木もみごとに咲きそろい、あわせて訪ねると、たっぷり花見ができます。親《おや》鼻《はな》駅から長瀞駅まで約2・5㎞。秩父鉄道に乗ってもいいですが、歩いても30分ほど。途中には埼玉県立自然の博物館、かき氷の阿左見冷蔵金崎本店などがあり、長瀞の渓谷に沿った歩道もあります。

　蓑山の登山口は、アクセスが便利な秩父鉄道の親鼻駅、和銅黒谷《わどうくろや》駅が多く利用され、皆野《みなの》駅が続きます。登山コースは長距離自然歩道・関東ふれあいの道として整備されて歩きやすいです。取材日は親鼻駅からスタートしました。秩父鉄道のほとんどの駅がそうであるように、親鼻駅のこぢんまりしたたたずまいはローカル線らしい温かみのあるもの。国道140号を渡り、すぐの萬福寺は4月中旬ごろ、シダレザクラがきれいに咲きます。南へ進むと、すぐ樹林の山道となります。東京近郊の低山は杉やヒノキの植林が多く、薄暗くて、花が乏しい山が多いですが、蓑山は大半がコナラなどの雑木林で、芽吹きはじめの林は明るく、うららかな日差しが木の芽や若葉を通って降り注いできます。足もとには、その太陽の光を浴びて、ヒトリシズカ、ジュウニヒトエ、ニリンソウ、さまざまなスミレなどが一斉に咲いて、春の喜びを歌っているかのようです。

車道を横切り、傾斜がゆるんでくると美の山公園に入ります。桜が植えられた林を進み、登りがゆるやかになってくると、道幅が広くなり、ふたたび、桜が植えられた林、芝生の広場など、ひと息ついていきたい、いい感じのスポットが現れます。そのまま登っていけば山頂ですが、北側の中腹の道に入って、蓑神社に立ち寄りました。秩父地方を治めていた知々夫国造《ちちぶのくにのみやつこ》が祈晴祭を行い、農民を苦しめていた長雨を晴らしたことを称えて創建され、祈晴祭のとき雨具の蓑を松の木に懸けたことから蓑山と名づけられたそうです。山名は箕山とも表記されるので、山容を農具の箕の伏せた形にたとえたのかも、と思っていました

蓑山の山頂一帯には花木が植えられた美の山公園が広がり、展望台も2ヶ所。写真は山頂南側の展望台で、秩父のシンボル武甲山や秩父盆地を桜の花の雲の上に眺められる。下山は、この展望台の西側へ下る

が、伝説によれば蓑山が正しく、地元の皆野町や秩父市でも、そのように表記しています。社殿の前、両側に狛犬ではなく狼像が控えているのはお隣の宝登山（P24）、奥多摩の御岳山（P12）同様で、お犬さま（狼）信仰の土地柄がうかがえます。

山頂は展望台や水道がある広場で、東から南側に桜が植えられ、花の雲の上に登谷《とや》山、秩父盆地と武甲山《ぶこうさん》、雲取山《くもとりやま》、両神山《りょうかみさん》などのパノラマが広がります。あわただしい日々が続いて東京での花見を逃していましたが、ここでのんびり、花ときれいな空気を楽しみながら、ゆっくり昼食をとれました。先に記したように、花見シーズンの前半はソメイヨシノがたくさん咲くので華やかですが、後半の八重桜のころは品種も花

上・蓑山を仰ぎ、皆野駅付近を快走する秩父鉄道のパレオエクスプレスは東京から最も近いSL列車。名称は、約1300万年前に絶滅したと考えられ、秩父地方で化石が発見された哺乳動物パレオパラドキシアにちなむ。
右・和銅遺跡の和同開珎形の碑。高さ7mほどある大きなものだ

の色もさまざまで、新緑も始まって彩り豊か。前半、後半、それぞれに楽しめます。

　帰りは下山へ下山します。書き間違いとかではなく、下山《しもやま》の集落へ下るという意味です。やはり雑木林の尾根沿いを下り、集落に入ってすぐ、左へ下ると和銅遺跡があります。日本最古級の貨幣・和同開珎《わどうかいちん》を鋳造した銅がここで採掘され、７０８（和銅元）年に朝廷へ献上されたとのこと。和同開珎の形をした大きな記念碑が建っています。小川に沿って下り、国道１４０号に出れば和銅黒谷駅はすぐ。こちらもこぢんまりして、山小屋を思わせる駅舎が迎えてくれました。

DATA

★モデルコース　親鼻駅→20分→車道横断地点→30分→蓑神社→30分→蓑山→40分→下山→20分→和銅黒谷駅

★歩行距離/時間　6.0km/2時間20分

★アクセス　行き：池袋駅→東武東上線快速急行1時間5分→小川町駅→東武東上線20分→寄居駅→秩父鉄道20分→親鼻駅、帰り：和銅黒谷駅→秩父鉄道30分→寄居駅→東武東上線20分→小川町駅→東武東上線快速急行1時間5分→池袋駅　※寄居駅はJR八高線も利用可能。秩父鉄道は西武秩父線西武秩父駅から御花畑駅、JR高崎線熊谷駅、東武伊勢崎線羽生駅で乗り換えも。

★シーズン　桜はソメイヨシノが4月上旬～中旬、八重桜が下旬～5月初めごろ。新緑は4月なかば～5月中旬。5月上旬ごろのヤマツツジ、7月のアジサイも美しい。8月中旬～10月上旬ごろ、麓の農園でブドウ狩りができる。紅葉は11月中旬～下旬ごろ。少し山慣れた人なら晩秋～冬の展望と日だまりのハイキングも楽しめる。

★アドバイス　美の山公園まで車道が通っているが、花見の時期の週末も都心の名所のように混みあうことはなく、途中の山道は登山者だけの世界で静かに山と花を楽しめる。

★立ち寄りスポット　◎道の駅みなの：地産の農産物や地粉うどんの直売所（8時30分～17時30分）、田舎うどんやわらじカツ丼を食べられるレストハウス（11時～17時）あり。無休。☎0494-62-3501。◎いこいの村ヘリテイジ美の山：日帰り入浴できる温泉あり。11時～21時（受付20時まで）、無休。880円。☎0494-62-4355。◎ムクゲ自然公園：皆野駅側の斜面にあり、盛夏に咲く10万株のムクゲをはじめ春のヤマツツジ、夏のアジサイ、秋のヒガンバナや紅葉、冬のフクジュソウやロウバイを楽しめる。10時～16時30分（7～9月は9時30分～）、月曜（祝日の場合翌日）休園。500円。☎0494-62-1688

★問合せ　皆野町観光協会☎0494-62-1462

★取材メモ　秩父鉄道は、西武鉄道、東急電鉄などから譲り受けた車両を使用していて、いろいろな列車に乗ったり、見たりできるのも魅力。取材時は東京都営地下鉄三田線で走っていた6000形（秩父鉄道5000系）を見られた。1968年の三田線開業時の車両で、半世紀も走り続けているのに感動した。秩父鉄道は都心から最も近いSL列車パレオエクスプレス（JRからのC58+12系列車）も人気。3月下旬～12月上旬の土休日中心に運行。取材日：2014年4月26日、2015年4月25日ほか。

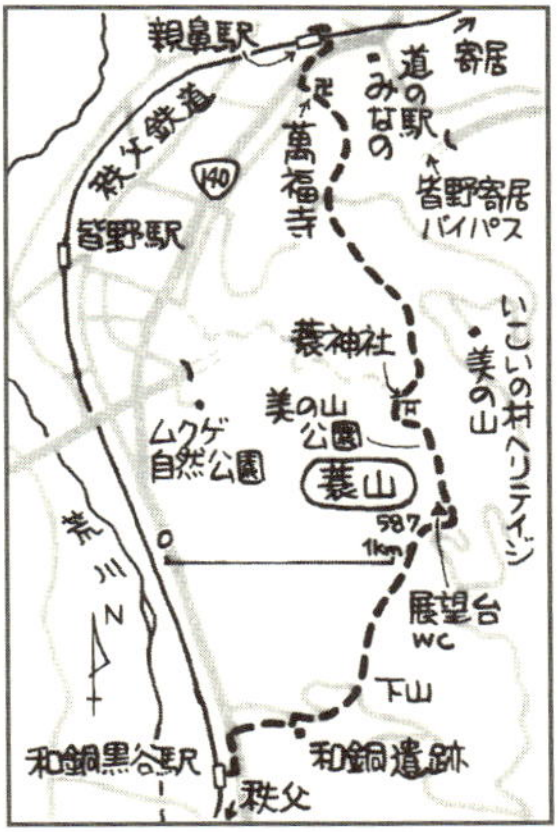

4月 2週

赤《あか》塚《つか》城《しろ》山《やま》から植《うえ》村《むら》冒険館へ

23区最大というニリンソウの群生地から植村直己さんのスピリッツをしのぶ

歩 6km／1時間45分　約30m
交 38分／500円（巣鴨駅から都営三田線）
適 4月上旬～中旬（ニリンソウ）、2月下旬～5月中旬、10月上旬～12月上旬

郷土資料館前に置かれている昔の大砲

赤塚城山は武蔵野台地の北東端、荒川の沖積低地である板橋区高島平に接する丘陵です。標高を地形図で見ると30m弱。取材日に使用していたハンディGPSでは32m前後に表示されていました。南側の東武東上線下赤塚駅からも訪ねられますが、行程が平坦地なので、登った感を得るには、北側の都営三田線側を登山口とするのがおすすめ。西高島平駅が最も近く、標高3・4mだそうなので、約25mの標高差があります。

関東地方で平野と山地の境目近くにある低山を歩いていると、城山という山名をよく見かけます。かつて城が設けられたことが由来で、戦国時代の山城が多い印象ですが、赤塚城山の赤塚城は室町時代中ほどの1456（康正2）年、現在の千葉県北部から茨城県西部にまたがる下総国《しもうさのくに》から移った千葉自胤《よりたね》が築いたと伝わっているそうです。北側「中腹」

西高島平駅から台地上に登ると赤塚溜池公園に着く。正面が赤塚城山で、武蔵野の面影をとどめる雑木林に覆われる。左手には板橋区立美術館、右手には郷土資料館があり、散策とともに施設の見学もできる

の赤塚溜池公園には板橋区立郷土資料館があり、縄文の昔から平安時代、戦国時代から中山道の宿場として栄えた江戸時代、さらに明治から戦後と大きく３部に分けて、板橋の歴史や民俗が展示、解説されています。ちなみに、１９７０年代の高度経済成長期から巨大な団地が建設された高島平の地名は、幕末の１８４１（天保12）年に長崎の町役人・高島秋帆《たかしましゅうはん》が洋式の砲術訓練を行ったことに由来するそうです。

しかし、当日の目的は歴史探訪ではなく、東側にある板橋区立美術館の観覧などの５件でした。美術館は、毎年、夏に開かれる「イタリア・ボローニャ国際絵本原画展」が人気ですが、地域に根ざした貴重な企画展も多く開かれ、当日は「東京↑↓沖縄 池袋

モンパルナスとニシムイ美術村」展の最終日でした。第二次大戦を挟んで豊島区池袋と新宿区落合、戦後の沖縄ニシムイにあったアトリエ村ゆかりの作家たちの作品が集められたものです。池袋モンパルナスは、以前、北アルプス鹿島槍ヶ岳の帰りに寄った、安曇野の「ちひろ美術館」でいわさきちひろさんがここで描いたというクロッキーを見たこともあり、気になっていました。

次の目的地である赤塚城山には、城の遺構などは全く残っていませんが、山頂は木立に囲まれた広場になっており、のんびり過ごすにもいいところです。斜面には武蔵野の面影を留める雑木林が広がって、新緑が鮮やかでした。南側には梅林が広がっています。

3つ目の目的地は、城山のすぐ南側、赤塚城二ノ丸跡の乗蓮寺。若き日の植村さんが住み、冒険の拠点となった仲宿にあった寺院で、国道17号拡幅と首都高速道路建設で1970年代に現在地へ移転。1743(寛保3)年、八代将軍・徳川吉宗が鷹狩り中に参拝、雨宿りをし、後に将軍の休息所に指定された、由緒ある寺院です。宗派は浄土宗、宗祖は法然上人、本尊は阿弥陀如来。1977(昭和52)年、開眼した東京大仏もおわします。私事ですが、旧乗蓮寺は住まいから近く、除夜の鐘の音が響いてきた思い出も。

高さ13mの東京大仏

赤塚城山山頂は雑木林に囲まれた広場になっている

コース中に23区内最大という
ニリンソウ自生地がある

乗蓮寺からすぐの板橋区立赤塚植物園が4つ目の目的地です。約1haの起伏に富む敷地を活かし、雑木林が保全された中に山野草園、薬用・万葉植物園、桜・椿園などが配され、600種類という植物に接することができます。当日も板橋区の花でもあるニリンソウをはじめヤマブキソウ、オドリコソウ、シロヤシオツツジ、さらにボタンやシャクナゲなど園芸植物の花を楽しめました。

高島平から蓮根へ至る武蔵野台地の崖線には自然林が残され、23区では貴重なニリンソウ群生地が保護されています。ベルト状の緑地の保全は良好な景観を形成し、歴史・

板橋区立赤塚植物園の敷地はさほど広くはないが、起伏がある地形を活かして、丘の斜面、池や湿地など、それぞれの環境に適して植物が配され、武蔵野の植物や万葉植物を自然に近い形で見られる

文化的資源を活かして、湧水、渡り鳥の中継地を保護するなどの目的があるとのことで、先見の明がある取り組みと思いました。

その崖線に沿った緑道を歩いて着いた植村冒険館が最後の目的地。植村さんの冒険精神を後生に伝えるため、1992（平成4）年、板橋区が開設。植村さんの家族から譲り受けた装備品や写真を展示、企画展も行われて、若き日の放浪時代、エベレスト初登頂、北極圏の犬ぞり単独行など、植村さんの偉業が鮮やかに蘇りました。なお、植村冒険館は2021年、加賀1丁目の植村記念加賀スポーツセンターに移転。こちらは閉館しました。新しい冒険館は三田線板橋区役所前駅から仲宿を通って徒歩7分。行き帰りに立ち寄りたいところです。

DATA

★モデルコース　西高島平駅→15分→赤塚城山→10分→浄蓮寺→25分→ニリンソウ自生地→50分→植村冒険館→5分→蓮根駅

★歩行距離/時間　6km/1時間45分

★アクセス　行き：巣鴨駅→都営三田線23分→西高島平駅　帰り：蓮根駅→都営三田線15分→巣鴨駅

★シーズン　ニリンソウの花期は4月上旬～中旬。赤塚植物園では四季折々の花を楽しめ、山野草は3月上旬～5月中旬が最も多い。赤塚梅林の見ごろは2月下旬～3月中旬。8月下旬～10月上旬、さんぶどう園でブドウ狩り。2月11日に徳丸北野神社、2月13日に赤塚諏訪神社で五穀豊穣を祈願する田遊びは国の重要無形民俗文化財。

★アドバイス　短いコースだが、見学施設が多いので、興味を惹かれるところがあれば見学時間を充分にとりたい。

★立ち寄りスポット　◎板橋区立郷土資料館：9時30分～17時（入館は16時30分まで）、月曜（祝日の場合翌日）休館。無料（展示により有料）。☎03-5998-0081。◎板橋区立美術館：9時30分～17時（入館は16時30分まで）、月曜（祝日の場合翌日）休館。館蔵品展など無料、特別展650円。☎03-3979-3251。◎赤塚植物園：9時～16時30分（12月は16時まで）、無休。無料。☎03-3975-9127。◎植村冒険館：10時～18時（入館は17時30分まで）、月曜（祝日の場合翌日）休館。無料。☎03-6912-4703。新しい植村冒険館がある植村記念加賀スポーツセンターは都営三田線板橋区役所駅から徒歩7分、JR埼京線板橋駅から徒歩15分、板橋駅か王子駅からバス、東板橋体育館入口下車。

★問合せ　板橋区観光協会☎03-3579-2251

★取材メモ　高島平から蓮根にかけての緑道は新緑が美しい散歩道。新しい植村冒険館は1階のウエムラチャレンジベースと3階の展示室で資料や写真パネルの展示、年3回ほどの企画展示などが行われている。取材日：2013年4月20日、2018年4月15日ほか。

植村冒険館エントランス

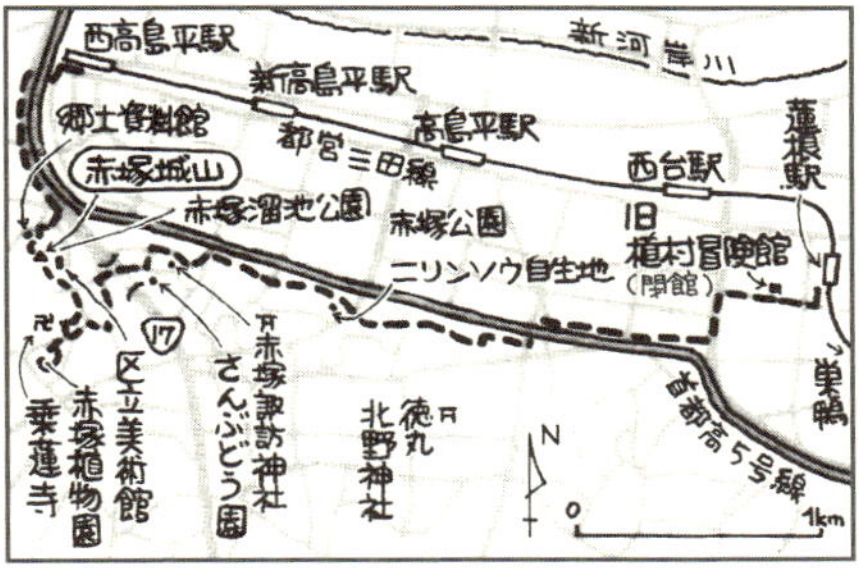

全国有数の桜の園から八王子城山へ

八《はち》王《おう》子《じ》城《しろ》山《やま》

貴重な品種や名木を観賞し、戦国時代に思いをはせる

歩 8km／3時間35分 450m
交 3時間40分／930円（新宿駅から京王線など）
適 3月下旬～5月初め（桜）・10月上旬～5月下旬

山城が築かれていた城山は各地にありますが、城の規模や歴史的意義の観点を考えると、八王子城跡が残る八王子城山は首都圏トップレベル。東京都から日本百名城に選定されている城は八王子城と江戸城の2件。江戸城に次ぐ名城と言えます。このコースの季節的なポイントは多摩森林科学園サクラ保存林。各地の著名なサクラの遺伝子バンクを目指して１９６６（昭和41年）年に設置が決まり、東京ドームの倍近い８haの敷地に江戸時代からの栽培品種、天然記念物の名木のクローンなど約１４００本が植えられています。

当初、多摩森林科学園は農林省林業試験場浅川実験林（現在は独立行政法人森林総合研究所支所）。私の学生時代、樹木学や植物生態学の講義をされた林弥栄《やさか》教授は浅川実験林の元所長で、サクラ保存林の素晴らしさも教えてくれましたが、当時は非公開。その後、

サクラ保存林で生まれた品種はるか

多摩森林科学園は貴重な品種、各地の名木のクローンなど、たくさんの種類が集められている。学術的にも貴重だが、様々な色や形の桜が入り混じり、織りなす花の雲は見た目にも美しい

桜の時期限定で公開され、現在では1年を通じて見学できるようになりました。品種が多いので、様々な色の桜が入り混じって咲き、とくに4月後半、若葉が萌えるころは豊かな彩りを見せてくれます。尾根や谷が入り組んだ斜面に植えられ、変化に富んだ眺めが展開し、八王子城山や高尾山とともに訪ねられるので、お気に入りスポットになっています。

短い行程で桜と歴史を堪能できるおすすめコースなので、カルチャースクールでも企画していますが、2018年は例年より10日以上も桜の開花が早く、講座当日の4月26日はすっかり終わっていたということもありました。2019年も咲き始めは早かったですが、その後の寒気で最終的には例年並み。4月11日の取材日にはソメイヨシノや早咲きのサトザクラなどが咲き乱れていました。園路が入り組んでいますが、サクラ保存林の基部からサトザクラが多く植えられた夫婦坂の尾根道を登り、サトザクラの品種で濃いピンクの関山《かんざん》が目立つ関山ベンチでひと休み。斜面を埋める桜を眺めて、見返り通りを進むと関山ベンチの上に戻ります。展望が得られる遠見通りに入り、谷を隔てて夫婦坂の尾根を眺める彼岸通りの山腹道を歩いて基部へ戻ると、最大限に桜を楽しめます。

入口の「森の科学館」には森林、林業に関するビジュアルな展示があり、アクリル樹脂で桜の花を保存した標本も必見です。森の科学館北側に咲く品種はるかはサクラ保存林の思川《おもいがわ》の実生で2012年に新品種として登録されました。NHK大河ドラマ「八重の桜」にちなみ、福島県では八重桜を東日本大震災復興のシンボルとしたことから福島県に寄贈され、「八重の桜」主人公の綾瀬はるかさんによって、はるかと命名されたそうです。ピンクの大輪の花が美しく、復興事業も花開いていくようにという願いを感じました。

サクラ保存林を出て、高尾街道を北上し、中央自動車道をくぐって霊園前・八王子城跡入口バス停先の信号を左折していくと八王子城跡ガイダンス施設に着きます。八王子城は、戦国時代の末期、1582(天正10)年以降、関東地方を支配していた小田原の北條氏の三代目・氏康の三男・氏照によって築かれたとされています。1587(天正15)年以前

御主殿を守る虎口や石垣の遺構が発掘、
復元されている御主殿広場への石段

八王子城山の登山口

八王子神社

に入城しましたが、1590（天正18）年、豊臣秀吉の小田原攻めに氏照や主力の軍勢は小田原城へ。その隙に前田利家と上杉景勝らの北国勢に攻められ、6月13日、あえなく落城しました。戦国時代が完全に終焉し、秀吉が天下を統一した歴史の転換点の出来事であり、八王子城の規模の大きさや戦国時代には珍しい壮大な石垣が発掘されていることなどが八王子城を名城たらしめているそうです。ガイダンス施設では、その歴史がわかりやすく解説され、パンフレットも置かれています。

すぐ先の管理事務所の手前が八王子城山の登山口ですが、直進して、発掘復元された御主殿《ごしゅでん》広場や曳《ひ》き橋を見学していきましょう。管理事務所では無料のボランティア

八王子神社付近はこのコースいちばんの展望地。東から南東側が開けて、近くの八王子市街から都心の高層ビル群まで眺められる。神社のかたわらにはベンチやテーブルもあって、ランチ休憩にも最適だ

ガイドをお願いしました。みなさん歴史に詳しいのはもちろんですが、人によってウェイトが武将のエピソード、出土品など異なり、毎回、興味ある解説が聞けます。

登山道に入り、曲輪《くるわ》と呼ばれる建物跡を見て登っていくと展望が開け、八王子神社前の広場に着きます。ここから本丸跡の山頂へはひと登りですが、木立で展望はないので、広場にもどって昼食をとりました。八王子神社は平安時代の916(延喜16)年に祀られたという古社で、八王子の地名の由来にもなってます。帰りは、カルチャースクールでは北側の川原宿大橋か松竹バス停へ下っていますが、やや道がわかりにくく、登山者も少ないので、山に慣れない人は来た道を戻るのがおすすめです。

DATA

★モデルコース　高尾駅→10分→多摩森林科学園サクラ保存林入口→園内一周1時間→サクラ保存林入口→25分→霊園入口バス停→20分→ガイダンス施設→御主殿広場→50分→八王子城山→30分→ガイダンス施設→20分→霊園入口バス停

★歩行距離/時間　8.0km/3時間35分

★アクセス　行き：新宿駅→京王線特急50分→高尾駅、帰り：霊園前→西東京バス5分→高尾駅　※新宿駅→JR中央線中央特快45分→高尾駅の経路もあり。土休日は八王子城跡行きバスあり。

★シーズン　サクラ保存林の桜の開花期は例年、早咲きのカンヒザクラ系、河津桜などが咲く3月上旬ごろから遅咲きのサトザクラ系が咲く5月初めごろがメイン。その中でもソメイヨシノの4月上旬、サトザクラの4月中旬～下旬が最も花が多い。芽吹きは3月下旬～4月上旬。新緑は4月中旬～5月中旬、紅葉は11月中旬～12月上旬ごろ。冬の日だまりハイキングもよい。

★アドバイス　京王線高尾駅からJR構内を通り抜けて高尾駅北口へ出られる。ゆっくり見学するには、サクラ保存林は1～2時間、八王子城跡は1時間ぐらい見ておきたい。八王子城山から川原宿大橋バス停まで下り1時間10分、松竹バス停まで下り1時間。ともに高尾駅北口行きバスが通る。

★立ち寄りスポット　◎多摩森林科学園サクラ保存林：9時30分～16時（4月は9時～、入園は15時30分まで）、月曜（祝日の場合翌日）休園（3～4月は無休）。300円（4月は400円）。☎042-661-1121。◎八王子城跡ガイダンス施設。9～17時、不定休。無料。☎042-663-2800。ボランティアガイド：9～16時（受付15時まで）、不定休。無料。八王子市文化財課☎042-620-7265

★問合せ　八王子観光コンベンション協会☎042-649-2827

★取材メモ　4月中旬～下旬の取材時はタチツボスミレなどのスミレ類、ミミガタテンナンショウ、ヤマツツジ、ハナイカダ、ヤマブキなど様々な花を見られた。八王子城山の標高は446mとされるが、標高点西側の本丸跡のピークのほうが数m高い。林教授は樹木学の権威で『日本の樹木』など山と溪谷社の名鑑シリーズの監修者でもある。約30年前に取材した箱根路森林浴ウォークの記念イベントで講演され、思いがけず再会できた。取材日：2017年12月19日、2019年4月11日ほか。

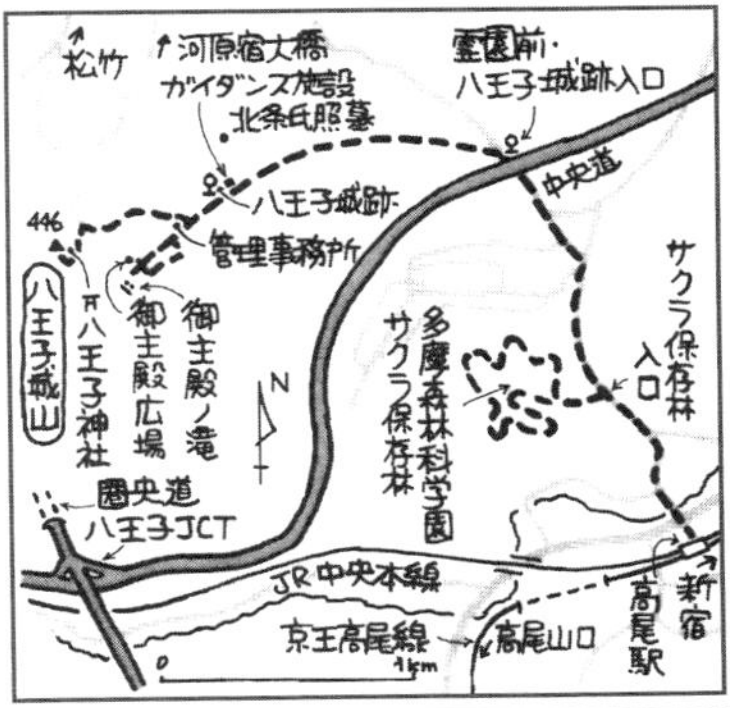

八重桜の里から渋沢丘陵・頭《ずっ》高《こう》山《やま》へ

チューリップや八重桜が満開の里を歩き、丹沢の山を眺める

(歩)7・5km／2時間30分　(標)303m
(交)2時間20分／1380円(新宿駅から小田急線)
(適)4月下旬～4月下旬(八重桜)・10月上旬～5月下旬

渋沢丘陵は小田急線の渋沢駅から秦野《はだの》駅付近にかけての南側に、丹沢山塊《さんかい》と向かい合うように伸びています。全体に雑木林が多いので、新緑がみずみずしく、なだらかな丘陵上には畑も見られるなど、のどかなハイキングコースが続いています。丘陵の西端に位置する頭高山は、比較的最近、登山道が整備された山ですが、駅から駅へ歩けて、途中に八重桜やチューリップが咲き、春の花や新緑を愛でながら、のんびり歩くのにうってつけのところです。秦野駅から震生《しんせい》湖を経て渋沢丘陵を縦走すると、より充実した行程を楽しめますが、今回は渋沢駅から頭高山に登り、震生湖方面へ少し歩いたところで下山して渋沢駅へ戻る、手軽な周回コースとしました。

当日は雲が厚く、いわゆるどん曇りで、いつ雨が降っても不思議はない感じの天気でし

2本のめしべが
像の牙のような普賢象

泉蔵寺は花の寺。サトザクラの少し前にチューリップ、やや遅れてボタンが見ごろになる。チューリップは写真の本堂前、渋沢駅側の一段下がったところに花畑があり、その間にボタンが植えられている

たが、例によって、カルチャースクールの講座なので予定通り出かけてきました。

　渋沢駅を南口へ出ると、八重桜の里らしく、ロータリーに遅咲きの八重桜である関《かん》山《ざん》、鬱金《うこん》、２本の八重桜が植えられています。この年は桜の開花が早く、咲き始めは薄黄色の鬱金の花が赤みを帯びているなど、ピークをやや過ぎた感じはありますが、まだほとんど散っておらず、初めの市街地歩きでも八重桜をはじめモッコウバラ、様々なツツジ、チューリップ、藤など、陽春から初夏の花がいろいろ咲いていました。

　千村《ちむら》地区に入ると、あちこちに関山、普《ふ》賢象《げんぞう》などの八重桜が植えられています。見ごろかつ、まだ摘み取りが行われておらず、ホッとしました。花びらは塩漬けにされ、

結婚式など祝いの席で出される桜茶に用いられるので、花びらの数が多い八重桜、中でも色が濃い関山が多く使われています。千村地区では約２５００本の八重桜が栽培され、塩漬けの生産量は全国でも有数の規模だそうです。

少し下って、チューリップやボタンがみごとな泉蔵寺に詣で、渋沢丘陵へ登り返すと雑木林に入ります。野草の花を見ながら、尾根に沿ったなだらかな道を進むと、北側が開けて、表丹沢の塔ノ岳から大山の山なみがよく見える展望地に着きます。稜線は雲に隠れていましたが、歩いてきた千村地区に咲く八重桜を見下ろすことができました。この周辺も関山などの八重桜が植えられていますが、花びらの採取用ではなく観賞用です。千村地区で花びらの摘み取りが終わった後も、ここで花を楽しめるようにという配慮から植栽されたそうで、付近には菜の花も咲いて、八重桜のピンクと菜の花の黄色、新緑がコラボして美しいです。休憩舎、チップ制トイレも整備されています。

展望地からひと登りで着く頭高山山頂は平坦で広く、ここにも休憩舎が建っています。雑木林に囲まれていますが、北側と南側は開けて、展望も楽しめます。新緑に包まれて、ゆっくり昼食をとり、休憩しました。帰りは来た道を下り、泉蔵寺から登ってきた道を見送って、尾根道を進みます。ミツバウツギの白い花が咲き始めた雑木林が続き、なだらかな尾根上にはところどころに畑が広がってのどかで、展望地もあります。八重桜も点々と

頭高山山頂の手前、休憩舎がある展望地にも八重桜が植えられ、南側には菜の花も育てられている。のびやかに広がる丘陵地を背景に、菜の花の黄色の花と、関山など八重桜のピンクの花との競演が美しい

植えられて、楽しい道です。畑ではソラマメやジャガイモに混じって、八百屋さんでしか観たことのなかったルバーブ（食用大《だい》黄《おう》）が栽培されているのを見られたりもしました。県道の峠トンネル上を過ぎたところで震生湖へ向かう尾根道と別れて北側へ下り、稲荷神社の大イチョウなどを見て渋沢駅へ戻りました。大イチョウは高さ約25m、胸高周囲4mの大木で秦野市の天然記念物に指定されています。

　晴れていれば八重桜の花や新緑が輝くように鮮やかな色合いを見せてくれたとは思いますが、しっとりと落ち着いた雰囲気で、人出も少なく、曇りの日だからこその静かな山を楽しめました。自然には、晴れの日だけでなく、曇りや雨の日もあります。天

上・休憩舎がある展望地から丹沢表尾根の三ノ塔（左）、大山などを眺められる。右・頭高山山頂の休憩舎。周囲は広場状で大人数でのランチ休憩にも適している

気をいとわず、コンスタントに出かけることで、様々な自然の表情にふれられることをあらためて感じることもできました。

　これから新緑や花が丹沢主脈の山々へと登っていく時期。取材日の週末には首都圏で最も早い山開きとされる「秦野丹沢まつり」が開催されました。会場は渋沢駅から北へバスで15分、塔ノ岳大倉尾根の登山口にある秦野戸川公園などです。登山安全祈願式、山開き式、アウトドアブランド体験ブース、集中登山のイベントなどがあるので、スケジュールが合えば、あわせて訪ねるのもおすすめです。

DATA

★モデルコース　渋沢駅→30分→泉蔵寺→40分→頭高山→40分→渋沢駅・震生湖分岐→40分→渋沢駅

★歩行距離/時間　7.5km/2時間30分

★アクセス　行き・帰り:新宿駅→小田急線急行1時間20分→渋沢駅

★シーズン　八重桜の見頃は4月中旬〜下旬。泉蔵寺のチューリップは4月上旬〜中旬、ボタンは4月中旬〜下旬。丘陵の芽吹きは3月下旬〜4月初め、新緑は4月初め〜5月中旬、紅葉は11月下旬〜12月上旬ごろ。空気が澄んで展望がよい晩秋〜冬の日だまりハイキングもよい。

★アドバイス　渋沢駅から泉蔵寺への住宅地は道が入り組んでいるので、地図を確認して歩きたい。渋沢丘陵を縦走する場合の歩行時間は秦野駅→1時間→震生湖→45分→栃窪集落→45分→渋沢駅分岐→30分→頭高山。展望地から南へ下り、神山滝を見て小田急線新松田駅へ下るコースなどもある。

★立ち寄りスポット　◎湯花楽秦野店：男女それぞれに内湯、露天など8種類の風呂、食事処や休憩室を備えるスーパー銭湯。渋沢駅から徒歩20分、または渋沢駅からバス8分（秦野駅からはバス15分）、白山塚下車。9時〜25時（入館は24時30分まで）、無休。800円〜。☎0463-84-4126

★問合せ　秦野市観光協会 ☎0463-82-8833

★取材メモ　当日、見られた八重桜以外の花は、住宅地ではモッコウバラ、ヒラドツツジなどのツツジ、シロヤマブキ、チューリップ、藤など、山道ではハナイカダ、ホウチャクソウ、オドリコソウ、ミツバツチグリ、ミツバウツギ、コゴメウツギなど。ハナイカダは葉の上に花が咲くのが特徴的な低木で、花が筏に載った姿に見立て名づけられた。ハナイカダ自体は珍しくないが、花が緑色で気づきにくく、初めて見たと喜んでいる参加者が多数いた。取材日：2017年4月27日、2018年4月17日ほか。

花が葉の上に咲く姿から名づけられたハナイカダ（花筏）

5月 1週

ヤマツツジが咲き乱れる関八州見晴台《かんはっしゅうみはらしだい》

赤い花と新緑、青い空のコントラストが美しかった

歩 9㎞／3時間45分 Ⓜ770m
交 2時間50分／1740円（池袋駅から西武池袋線など）
適 4月下旬～5月上旬（ツツジ）・10月上旬～12月中旬・3月下旬～5月中旬

変化のある
ガクウツギの花

関八州は関東八州とも呼ばれ、江戸時代の旧国名である武蔵《むさし》、相模《さがみ》、安房《あわ》、上総《かずさ》、下総《しもうさ》、常陸《ひたち》、上野《こうずけ》、下野《しもつけ》の総称。現在の埼玉県、東京都、神奈川県、千葉県、茨城県、栃木県にあたります。関八州見晴台は、その八州を見渡せるというほど展望に優れたピークで、中腹の古刹・高山不動尊《たかやまふどうそん》の奥ノ院が祀られています。初夏は高山不動尊から山頂一帯に植えられたヤマツツジなどのツツジが満開になり、赤い花が新緑に映えて、楽しい時期です。

取材の年は例年より早くツツジが咲き進み、4月下旬がピークだったようですが、まだ楽しめそうだったので、こどもの日の5月5日に行ってきました。コースはいくつもあり、西武秩父線の西吾野《にしあがの》駅、吾野駅などから直接登れて、アクセスが便利なコースに恵まれているのもうれしいところです。今回はスタートに西吾野駅をチョイス。西吾野駅起点のコー

不動三滝で最も水量が少ないが、滝がかかる岩壁が基部を囲むようにそびえて、薄暗く、神秘的。不動滝という名前からして密教系の山岳修験道の霊場と感じられ、三滝の総称となっているのも納得

スも複数ありますが、夏日の予想だったので、涼味がある不動三滝経由を選びました。

　西吾野駅からしばらくは山里で、さまざまなツツジやオダマキ、コデマリなどの草木の花が民家の庭先を飾り、路傍にはウツギ、トチノキ、オニグルミなど野生の木も花を咲かせて、新緑とともに迎えてくれました。家並みをはずれ、林道に入ると、たびたびいい香りが漂ってきます。香りのもとはアジサイ科のガクウツギ。白い修飾花は本来、4弁なのですが、1枚はごく小さいか全くなく、逆に反対側の1枚は大きくなっていて、一般的なアジサイなどの4枚均等なものとは趣が異なります。形も先の尖ったもの、丸いものなどの変化があり、3弁で丸いものはミッキーマウスを思わせるなど、見あきません。

　不動三滝は、いずれも登山道からの往復になります。高麗川《こまがわ》支流の、そのまた枝沢の滝なので水量は乏しいですが、最初の大滝は比較的、水量が豊富で、見える部分だけでも10mほどあり、大滝の名に恥じません。こぢんまりした滝壺のかたわらは涼しく、ヒメレンゲの黄色い花も咲いていて、小休止しました。次の不動滝も高さ10mほどあり、水はほとんどないのですが、頭上にかぶさるように広がる岩壁に懸かり、滝の裏側は洞窟状になっています。祠や石仏もまつられ、山岳修験の霊場らしい神秘的な趣が印象的。最後の白滝は2段10mほどの穏やかな姿でした。

　白滝から植林の斜面を登って、平坦になると高山不動尊として知られる古刹・高貴山常楽院に着きます。関東三大不動に数えられるだけに境内は広く、本尊の木造軍荼利明王《ぐんだりみょうおう》立像、不動堂、推定樹齢800年の大イチョウなどの寺宝もあり、紅葉の名所としても知られています。背後の山道を登り、奥武蔵グリーンラインの車道を横切って、ひと登りでヤマツツジの群植地に入ります。すでに散り始めた木もありましたが、まだ見ごろの木も多く、充分に楽しめました。

　登り着いた関八州見晴台は、現在では木が茂っているところもあり、名前ほどの展望は得られません。また、遠景は春霞でさえぎられていましたが、奥多摩や丹沢、都心方面な

高山不動尊は成田不動、高幡不動とともに関東三大不動の古刹。本堂は1830(文政13)年に焼失、1849(嘉永2)年に再建された豪壮な建築だ。周辺はカエデの大木が多く、紅葉、新緑はとくに美しい

どの眺めを楽しめました。下山は、やはりアクセスが便利で、２０１８年春にリニューアルした休暇村奥武蔵で日帰り入浴もできる吾野駅へのコースが人気です。しかし、今回は、さらなる涼味を求めて、黒山三滝へ下りました。いったん奥武蔵グリーンラインに出て、少し歩き、花立松ノ峠でグリーンラインと別れて北へ下ります。すぐ山道に入って、車道をショートカットして下りましたが、登山者に全く会わない静かな道でした。この道にもガクウツギがたくさん咲いていて、芳香に包まれながら下れました。

黒山三滝は観光地になっていますが、古くからの山岳修験道場の歴史を伝える霊地でもあります。不動三滝より水量があり、

二段になって落ちる黒山三滝・男滝と女滝

上・ヤマツツジが咲き乱れる山道を関八州見晴台へ登る。下・関八州見晴台山頂から関東平野

上流側の落差約10mの男滝、5mの女滝は2段になって水を落としています。少し下の天狗滝は20mほどある岩場の割れ目の奥に懸かり、落水ははっきり見えず、ミステリアスです。

天狗滝から車道を下り、15分ほどの黒山バス停から越生《おごせ》駅へ出ました。バス停手前にあり、日帰り入浴できた黒山鉱泉館は休館中ですが、汗を流したい人は、越生駅行きのバスが経由するニューサンピア埼玉おごせ、越生駅から送迎バスがある、ゆうパークおごせで立ち寄り入浴できます。越生は梅の里で、越生駅前のOTICなどで梅干しなどの梅製品を買って帰ることもできます（P60参照）。

DATA

★**モデルコース**　西吾野駅→1時間→大滝分岐→50分→高山不動尊→30分→関八州見晴台→20分→花立松ノ峠→50分→黒山三滝→15分→黒山バス停

★**歩行距離/時間**　9km／3時間45分

★**アクセス**　行き：池袋駅→西武池袋線・秩父線快速急行1時間15分→西吾野駅。帰り：黒山→川越観光自動車バス30分→越生駅→東武越生線20分→坂戸駅→東武東上線急行45分→池袋駅。

★**シーズン**　ツツジの見ごろはゴールデンウィーク前後。新緑は4月中旬〜5月中旬、紅葉は11月中旬〜下旬ごろ。展望が目的なら11月〜12月の晩秋・初冬もよい。冬も積雪はほとんどないが、日陰に凍結や残雪を見ることがある。

★**アドバイス**　黒山三滝への下山コースは指導標が少ないなど、やや山に慣れた人向き。休暇村奥武蔵経由の下山は関八州見晴台→20分→高山不動尊→1時間→休暇村奥武蔵→30分→西吾野駅。吾野駅へ下山は高山不動尊→1時間10分→瀬尾→45分→吾野駅。休暇村奥武蔵の日帰り入浴は11時〜15時（受付は14時30分まで）、不定休。800円。☎042-978-2888

★**立ち寄りスポット**　◎ニューサンピア埼玉おごせ：露天の薬湯もある日帰り入浴施設・梅の湯は9時〜22時（受付は21時30分まで）、無休。600円。軽食から定食までそろう食事処の営業は平日11時30分〜13時45分、休日11時30分〜14時45分・17時〜19時45分。☎049-292-6111。ゆうパークおごせ、OTICはP65参照。

★**問合せ**　奥むさし飯能観光協会 ☎042-980-5051、越生町観光協会 ☎049-292-1451、川越観光自動車 ☎0493-56-2001

★**取材メモ**　取材日は快晴で、暑くも寒くない快適な時期で、新緑とツツジを満喫できた。一方で遠くの景色は霞んでいたが、関東平野や市街地、奥多摩や丹沢の山なみなどの展望も楽しめた。取材日：2018年5月5日ほか。

ニューサンピア埼玉おごせ

5月
2週

浅《せん》間《げん》山《やま》から多《た》磨《ま》霊《れい》園《えん》へ

特産のムサシノキスゲの花を鑑賞し、登山家たちの墓を巡る

歩 7.0㎞／1時間45分　へ 80m
交 53分／780円（新宿駅から京王線、西武多摩川線、JR中央線）
適 5月上旬（ムサシノキスゲ）／通年

左ページの写真は、ニッコウキスゲが咲く中級山岳に見えるかもしれませんが、実は、これから紹介する府中市の浅間山。標高は80m、住宅地が広がる周囲の平地からの標高差は30mに過ぎませんが、全体が東京都浅間山公園として武蔵野の雑木林が保全され、山野草も豊富。三角点を含む3つの小さなピークの超ミニ縦走もできます。そんな浅間山にニッコウキスゲ？と不思議に思われるかもしれませんが、その正体はニッコウキスゲが低地に順応した変種のムサシノキスゲ。ここ浅間山のみに自生するとされています。

浅間山のすぐ近くにバス停もありますが、最寄り駅のひとつ東府中駅から歩いても登り口の明大グランド西交差点まで20分。交差点から最高峰の堂山《どうやま》へ直行すれば10分ほどで着いてしまうので、じっくりと山歩きを楽しむために、前山と中山の裾野の道や尾根道を一

きすげはしのレリーフ

浅間山の斜面に咲くムサシノキスゲ。市街地に囲まれた小さな丘なのに特産種があるのが不思議だったが、山田会長の話で、自然の営みの偶然と、浅間山の歴史、同会の努力に織りなされた奇跡と知った

筆書きのように歩いて、堂山へ向かうことにしました。ちょうどキスゲ・フェスティバル中で、休憩舎前に浅間山自然保護会のブースがありました。奥多摩や埼玉でニッコウキスゲに似た花を見たことを山田義夫会長に話すと「ムサシノキスゲがニッコウキスゲの変種であることはDNAの分析で明らかになっているが、ほかの地域の低地性のニッコウキスゲの分類や体系化は進んでいない」とのこと。「寒冷な時期、低地に分布していた植物が山の上へと登って高山植物となり、一方で低地に順応した種類もあって、ムサシノキスゲは後者と考えられる。しかし、ムサシノキスゲは、もともと浅間山周辺に生えていたのではなく、多摩川の氾濫などで『多摩川キスゲ』が流さ

れてきたとする説もある」など、興味深い話を聞けました。

それにしても、ムサシノキスゲが開発や盗掘に遭わずにきたことは奇跡的です。山田会長によると、現在の浅間山公園は「戦前は陸軍の火薬庫で立ち入りできず、戦後は不動産会社が所有し、手つかずだったものを東京都が買い取った」ことで開発を免れたそうです、戦後間もないころまで「ニッコウキスゲの変種ではなく、ノカンゾウと思われていた」ことも盗掘の被害に遭わなかった理由だそうです。「ムサシノキスゲの花には芳香がある、ニッコウキスゲのような一日花ではなく、翌日の昼ごろまで咲いている」特徴も教えていただきました。浅間山は全体にコナラなどの雑木林に覆われていますが、ムサシノキスゲが生育しているところは下草刈りがされた明るい斜面で、ヤブが茂ったところには見当たりません。浅間山自然保護会では間伐や枝打ち、下草刈りを毎月2回、定期的に行うなどの活動でムサシノキスゲの生育地、里山の環境を保全しているそうです。

浅間山から武蔵野中央公園、野川公園を経て三鷹の国立天文台まで歩くつもりでしたが、浅間山で思いのほか長く過ごし、雲行きもあやしいので、別の機会に譲り、かわりに多磨霊園の著名人の墓をたずねることにしました。気まぐれな予定変更も、すぐ検索で対応でき、ネットのありがたさを感じます。候補は無数にありましたが、文学者で北原白秋《はくしゅう》、登山家で近代登山のパイオニア槇有恒《まきありつね》に絞りました。白秋は、最近、奥多摩の御岳《みたけ》渓谷の歌

最高峰の堂山には浅間神社の祠、三角点がある

右・中山の休憩舎前に浅間山自然保護会のブースが
左・休憩舎に展示された解説パネル

碑、城ヶ島の白秋記念館（P186）に立ち寄ったことなどから。どの墓もオーソドックスながら故人の人柄がしのばれました。

私事ですが、槇有恒は、妻の母が若いころ勤めた輸入商社の役員だったとか。結婚したとき、義母はすでに他界していましたが、山好きだった義父が教えてくれました。妻の実家の墓も多磨霊園にあり、槇有恒の墓から100mほどの近さでした。

これまで著名人の墓巡りの趣味はなかったのですが、多磨霊園にある、ほかの登山家や詩人の墓も訪ねたくなりました。そこで、8月の運転免許更新の手続きを多磨霊園北側の府中運転免許試験場で午前中に行い、午後を浅間山と多磨霊園散策にあてました。浅間山では晩夏の野草の花をいろい

槇有恒の墓

前山北側の尾根道で奥多摩などの展望も

村野四郎の墓

田部重治の墓

木暮理太郎の墓

ろ見られ、ススキの根もとに目立たず寄生するナンバンギセルも生育地の表示のおかげで見落とすことなく確認できました。

墓参りは田部《たなべ》重治《じゅうじ》、木暮《こぐれ》理太郎《りたろう》と槇有恒を再訪、詩人は村野四郎。それぞれ登山、現代詩の偉大な先人であり、4人の方たちが拓いてくれた世界のおかげで豊かな人生を過ごせたことをあらためて感じ、感謝の念を捧げてきました。今回、気づいたのですが、村野四郎が『亡羊《ぼうよう》記《き》』で読売文学賞を受賞したのが1960（昭和35）年、生没年が1901～75（明治34～昭和50）年。ジャンルは違いますが、深田久弥が『日本百名山』で同賞を受賞したのが1965（昭和40）年、生没年が1903～71（明治36～昭和46）年。同時代の人だったのでした。

DATA

★モデルコース　東府中駅→20分→明大グランド西交差点→前山・中山経由散策25分→堂山→30分→多磨霊園・木暮理太郎墓→20分→田部重治墓→10分→多磨駅。
★歩行距離/時間　7.0km／1時間45分
★アクセス　行き：新宿駅→京王本線準特急18分→調布駅→京王本線8分→多磨霊園駅　帰り：多磨駅→西武多摩川線5分→武蔵境駅→JR中央線快速22分→新宿駅。
★シーズン　ムサシノキスゲの花期は5月上旬。例年、花期に浅間山公園キスゲフェスティバルが行われ、週末にはパークレンジャーによるガイドウォークなども。新緑は4月上旬～5月なかば、紅葉は11月下旬～12月上旬ごろ。11月と1月の21日頃には前山北側の尾根道でダイヤモンド富士を見られる。
★アドバイス　多磨霊園の墓は住所の丁目・番地に似た○区○種○側（○-○-○）で表示されるが、見つけるのに手間取ることがあり、余裕をもって訪ねたい。時間があれば徒歩20分の野川公園、さらに25分の国立天文台、さらに15分の神代植物公園へ足をのばせる。南へ約1時間の府中郷土の森には村野四郎記念館、プラネタリウムがある博物館本館や古民家がある。ユーミンの「中央フリーウェイ」に歌われた東京競馬場、サントリー武蔵野ブルワリーなどにも寄れる。
★立ち寄りスポット　◎多磨霊園の各墓所：田部重治=9-1-18-21、木暮理太郎=22-1-44-21、槇有恒=13-1-6、村野四郎=8-1-14、北原白秋=10-1-2-6
★問合せ　府中市経済観光課 ☎ 042-364-4111
★取材メモ　浅間山自然保護会は戦後、荒れ果てた浅間山を元の姿に戻すべく、約40年前から里山の自然環境保全や啓蒙活動を続ける。ブースに同会が発行、売り上げが活動資金となる花の図鑑『浅間山四季彩々』、絵はがきが並んでいたので、両方を求めてきた。5月はキンラン、ハンショウヅル、8月はキンミズヒキ、ヒヨドリバナ、シロヤマギクなども咲いていた。多磨霊園の東側に野川が流れる都立野川公園が広がる。村野四郎の「冬深む」の冒頭「野川に／かれ草折れ　ながく浸り／そこを渉りくる人かげもなく／杉の梢をみあげれば／ぼろぼろな時間が堕ちてくる」の野川は野原を流れる川の意味と思うが、野川の風景の可能性も。次回は冬に府中市郷土の森の村野四郎記念館から浅間山、野川公園を歩きたい。取材日：2018年5月4日、2018年8月28日ほか。

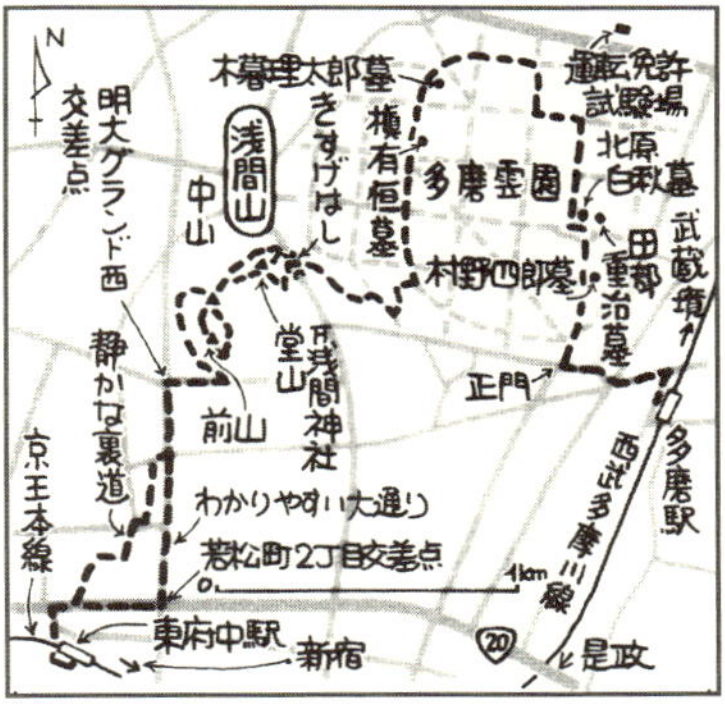

5月3週

陣馬山《じんばさん》で残雪の富士山と新緑を眺める

最短経路で登って神奈川県から東京都へ横断。茶店グルメも楽しむ

㊍5・6km／2時間20分 ㋬855m
㋙2時間45分／1810円（新宿駅から京王線など）
㊜4月中旬～5月中旬（新緑）、10月上旬～5月下旬

高尾山から延びる奥高尾縦走路の終点かつ最高峰が陣馬山。標高855mは、筑波山《つくばさん》と拮抗し、この本で紹介した山のなかでも最高峰の部類に入ります。しかし、行程は手ごろで、最寄りのバス終点から1時間あまりで山頂に立つことができます。東京都と神奈川県にまたがり、東京側は陣馬高原下、神奈川側は和田のバス停が最寄りで、どちらも標高差350mほどあります。陣馬山にもよく登っていて、一日がかりで高尾山などへ縦走することが多いですが、ここでは和田から登り、陣馬高原下へ下って、サクッと行って帰れるコースで案内します。

バス終点の和田は佐野川《さのがわ》の谷あいのこぢんまりした集落で、静かなたたずまいが素敵です。車道を上流へ15分ほど進み、民家かたわらの登山口から標識に従って山道に入ります。

特産品を使った藤野ゆずシャーベット

陣馬山の山頂一帯はなだらかで草地が広がり、陣馬高原と呼ばれることも合点がいく。展望もすばらしく、まず目を奪うのは富士山だが、富士山の右に連なる南アルプス、北側の奥日光なども見逃せない

10分ほど先にも登山口があり、行程は大差ないですが、早く山道に入りたいので、ここから登ります。ひと登りした斜面で和田の民家を見下ろし、雑木林に入って、新緑のシャワーを浴びながら、枝尾根を登っていきます。やや急なので、あせらず、呼吸が乱れないペースを守って登り、ゆるやかになって山腹を巻くと、一ノ尾《いちのお》尾根に出て、尾根道と合流。登山口から30分足らずでした。

　一ノ尾尾根は雑木林と杉やヒノキの植林が混じっていて、コナラなどの雑木の大木

登山口の和田は静かな山里

も見られます。ゆるやかに登り、和田からのもうひとつの登山道と合流して、やや急な登りを頑張ると林が開けて、清水《しみず》茶屋のかたわらから陣馬山山頂に登り着きます。山頂の北側はなだらかな草地の斜面が広がり、陣馬高原と呼ばれるのも納得。それだけに展望も素晴らしく、ほぼ360度のパノラマを楽しめます。2019年の5月26日は、新緑と富士山などの展望を写真に収めようと出かけました。例年なら、富士山の雪どけが進んでいる時期ですが、この年は春に大雪が降ったので、残雪と新緑のコラボを楽しめました。さらに丹沢《たんざわ》、三ツ峠《みつとうげ》、大菩薩《だいぼさつ》、奥多摩、筑波山などをぐるりと見渡せて、東京スカイツリーも見えました。この日は雲に隠れていましたが、条件がよければ南アルプスや奥日光の山々も眺められます。当日は鯉のぼりが五月晴れの空に泳いでいました。

ひとしきり、撮影をしたところで富士見茶屋に寄り、かき氷を頼みました。気温はまだ20度ほどでしたが、日差しが強く、冷たいかき氷が美味しかったです。ひと休みした後、一段下の信玄《しんげん》茶屋で特産のユズを使った藤野ゆずのシャーベットをいただきました。冷たいもののハシゴですが、暑かったからだけではなく、取材の一環です。信玄茶屋のご主人、小池栄一郎・智恵子夫妻は地元相模原市に在住し、藤野山岳会の会長を務める登山家でもあります。「今年は富士山の雪が多くてきれい」「鯉のぼりはもう仕舞うので、今年はこの週末がラスト」などと話に花を咲かせていると、思いがけず名前を呼ばれました。振り向

草原の上、5月の風に泳ぐ鯉のぼり。晩春〜初夏の陣馬山の風物詩だ。このころは新緑が鮮やかで、吹く風は爽やか。一年のうちでも気持ちのよい季節だけに、山頂でのんびりくつろぐ人も多い

くと、SNSの山の友人が2人。ネット上の付き合いも楽しいですが、やはり山好き同士は山で会うのが楽しいです。

満ち足りた思いで新緑の山道を東京側へ下山。陣馬高原下での楽しみは、バスを待つ間に味わう山下屋の陣馬そばやジビエ料理です。主人の山下国太郎氏は、料理の腕前はもちろん、ギター、ヴォーカルも玄人はだし。暮れに都内で行われるライブにもお邪魔しました。地酒・八王子城をいただきながら聴く井上陽水などのカバーに感心し、お土産に年越し用の陣馬そばをいただく、楽しいライブでした。

陣馬高原下からバスで10分足らずの夕焼《ゆうやけ》小焼《こやけ》は、童謡「夕焼小焼」の作詞者・中村雨紅《うこう》氏の生地で、付近の光景が童謡のモチ

陣馬山のシンボル白馬像

旅人を見守ってきた陣馬高原下の石仏

山頂北側の一段下に建つ信玄茶屋

ーフとされ、バス停上の宮尾神社に歌碑が建てられています。バス停からすぐの夕やけ小やけふれあいの里には、中村氏と、やはりこの地の出身者の写真家・前田真三《しんぞう》氏の展示室があり、食事、日帰り入浴もできるので、途中下車していくのもいいでしょう。実は、母の実家がすぐ近くで、中村氏は祖母の弟、私には大叔父にあたり、夕焼小焼の鐘がある興慶寺《こうけいじ》は実家の菩提寺だったりします。小さいころ、年数回、里帰りする母に同行して、中村氏の実家に遊びに行ったこともあります。探検気分で付近の山を歩いたり、はだしになって川を渡ったりした、楽しい経験が私の山歩きの原点のひとつになっています。

DATA

★モデルコース　和田バス停→40分→一ノ尾尾根→40分→陣馬山→40分→陣馬街道出合→20分→陣馬高原下バス停

★歩行距離/時間　5.6km／2時間20分

★アクセス　行き：新宿駅→京王本線・高尾線準特急50分→高尾駅→JR中央本線12分→藤野駅→神奈川中央交通西バス14分→和田、帰り：陣馬高原下→西東京バス40分→高尾駅。

★シーズン　新緑は4月中旬～5月中旬。桜は4月中旬、紅葉は11月中旬～下旬。富士山が冠雪するのは11月中旬～5月上旬ごろ。冬の日だまりハイキングもよい。

★アドバイス　逆コースも体力度、コースのわかりやすさなどは変わらないが、帰りのバスが少ない。陣馬山から奥高尾を縦走して京王高尾線高尾山口駅まで約5時間、北高尾山稜経由、夕やけ小やけふれあいの里へは約4時間。

★立ち寄りスポット　◎藤野観光案内所ふじのね：藤野駅に隣接し、登山・観光案内やパンフレット配布、特産品販売がある。8時30分～17時、無休。☎042-687-5581。◎信玄茶屋：9時ごろ～夕方、3月上旬～6月下旬と9月上旬～1月中旬の土休日営業。☎042-687-2235。◎富士見茶屋：9時～15時ごろ、無休（悪天候時など休業あり）。☎042-687-2733。◎清水茶屋：9時～16時、木曜定休（悪天候時など休業あり）。☎042-687-2155。◎山下屋：11時30分～17時30分（休日は7時30分～）、木曜定休（悪天候時など休業あり）。☎042-651-6916。◎夕やけ小やけふれあいの里：9時～16時30分（季節変動あり）、無休。入場料200円、日帰り入浴500円。☎042-652-3072

★問合せ　藤野観光協会☎042-684-9503、八王子観光コンベンション協会☎042-649-2827。神奈川中央交通西バス☎042-784-0661、西東京バス☎042-650-6660

★取材メモ　5月も後半になると緑が濃くなり、山の木や草の花は木陰でも目立つ白い花が多くなる。当日もコゴメウツギ、ガクウツギ、フタリシズカなど白い花が多かった。取材日：2018年1月14日、2019年5月26日ほか。

山下屋の陣馬そば

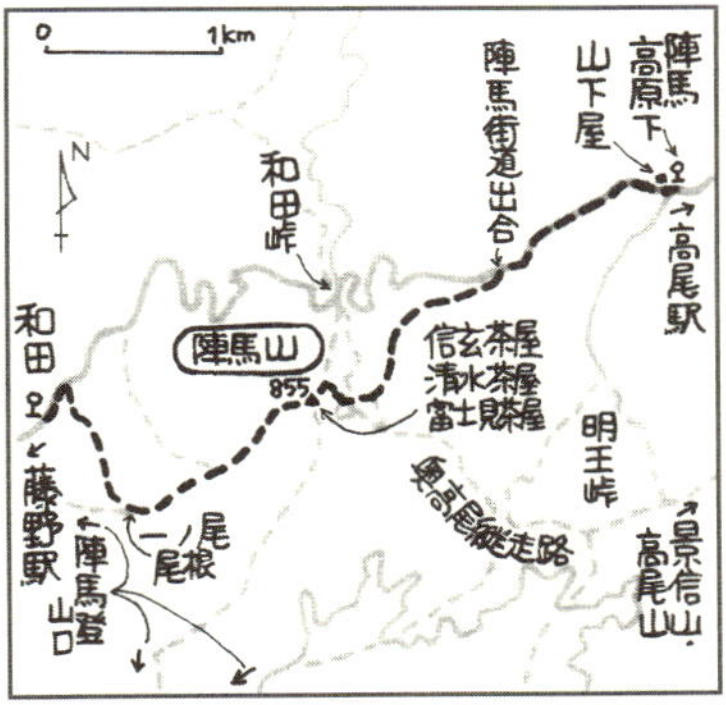

5月4週

ちょっと探検気分の三浦アルプス二子山《ふたごやま》

標高208mの三浦アルプス最高峰へ 森戸川を遡って

歩 7・8km／3時間15分　ⓟ 208m
交 1時間56分／1470円（品川駅から京急線など）
適 4月上旬〜5月中旬（芽吹き・新緑）・10月上旬〜5月下旬

二子山山頂の展望台

よく似たピークが2つ並んで二子山、双子山と呼ばれる山は各地に見られますが、こちらは三浦半島の逗子市・葉山町・横須賀市にまたがる通称・三浦アルプスにあります。三浦アルプスは諸事情で開発を免れ、都市近郊とは思えない、自然度が高い植生や生態系が保たれているのが魅力。山地の規模は東西7km、南北4kmほどでとこぢんまりしていますが、登山道がない谷や尾根が複雑に入り組んでいます。登山者に親しまれるようになったのが最近で、まだ情報が少ないこともあり、整備されていないコースを登るバリエーションハイキングの愛好家にも人気です。

大まかに言えば、山地の中央部を西へ流れて相模湾へ注ぐ森戸川《もりとがわ》を囲み、西側が開いた馬蹄形に尾根がつながっていて、北側は北尾根、南側は南尾根と呼ばれています。二子山

三浦アルプスは山地としては小規模で、森戸川の流れもこぢんまりしている。しかし、林道から川辺に下りて、木漏れ日やゆったりした流れを眺めると、そんなことを忘れさせる濃密な自然を感じられる

は標高２０８ｍに過ぎませんが、三浦アルプス最高峰であり、北尾根の盟主的存在で、山容を鎌倉アルプスなどからもはっきりと確認できます。

取材日はカルチャースクールの講座で、森戸川を遡って二子山へ達する、三浦アルプスとしてはオーソドックスなコースから登りました。森戸川に出合う長柄《ながえ》交差点を通る京急バスもありますが、新逗子駅から歩いても15分ほどです。交差点から森戸川北岸の車道を歩き、川久保交差点で逗葉《ずよう》新道を横断し、住宅地を抜けて森戸川林道に入ります。車止めのゲートを過ぎると、両側から樹林がうっそうと茂り、林下にシダが群生しているところなどもあって、街なかからすぐの低山と思えない山深さが感じられるようになります。

平日ということもあって、登山者にはほとんど会いませんでしたが、途中に超望遠レンズ付きのカメラと三脚を据えたバードウォッチャーが計20人ほどいました。森戸川流域は、台湾やフィリピンから渡ってくる夏鳥であるサンコウチョウの貴重な営巣地で、写真に収めようとする人たちに人気のフィールドでもあります。たずねたところ「すでにサンコウチョウは渡ってきているが、この日はまだ姿を見せていない。やはり夏鳥のオオルリは見られた」とのことでした。その後の行程でも、名前の由来となった「ツキヒーホシ(月・日・星＝三光《さんこう》)、ホイホイホイ」という特徴的な鳴き声も聞かれませんでしたが、これも夏鳥であるホトトギスの「テッペンカケタカ」はしばしば響き渡っていました。

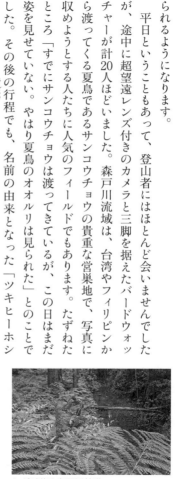

2016年5月に同じコースを歩いたときは、姿を現し、体長の3倍近く、30cm以上もある特徴的な尾羽も確認できました。バードウォッチャーにたずねると、出現の情報を教えてくれるだけでなく、写真を見せてもらえることもあります。探鳥地では野鳥を驚かさないよう、大声でのおしゃべりは慎むなどして、静かに歩きましょう。

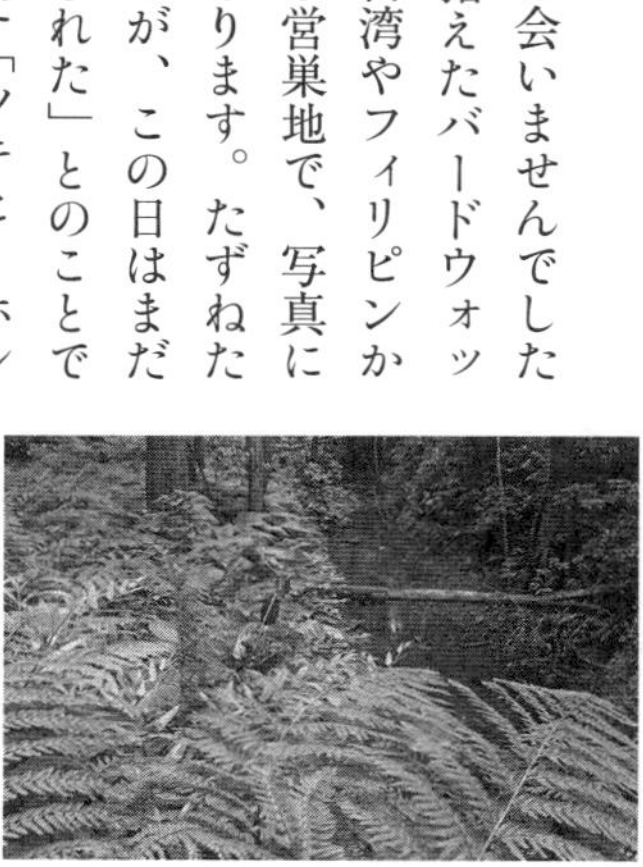

シダが茂る森戸川林道

途中、踏み跡を利用して川辺に下りると、頭上に茂る林がより深く感じられ、木漏れ日

二子山分岐からは沢の中を歩くところも

が差して、規模はだいぶ違いますが、ブラッド・ピット主演の映画「リバー・ランズ・スルー・イット」のポスターを連想したりしました。林道の終点手前にある二子山分岐から北尾根までは、短いですが源流の沢の中を歩くところ、急で滑りやすい山道などもあり、子どものころの探検気分がよみがえってきます。講座の参加者はビギナーが多く「標高200mをなめていました」「手近の低山でこんなコースを楽しめるなんて」などと感想を口にしていました。

北尾根に出て、西へ向かうと、すぐ南郷上ノ山公園からの車道に合流し、ひと登りで二子山山頂に着きます。山頂は草地の丘になっていて、展望台に登ると横浜市街や東京湾、三浦半島最高峰の大楠山《おおぐすやま》などを見渡せました。このピークは上ノ山《かみのやま》とも呼ばれ、西へ向かえば双子のもう一方である下ノ山《しものやま》に登れますが、

二子山山頂の展望台に登ると、北西側には東京湾が開け、横須賀の港や横浜方面がよく見える。南東側には三浦アルプスの山々、三浦半島最高峰の大楠山などを眺められ、次に登るコースを探すのも楽しい

短いながら急な登り下りを強いられ、上ノ山よりわずかに低く、展望にも恵まれないのでパス。北尾根を戻って、尾根道を直進し、二子山自然歩道を歩いて東逗子駅へゴールインしました。

当日は花の端境期で種類は少なく、咲いていたのも比較的地味な木の花が多かったですが、新緑から夏の緑に移りつつあるコナラなど落葉広葉樹の緑のシャワーに癒やされました。また、落葉樹に遅れて芽吹くシロダモやタブノキなどの常緑広葉樹の若葉が産毛をかぶっていたり、赤みを帯びていたり、この時期だけの姿を見せてくれるなど、三浦アルプスの初夏の自然を堪能できました。

DATA

★**モデルコース**　新逗子駅→30分→長柄交差点→15分→川久保交差点→50分→二子山分岐→30分→二子山（上ノ山）→30分→東逗子駅・馬頭観音分岐→40分→東逗子駅

★**歩行距離/時間**　7.8km/3時間15分

★**アクセス**　行き：品川駅→京急線特急48分→金沢八景駅→京急逗子線8分→新逗子駅　帰り：東逗子駅→JR横須賀線30分→戸塚駅→JR東海道本線30分→品川

★**シーズン**　新緑は4月初め～5月中旬、紅葉は11月下旬～12月上旬。花は早春～初夏にスミレの仲間、ヤマブキ、ウツギの仲間、盛夏にタマアジサイ、晩夏～初秋にホトトギス、冬にヤブツバキなど。晩秋～冬の日だまりハイキングにも。

★**アドバイス**　三浦アルプスは山が浅く、大事故につながる可能性は低いが、登山道が整備されているのは一部のみで注意が必要。初めての人はしっかり情報を集めて計画を立てたい。二子山に登るのが目的なら、南郷上ノ山公園コースがほぼ車道で、道もわかりやすく無難。歩行時間は川久保交差点→20分→南郷上ノ山公園入口→40分→二子山→25分→南郷上ノ山公園入口→川久保交差点。蘆花記念公園からは逗子駅・新逗子駅→30分→蘆花記念公園→40分→川久保交差点。コースがややわかりにくいところあり。

★**立ち寄りスポット**　◎逗子市蘆花記念公園：新逗子駅・逗子駅から長柄交差点への途中で西へ入った、蘆花ゆかりの桜山斜面にあり、昭和初期の別荘建築・旧脇村邸が保存されている。古墳がある桜山を経由、川久保交差点へ向かうこともできる。

★**問合せ**　逗子市観光協会・逗子市経済観光課 ☎046-873-1111、葉山町観光協会・葉山町産業振興課 ☎046-876-1111

★**取材メモ**　当日、咲いていた花はウツギの仲間、エゴノキ、ガマズミなど、比較的地味な木の花、ヘビイチゴなど。取材日：2016年5月14日、2018年5月24日ほか。

葉山の海岸も近い。逗子駅・新逗子駅から徒歩15分ほど

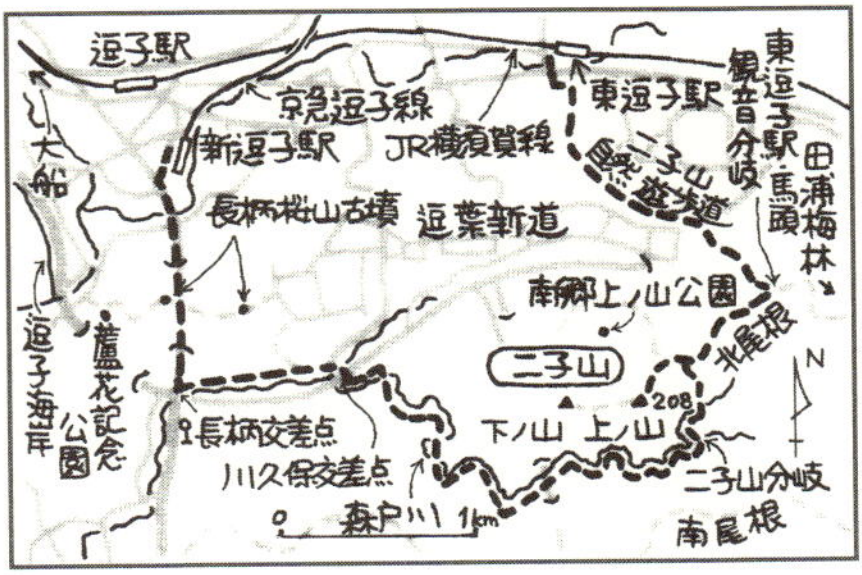

吹上しょうぶ公園から霞丘陵《かすみきゅうりょう》

点在する古刹、花の名所を巡り、雑木林の里山をハイキング

歩 9km／3時間40分　㊦238m
交 2時間20分／1740円（新宿駅からJR中央線・青梅線、都営バス）
適 6月上旬～下旬（ハナショウブ）・通年

青梅線の電車が立川駅を出ると、徐々に奥多摩の山々が近くなり、青梅駅付近から山あいを走るようになります。霞丘陵は、青梅駅のひとつ手前、東青梅駅の北側に広がり、奥多摩の山地の前衛をなす里山。尾根にはハイキングコースが整備され、その山陰に隠れるようにある古刹や花の名所と組み合わせて、楽しい山歩きができます。塩船観音寺《しおふねかんのんじ》でツツジが咲き競うゴールデンウィークごろが断トツの人気ですが、ツツジほどには知られておらず、混みあうこともないハナショウブの初夏のプランを案内します。ハナショウブは青梅市の吹上しょうぶ公園で。塩船観音寺ではアジサイも咲き始めている時期なので、2倍、楽しめます。さらに天寧寺《てんねいじ》にもお参りしましょう。コースからはずれていることもあり、ハイキングで訪れる人は少ないですが、堂々たる伽藍《がらん》が建ち並ぶ曹洞宗の古刹です。

色も形も変化がある
ハナショウブ

天寧寺の中雀門をくぐり、振り返る。後ろの屋根は惣門。七堂伽藍は、山門、本堂、講堂、庫裏(くり)、食堂(じきどう)、浴室、東司(とうす)、塔などの堂宇や建物がそろった寺院、建物群を意味する

東青梅駅から西へ進み、県道に出合ったら北上して、東青梅駅から10分ほどのY字路で右の天寧寺坂通りに入ります。ほどなく右手の参道に入り、惣門《そうもん》をくぐって150mほども進んで、左手の山門、さらに中雀門《ちゅうじゅうもん》をくぐると、正面の法堂《はっとう》をはじめとする伽藍が建ち並んでいます。寺伝によると平安時代の天慶《てんけい》年間（938〜946）に平将門《たいらのまさかど》が開創し、戦国時代の文亀《ぶんき》年間（1501〜03年）に再興。度重なる火災に遭いましたが、江戸時代の後半、約150年の間に再建された七堂伽藍がそろって残り、配置も含めて曹洞宗の寺院建築の特徴がよくわかる貴重なものです。人の気配がなく静かでしたが、あちこちに鉢植えのハナショウブが置かれて、天寧寺の方の心が

感じられました。寺域は東京都史跡、鋼鐘《こうしょう》は国重要美術品に指定されています。

吹上しょうぶ公園は、天寧寺から丘陵をはさんで500mほどなのですが、近道がありません。天寧寺坂通りに戻り、丘陵の山裾をぐるっと回っていくと、谷戸《やと》地《ち》の吹上しょうぶ公園入口に着きます。谷戸地は丘陵にできた小さな谷で、かつては広く見られ、湿地や水田として里山の環境の一翼をになっていましたが、開発で失わつつあります。吹上しょうぶ公園は谷戸地の環境保全も目的として造られ、約200品種、10万本が谷を埋め尽くして、みごとです。花期には吹上花しょうぶまつりが開催され、花の苗や軽食の模擬店が出店。私も、花を観賞した後、青梅市トンきち屋さんのブースで、おうめ豚を使ったピリ辛山びこ焼きそばのできたてを買ってランチにしました。縁日の屋台で売っているようなありきたりなものではなく、もちもちしたおうめ豚がおいしく大当たりでした。

塩船観音寺は、すり鉢状の斜面下に室町時代後期ごろの建立で国重文の本堂、仁王門、阿弥陀堂などが並んでいます。奥へ進むと広場と護摩堂を囲む斜面が開け、斜面一面に2万株というツツジが植えられています。取材日は花の後でしたが、斜面東側のアジサイ園では在来種のアジサイをはじめアナベル、カシワバアジサイなど、さまざまな品種が花を咲かせていました。塩船観音寺は盛夏にはヤマユリ、秋には萩やヒガンバナなども咲き、東国花の寺・百ヶ寺のひとつにもなっています。斜面を登り、身の丈11mあまりの塩船平

谷戸地の地形を活かし、里山の姿を残して造られている吹上しょうぶ公園。約200品種、10万本というハナショウブが植えられ、花の時期は入口付近に花の苗や切り花、産直品、軽食などの模擬店が並ぶ

和観音像に登り着くと、足もとにツツジが植えられた斜面や護摩堂を一望できます。

平和観音像の裏手からは霞丘陵のハイキングコースです。なだらかで歩きやすい道が雑木林の尾根上に続いています。車道に出合ったら右へとり、すぐ左折して、立正《りっしょう》佼成会《こうせいかい》青梅錬成道場の桜並木を進みます。茶畑から下りとなり、道場を出て、出合った岩蔵街道を横断して、ふたたび山道に。杉林の斜面を登って、平坦になると、七国《ななくに》広場と呼ばれる空き地に出ます。目の前の丘に登ると、木々の間に奥多摩の山を眺められるので、立ち寄っていきましょう。頂上には２２６・９ｍの三角点もあります。

下山は七国広場から北へ向かい、岩蔵《いわくら》温泉を目指します。七国広場から南下すると、

上・塩船観音寺の平和観音像からの展望　下・茶畑から奥武蔵の山を望む

やはりツツジが美しい薬王寺へ下れますが、道がややわかりにくいです。北へ向かうと、ゆるやかで広い尾根道が続きます。七国峠は植林のなかの目立たない峠ですが、かつては七国を見渡せたそうです。ゆるやかに下り、尾根を西へそれて、ひと下りすると岩藏温泉です。ゴールの岩蔵温泉バス停は北へ数分で、青梅線東青梅駅、西武池袋線飯能《はんのう》駅などへのバスがあります。岩蔵温泉は2軒の旅館がある、ひなびた温泉郷で、日帰りの入浴は食事とのセットのみ。ひと風呂浴びて帰りたい方は、青梅線河辺《かべ》駅前の梅の湯が便利です。

DATA

★モデルコース　東青梅駅→25分→天寧寺→30分→吹上しょうぶ公園→25分→塩船観音寺→1時間→笹仁田峠→20分→七国峠→1時間→岩蔵温泉バス停。

★歩行距離/時間　9.0km／3時間40分

★アクセス　行き：新宿駅→JR中央線・青梅線直通快速56分→東青梅駅　帰り：岩蔵温泉→都営バス28分→東青梅駅→青梅線・中央線直通快速56分→新宿駅。※直通快速に乗れないときは立川駅で青梅線に乗り換える。帰りの東青梅駅行きのバスはほぼ1時間1便。

★シーズン　ハナショウブの花期、吹上花しょうぶまつりは6月上旬～下旬。立正佼成会の桜は4月上旬。塩船観音寺のツツジは4月なかば～5月初め、アジサイは6月上旬～7月初め。新緑は4月中旬～5月中旬、紅葉は11月下旬～12月初め。冬の日だまりハイキングも楽しい。

★アドバイス　東青梅駅から吹上しょうぶ公園へ直行すれば30分ほど行程を短縮できる。

★立ち寄りスポット　◎天寧寺：6時～18時（10月～3月は7時～16時30分）、無休。無料。☎0428-22-3566。◎吹上しょうぶ公園：9～17時（16時45分入園締切）、水曜（祝日の場合翌日）・12月～2月休園（花しょうぶまつり中は無休）。無料（花しょうぶまつり中は200円）。☎0428-22-1111（青梅市公園緑地課）。◎岩船観音寺：8時～17時、無休。無料（つつじまつり期間中300円）。☎0428-22-6677。◎梅の湯：河辺駅前の河辺タウンビルAの5階～8階に檜風呂、岩風呂やサウナ、食事処がそろう日帰り温泉館。食事は手軽なかけ・ざるそばや天丼から単品料理など多数。10時～23時、第3水曜定休。880円～。☎0428-20-1026

★問合せ　青梅市観光協会 ☎0428-24-2481。都営バス ☎0428-23-0288（東京都交通局青梅支所）

★取材メモ　当日は晴れときどき曇り。気温は高めだったが、まだ夏日ではなく、気持ちよく歩くことができた。取材日：2014年5月1日、2017年6月15日ほか。

河辺駅前の梅の湯の桧風呂

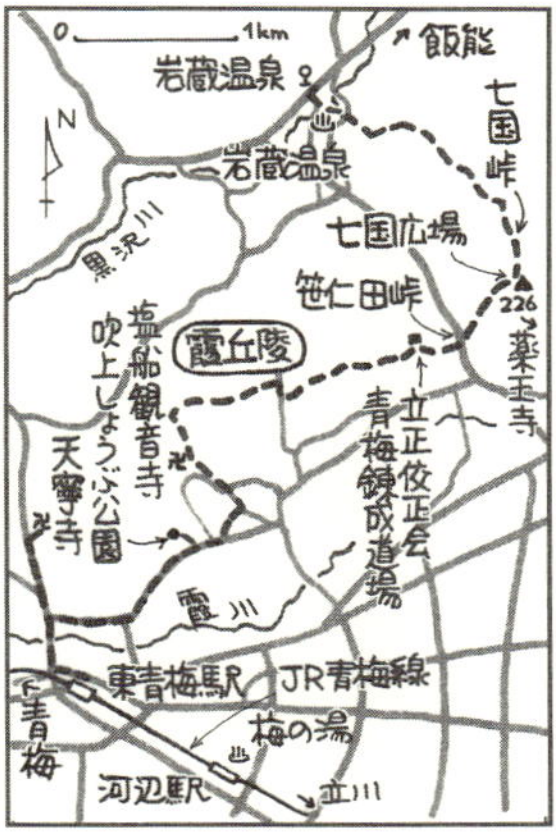

6月 2週

アジサイの高《たか》幡《はた》不《ふ》動《どう》尊《そん》から南《みなみ》平《だいら》丘《きゅう》陵《りょう》

新撰組、「もしドラ」ファンにも親しまれる古刹から丘陵を散策

歩 6・5km／1時間50分　へ 約170m（南平丘陵公園分岐）
交 1時間15分／680円（新宿駅から京王線）
適 6月下旬～7月初め（アジサイ）・4月上旬～5月中旬・11月下旬～12月上旬

高尾山東側の麓から多摩川の南岸に、東西30km近くにわたって広がる多摩丘陵。かつては雑木林が茂り、ハイキングに親しまれていましたが、高度経済成長期ごろから、多摩ニュータウン造成に象徴される宅地化が進みました。しかし、残された自然が緑地として保全され、点在する史跡や名所を結ぶウォーキングコースが整備されるなどして、歩くフィールドとして再び注目されています。紹介するコースは、多摩丘陵のなかで南平丘陵と呼ばれ、日野市の南平丘陵散策コース・かたらいの路として整備されています。

このコースで最大のポイントになるのが高幡不動尊。寺伝によると約1150年前の平安時代に創建された古刹です。関東三大不動のひとつとされ、建造物では鎌倉時代の不動堂、室町時代の仁王門、仏像では平安時代の不動明王など国の重文を含む、約2万点もの

土方歳三像

高幡不動駅側の門前から重文の仁王門越しに五重塔を見る。五重塔の背後の斜面を中心に300種以上、7500株というアジサイが植えられている

寺宝を今に伝えています。堂宇は浅川に臨む平坦地に建っていますが、南側は南平丘陵へ続く斜面で、７５００株のアジサイや四国八十八カ所の石仏を巡る園路が整備され、とりわけアジサイの6月は楽しみです。日野市は新撰組ゆかりの地で、副長の土方《ひじかた》歳三《としぞう》は日野市石田（旧武蔵国多摩郡石田村）に生まれ、高幡不動尊には銅像や碑が建てられています。最近では「もしドラ」こと『もし高校野球の女子マネージャーがドラッカーの「マネジメント」を読んだら』の主人公・川島みなみが在籍する程久保高校が近くにある設定で、アニメでも高幡不動尊付近の風景がしばしば登場しました。

　高幡不動駅から参道を進むと、数分で高幡不動尊に着きます。仁王門をくぐり、不動堂に詣でると、お堂の前にあじさい園の地図などが置かれています。アジサイの見頃は例年６月上旬~下旬で、前半はヤマアジサイとその品種、後半はガクアジサイ系の品種が見ごろで、長く楽しめます。直近の取材は２０１９年の６月27日で、約２５００株のヤマアジサイは色あせ、ガクアジサイ系が見ごろに入っていました。

　アジサイはだれでも知っている花ですが、名前を整理してみると少々やっかいです。単にアジサイというときは、桜、楓などと同様、さまざまな種類を合わせた総称として使われることが多いのですが、アジサイという種類の名前でもあります。さらにまぎらわしいことに、アジサイを品種改良したものを○○アジサイと呼ぶように思われがちですが、アジサイの原種はガクアジサイ。花房の中央に目立たない小さな花が集まり、まわりを装飾花と呼ばれる、目立つ花に囲まれています。その品種で、全体が装飾花となり、手まり状になったものが狭義のアジサイで、総称と区別するためホンアジサイとも呼ばれます。

　もう少しトリビアを続けると、装飾花は萼《がく》が変化したものとされ、そのためガクアジサイと名づけられたと誤解されることもありますが、まわりの装飾花を額縁に見立てての名前で、額アジサイが正解です。アジサイは日本の固有種で、西洋に紹介したのは幕末、ドイツの博物学者シーボルト。彼が付けたアジサイの学名オタクサ(otaksa)は彼の日本人妻・お滝さんが由来と考えられているそうです。アジサイは欧米で人気を博し、多彩な品

高幡不動尊の四季のみち沿いにはガクアジサイ系の品種が多く植えられて見ごたえがある。修飾花がまわりだけにあるのがガクアジサイ、全体が修飾花になっているのがアジサイ（ホンアジサイ）

種が作られて逆輸入され、日本でも新品種の作成が盛んです。

高幡不動尊の奥へ進んだ大日不動付近から北側斜面、中腹にかけてはヤマアジサイ系、東側斜面下の四季のみちにはガクアジサイ系が多く見られ、一周するとたくさんの品種に出会えます。アジサイを観賞した後、五重塔の地下にある休憩所でお弁当をいただきました。お茶も用意されていて無料ですし、雨模様の日でも安心して食事できるのがありがたく、お賽銭を奮発させていただきました。

花を楽しんだ後は斜面を登り、住宅地を少し歩いた後、南平東地区センターの角から山道に入ります。コナラなどの大木も見られる、緑豊かな道ですが、多摩動物公園

かたらいの路に入ると、コナラなどの雑木林が続く、なだらかな尾根道を歩くようになる。左のフェンスは多摩動物公園のもの。中ほどに貼られた鉄板は野生のタヌキなどの侵入を防ぐためとか

裏のフェンスに沿って続き、動物の声が聞こえてきたり、臭いが漂ってきたりする珍しい道でもあります。小さく登り下りして、住宅地上の開けた斜面から三度、山道に入るとほどなく、都立七生公園へ向かう尾根道と別れて、北側の南平丘陵公園へ下ります。この公園にも大木があり、できるだけ手を加えず自然を保全しているので、住宅地からすぐとは思えない山深さが感じられます。急な階段を下り、谷あいの道を進んで住宅地に出れば、10分ほどでゴールの南平駅に着きます。

DATA

★モデルコース　高幡不動駅→5分→高幡不動尊→1時間（あじさい園散策30分を含む）→南平東地区センター→20分→南平丘陵公園分岐→25分→南平駅

★歩行距離/時間　6.5km/1時間50分

★アクセス　行き：新宿駅→京王線特急35分→高幡不動駅　帰り：南平駅→京王線各駅停車15分→府中駅→京王線特急25分→新宿駅　※多摩モノレール高幡不動駅も利用できる。

★シーズン　アジサイは例年6月上旬～下旬。4月中旬～5月中旬ごろの新緑、11月下旬～12月上旬ごろの紅葉の時期もよい。

★アドバイス　短いコースなので、梅雨の晴れ間にサクッと歩ける。南平丘陵公園など一部、急坂があるので、滑りにくい靴で出かけたい。南平丘陵公園分岐から七生公園を経て京王動物園線多摩動物公園駅まで1時間ほど。京王線百草園駅から多摩動物公園駅へ歩く約5km、2時間の七生丘陵散策路東コースも組み合わせられる。

★立ち寄りスポット　◎高幡不動尊：毎月28日の縁日、第2日曜はフリーマーケットが開かれる。アジサイの花期、10月末～11月中旬の菊まつり、11月中旬～下旬のもみじまつりなど催しも多く、出店でにぎわう。境内は自由に参詣できるが、重文の不動明王像などを収蔵する奥殿の拝観は9時～16時、月曜休館（1月、各種まつり期間は開館）。300円。☎042-591-0032。

★問合せ　日野市観光協会 ☎042-586-8808

★取材メモ　高尾山口駅まで同じ京王線で高幡不動駅から20分足らずなので、高尾山に初夏の花を訪ねる行き帰りに寄ることも。その場合、南平丘陵公園まで行かず、高幡不動のアジサイ観賞に絞ることが多い。門前の松盛堂の高幡まんじゅう（130円）は昔ながらの生地やあんの食感がよく、行動食にも土産にも向く。取材日：2018年6月9日、2019年6月27日ほか。

高幡まんじゅうは、つぶしあん（茶色）、こしあん（白）、酒まんじゅうなどのバリエーションがある

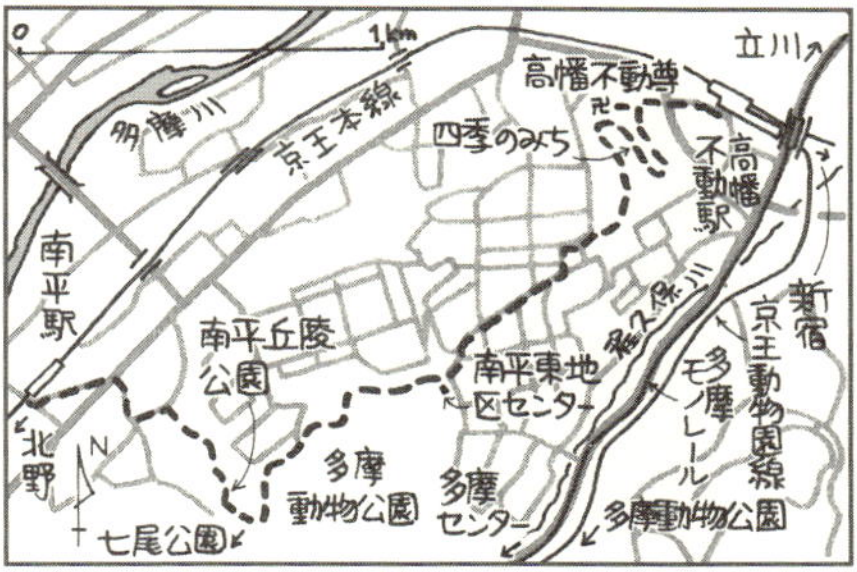

6月3週

飛鳥《あすか》山《やま》、王子の狐と十《じゅう》条《じょう》富《ふ》士《じ》

江戸の昔にタイムトリップして武蔵野台地の東端を歩く

歩 6km／1時間55分　約30m（十条富士）
交 20分／390円（東京駅からJR京浜東北線）
適 6月中旬～7月初め（アジサイ）・4月上旬～5月中旬・11月下旬～12月中旬

港区の愛宕山（P210）や新宿の箱根山（P252）で書いたように、東京23区内の「山」については、いくつかの定義があります。飛鳥山《あすかやま》は、山の地形を確認できる、ピークが存在する、地名としても山であるなどの点で定義を満たしています。さらに、縄文時代にさかのぼる歴史を秘め、江戸の昔から観光スポットとして親しまれてきたという強力なアピールポイントも。地形を詳しく見ると、武蔵野台地の東端に位置し、北西側は荒川の沖積低地から急な崖線が連なり、約20mの標高差があります。北側は石神井《しゃくじい》川、西～南側は現在の都電が走る浅い谷に囲まれ、全体としては台地状で、飛鳥山公園の緑の広がりは市街地の海に浮かぶ島のようにも見えます。

訪れたいスポットも多いのですが、まずは飛鳥山に登頂しましょう。スタートは王子駅

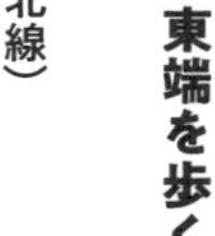

狐の行列の面

モノレール・アスカルゴを山頂駅で降りるとすぐに玉石を積んだ標識があり、正面（写真では裏側）に「飛鳥山 標高二十四・五米」と記されている。周辺は桜が植えられ、花見の時期はにぎやかだ

です。ふだんなら、ケーブルカーなどを使わず、自分の足で登るところに登山者魂が燃えますが、飛鳥山は別。全国でも珍しい、というより唯一と思われますが、王子駅側の登山口から山頂直下まで、アスカルゴと呼ばれるモノレールが通じているのです。コンパクトかつ無人で、乗客がボタンを押して操作するので、地表に露出したエレベーターが斜めに登っていく感じですが、1本（モノ）のレール上を走る、立派なモノレールです。2019年6月29日の取材日には、スタッフが乗客の整理、モノレールの操作をされていました。

モノレールを降りると、すぐ「飛鳥山 標高25・4米」の標識が設置された山頂です。台地上を南東へ進むと、江戸中期の1737（元文2）年の建立で飛鳥山の由緒が記された飛鳥山碑を見て、蒸気機関車D51と都電、遊具などが置かれた児童エリアに入ります。南側に紙の博物館、北区飛鳥山博物館、渋沢史料館が並んでいて、北区飛鳥山博物館を見学しました。縄文以前から現代に至る飛鳥山の歴史が実物の史料を交えてわかりやすく、なおかつ詳細に展示され、ちょうど1時間、興味深く見学しましたが、まだ観たりないくらいでした。歴史のハイライトをかいつまんで記すと、この地を治めていた豊島氏が1322（元亨2）年、熊野の若一王子社《にゃくいちおうじしゃ》を勧請して王子村と改称。江戸時代には日光御成街道が通り、八代将軍徳川吉宗が桜を植えるなど江戸庶民の遊山の地として整備し、近・現代には軍需産業や製糸工場が栄えました。江戸時代から花見の名所といえば上野でしたが、鳴り物は禁止、日没後は閉鎖など規制が多く、一方、飛鳥山は飲酒や仮装、唄、踊りOK、身分の差もなく無礼講で楽しめて人気を博したそうで、ハロウィーンの渋谷のにぎわいも江戸時代からの伝統？　と思ったりもしました。1873（明治6）年には太政官布達で、上野公園などとともに日本最初の公園に指定されました。

　飛鳥山公園南側の旧渋沢庭園は「日本の資本主義の父」で、2024年からの新1万円札に描かれる渋沢栄一の別邸跡。庭園と西洋館の青淵《せいえん》文庫、茶室の晩香廬《ばんこうろ》が残され、一角には古墳もあります。

　山上を散策後、京浜東北線、宇都宮線、新幹線などが走る荒川側に下り、崖線の斜面下

王子の地名発祥の王子神社。荘厳な雰囲気が漂う

江戸っ子が狐に寄せた愛情や信仰をしのばせる落語「王子の狐」に登場する狐穴

石神井川に沿って造られた音無親水公園

に植えられたアジサイを観賞して王子駅へ戻り、お稲荷さんへ。狐は落語にも登場する王子のシンボル的存在で、江戸時代から大晦日に行われている狐の行列は今も健在です。行列がスタートする装束稲荷《しょうぞくいなり》神社は無人の小さな社ですが、雰囲気があり、向かい側の陶器店ヤマワで行列に使われる狐の面を販売、ご朱印をいただけます。石神井川沿いに整備された音無親水緑地《おとなししんすいりょくち》から王子神社に詣で、落語「王子の狐」に登場する王子稲荷へ。社殿裏手の狐穴、お石様にも参拝したのですが、平日で境内の幼稚園が開いていたので神門を通れず、南側のいなり坂を登った入口から入りました。次は名主《なぬし》の滝公園へ。崖線に位置し、かつては王子七滝と呼ばれるほど、多くの滝があり

復元された名主の滝・男滝。落差8mは23区内最大とか。

7月1日、本家・富士山と同じ日に山開きが行われる十条富士神社の富士塚。十条富士は高さ5.8m、東側に23.5mの三角点があるので標高29.3mと推定される

ましたが、名主の滝だけ現存。王子村の名主・畑野孫八の屋敷跡で、明治に入って回遊式の庭園が造られたそうです。滝は４つあり、最大の男滝は23区内最大という落差８ｍの堂々とした姿です。

　さらに、こぢんまりした庭園と野鳥のサンクチュアリからなる十条野鳥の森、十条富士神社の富士塚を巡り、東十条駅にゴールインしました。富士塚（Ｐ２８２駒込富士参照）は７月１日のお山開きに再訪。かたわらの道路は１００ｍ以上も夜店が並び、警察や消防団の人が警備する賑わいぶり。登拝すると山頂の石祠には護摩符やお榊がうずたかく供えられ、富士講の行者が吹き鳴らすホラ貝が響き渡っていました。

※十条富士は都道整備のため2020年に撤去。保存された石祠や石碑を使用して復旧工事中で2023年春に完成の予定。

DATA

★モデルコース　王子駅→10分→飛鳥山公園・飛鳥山→飛鳥山公園内一周30分→王子駅→10分→装束稲荷神社→25分→王子稲荷神社→40分→東十条駅

★歩行距離/時間　5.5km/1時間55分

★アクセス　行き：東京駅→JR京浜東北線20分→王子駅　帰り：東十条駅→京浜東北線22分→東京駅　※王子駅は地下鉄南北線、都電も利用できる。

★シーズン　アジサイは例年6月中旬～7月初め。4月上旬の飛鳥山公園の桜、4月上旬～5月中旬の新緑、4月中旬～下旬のツツジ、11月下旬～12月中旬ごろの紅葉もよい。名主の滝公園も紅葉の名所だ。

★アドバイス　コースは短いが、北区飛鳥山博物館ほかの見学施設をじっくり見学すれば1日コースにも。歩き足りなければ飛鳥山から南下し、古河庭園～六義園～駒込富士へ足をのばすのもよい（P282参照）。

★立ち寄りスポット　◎北区飛鳥山博物館：10時～17時（入館は16時30分まで）、月曜（祝日の場合翌日）休館。300円。☎03-3916-1133。◎紙の博物館：洋紙発祥の地・王子の歴史や文化を紹介。開館・入館料は飛鳥山博物館に同じ。☎03-3916-2320。◎渋沢史料館：渋沢栄一の生涯や事業を紹介。開館・入館料は飛鳥山博物館に同じ。☎03-3910-0005。上記3館の共通券あり、720円。◎旧渋沢庭園：9時～16時30分（3月～11月は16時まで）。無料。◎お札と切手の博物館：旧大蔵省時代からの紙幣、切手などの製品や資料を展示。9時30分～17時、月曜（祝日の場合翌日）休館。無料。☎03-5390-5194

★問合せ　北区地域振興部 ☎03-5390-1234

★取材メモ　桜満開の4月上旬、板橋区にまたがる石神井川上流の約5kmの桜並木とともに歩いたことも忘れがたい。取材日：2019年6月20日、7月1日ほか。

飛鳥山公園のアジサイ

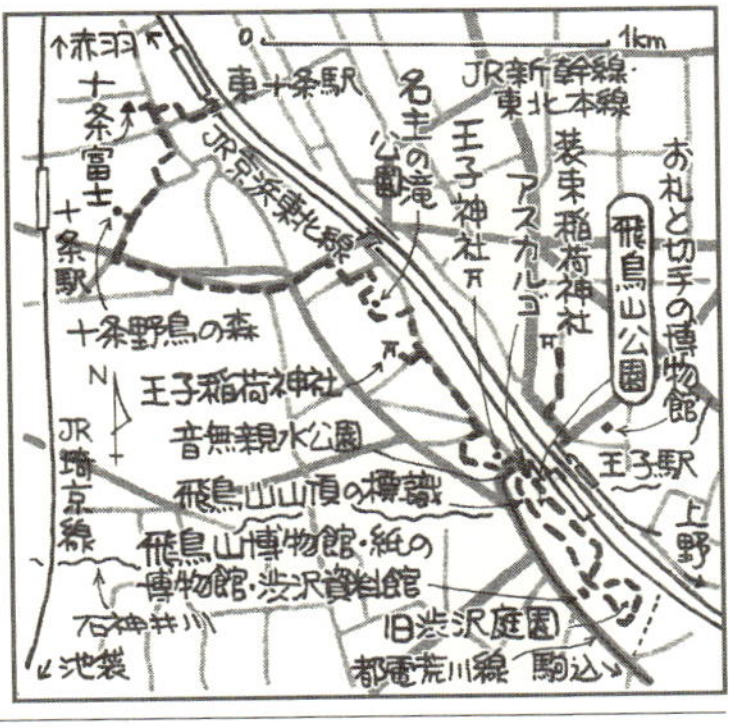

6月 4 週

源《げん》氏《じ》山《やま》を越えてアジサイの古刹を結ぶ

古都を彩る花の名所を訪ね、歴史や味も楽しんで

歩 7㎞／2時間10分　標高 93m
交 1時間40分／1680円（品川駅からJR横須賀線など）
適 6月上旬〜7月初め（アジサイ）・4月上旬〜5月中旬・11月下旬〜12月上旬

季節折々に楽しめる鎌倉ですが、私のお気に入りはアジサイの6月。鎌倉には桜やツツジの名所もありますが、アジサイの見どころの豊富さ、魅力はトップクラスで、花の風情が古都に似つかわしく感じられます。天気が登山に不適なことが多い梅雨でも出かけやすいこともあり、毎年、この時期に数回は出かけます。直近では2019年の6月16日と18日に訪ねました。アジサイの名所は明月院《めいげついん》と長谷寺《はせでら》が双璧ですが、大変に混みあい、とくに長谷寺は入場待ちも珍しくありません。長谷寺から大仏コースを歩いて源氏山を越え、明月院がある北鎌倉へ下るのが私の定番コースで、朝、なるべく早く長谷寺を拝観し、夕方、空き始めたころに明月院へ向かいます。歩行時間は短く、時間をもてあましそうですが、アジサイを愛でたり、寄り道をしたりすれば、一日でも足りないくらい。もちろん、

御霊神社前の江ノ電

長谷寺の眺望散策路中心部は斜面一面にアジサイが植えられ、斜面を横切る3本の路を蛇行するように進む。アジサイと海岸、相模湾を一緒に眺められるのも長谷寺の特徴だ

半日でも歩けるし、予定通り進めない場合は自在にコースをアレンジもできます。

長谷寺の最寄り駅は江ノ島電鉄（江ノ電）長谷駅ですが、スタートは極楽寺駅がおすすめ。極楽寺は風情ある山門前にアジサイが咲き、鎌倉駅寄りには江ノ電唯一のトンネルも見られます。かつては両側から覆い被さるように咲くアジサイと海岸の眺めを求めてにぎわった成就院参道は改修され、アジサイが少なくなって、静かさを取り戻しました。御霊《ごりょう》神社は、鳥居の前の踏切を江ノ電が通り、アジサイの時期は花と電車を一緒に撮れることから人気の撮影スポットに。社殿のまわりにも色とりどりのアジサイが植えられています。

長谷寺は大きく三段の高低差があり、入

山したところが最も低く、池や弁天窟など、中段に観音堂、経蔵など、経蔵の上の最上段が40種類、2500株以上というアジサイが植えられた眺望散策路になります。6月16日は出遅れてしまい、長谷寺着が10時近く、3時間待ちになってしまいました。ただし、入場待ちは眺望散策路だけで、その場合、整理券が発行され、再入山も可能になるので、いったん出て、お隣の光則《こうそく》寺へ。境内はこぢんまりしていますが、あちこちにアジサイが植えられているほか、鉢植えも並べられ、日本の伝統的な品種もいろいろ見られます。寺務所前に置かれたウサギゴケは観察用ルーペが置かれているほど小さな花ですが、名前のとおりの愛らしい姿で、こちらも楽しみです。さらに鎌倉大仏殿の高徳院を拝観し、食事をして戻ってくると、ちょうどいい頃合いです。

長谷の食事は生しらす丼が人気ですが、どこも満員です。そのなかで、路地に入口があり、看板なども目立たない、好ましい店を見つけて入った聖敷《しょうじき》やが大当たりでした。比較的、空いているのですが、新鮮な素材と味が絶品。それもそのはず、網元の直営だそうで、釜揚げしらす、しょう油などに漬けこむ沖漬けも獲れたてを加工しているとのことです。奮発して、すべてを味わえる三色丼を頼みましたが、どれも大満足でした。

長谷寺に戻り、まずはご本尊にお参りします。長谷寺は坂東《ばんどう》三十三観音の第4番札所でもあり、ご本尊は室町時代の作で国の重文指定の十一面観世音菩薩立像。身の丈10・2m

大仏コースの山道は鎌倉の裏山とは思えないほどうっそうと木が茂る

1252(建長4)年から造立され、国宝に指定されている大仏(阿弥陀如来坐像)

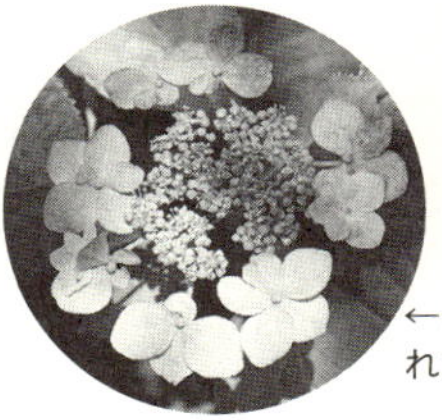

←長谷寺で名づけられた「長谷の潮騒」

は全国最大の木造仏だそうで、慈愛に満ちた穏やかな表情で迎えてくれます。眺望散策路に入ると、名前にふさわしく、登る途中で鎌倉市街や東側の山なみ、中心部では七里《しちり》ヶ浜《がはま》海岸や逗子のマリーナなどの眺めが開けるのは、海に近い長谷寺ならでは。さまざまな品種が植えられ、色とりどりで華やかなことも特徴です。新しい品種も多く、長谷寺で命名された「鎌倉」「長谷の潮騒《しおさい》」なども見られます。

ふたたび高徳院のかたわらを通り、大仏坂トンネルの右手から大仏コースに入ると、タブノキ、シイなど常緑樹がうっそうと茂る山道を歩くようになります。途中、木立に囲まれたテラスと富士山の展望が魅力のカフェ、樹《いつき》ガーデンの分岐がありますが、

両側から覆いかぶさるようにアジサイが茂って、風情があり、人気の撮影スポットになっている明月院の石段。閉門時間が近くなっても記念写真を撮る人が多く、人が途切れるのを待って、やっと撮影できた

今回は時間がないのでパス。高台の住宅地に出ると、すぐ源氏山公園に入り、源頼朝像が建つ広場から源氏山を往復して葛原岡《くずはらおか》神社へ。神社へのアプローチ、参道にもさまざまなアジサイが植えられています。

葛原岡神社にお参りした後、鳥居右手の山道を下って、最終目的地の明月院へ。長谷寺と対照的に、山あいにあり、アジサイも大半が水色のアジサイ（ホンアジサイ）。落ち着いた風情が漂い、たっぷりと「明月院ブルー」にひたれました。16時近くに着いたのですが、まだ拝観者が多く、人気の石段は人並みが途切れるタイミングを見計らっての撮影となりました。

後庭園を望む明月院本堂の「悟りの窓」。やはり人気で順番待ちの列が伸びていたので、列の後ろから撮った

DATA

★モデルコース　極楽寺駅→20分→長谷寺→30分（長谷寺散策20分を含む）→大仏坂トンネル→45分→源氏山→25分→明月院→10分→北鎌倉駅

★歩行距離/時間　6.5km/1時間55分

★アクセス　行き：品川駅→JR横須賀線48分→鎌倉駅→江ノ島電鉄7分→極楽寺駅　帰り：北鎌倉駅→横須賀線45分→品川駅

★シーズン　アジサイは例年6月上旬〜7月初めだが、花がみごとなのは6月中旬〜下旬。4月上旬の桜、4月上旬〜5月中旬の新緑、4月中旬〜下旬のツツジ、11月下旬〜12月上旬ごろの紅葉もよい。

★アドバイス　コースが短いうえ、途中で市街地へ出ることもできて安心。山道が一部、ぬかるむので雨の日など、大仏コースを通らず、住宅地の車道経由で源氏山へ向かってもよい。

★立ち寄りスポット　◎長谷寺：8時〜17時開門（10〜2月は16時30分まで。閉山は各30分後）、無休400円。☎0467-22-6300　◎聖敷や：11時30分〜17時30分、水曜定休・不定休。☎0467-38-6533。

聖敷やの生・釜揚げ・沖漬けしらすの三色丼（1680円）

◎明月院：9時〜16時（6月は8時30分〜17時）、無休。500円。☎0467-24-3437

★問合せ　鎌倉市観光協会　☎0467-23-3050

★取材メモ　2018年に訪ねたときはキャイ〜ン、三瓶、AKB48小栗有以さんたち出演のフジTV「もしもツアーズ」放送後に、ロケ地を訪ね、出演のみなさんがここに立っていたと思うと、不思議な感じがした。明月院には山の詩人・尾崎喜八氏の墓と詩碑があるが、まだ拝謁できておらず、宿題となっている。取材日:2019年6月16日、18日ほか。

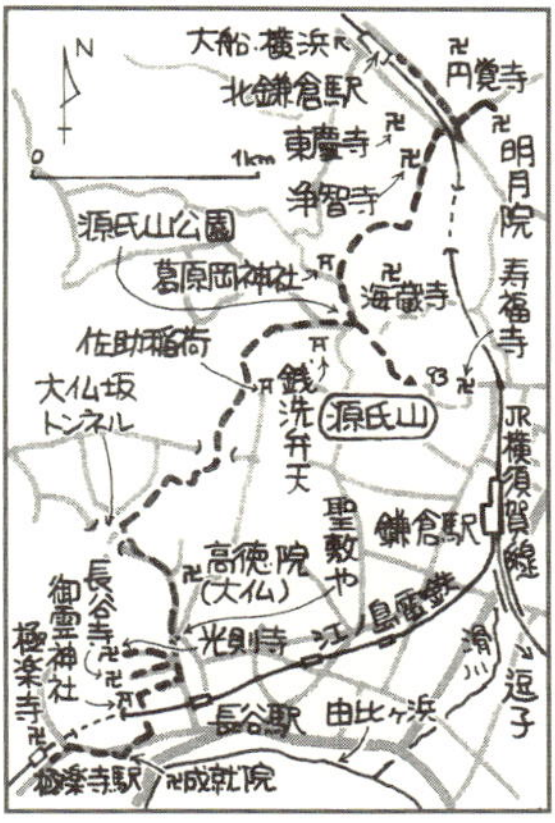

7月1週

南《みなみ》沢《さわ》あじさい山と巨木からの金《こん》比《ぴ》羅《ら》山《やま》

斜面一面に咲くアジサイと個性的な大木を見て尾根道を下る

㊦6.5km／2時間15分 ㋬468m（金比羅山）
㊧1時間10分／1640円（新宿駅からJR中央線など）
㊜6月下旬～7月初め（アジサイ）・4月上旬～5月中旬・11月下旬～12月上旬

森の妖精ZIZI像

　JR五日市線の終点・武蔵五日市駅から北へ、民家が点在する山あいの車道を40分ほど歩くと南沢あじさい山に着きます。山と名付けられていますが、ピークではなく谷あいの山腹にアジサイが植えられているところです。地元の南沢忠一《ちゅういち》さんが半世紀にわたって植え続けた、1万株というアジサイが谷を埋めるように咲き競う見事さで、一般に知られるようになったのはここ10年ほどでしょうか。南沢さんが高齢のため維持管理が難しくなり、数年前、地元の若者・高水健さんが中心となってクラウドファンディングが立ち上げられ、所定の賛同者や資金調達を達成し、安定して維持できる目処《めど》がついたとのこと。これからも南沢さんの苦労の成果を楽しめるわけで、うれしい限りです。

　ここ数年、毎年、コースを変えてたずねていて、直近は2019年の6月27日。前年ま

↑石抱きの大樫は養分も水分も少なそうな尾根上の大岩に枝を広げて、強い生命力が感じられる
→千年の契り杉は薄暗い谷あいに、2本の太い幹が寄り添うように伸びて、長年にわたって契りを交わしているようだ

で、遊歩道は谷の北岸の林道だけだったのですが、南岸に山道の遊歩道が整備されて一周できるようになっていたり、武蔵五日市駅から南沢あじさい山行きのシャトルバスが運行されていたりと進化していました。

　南沢あじさい山は、御岳山、日の出山と武蔵五日市駅を結ぶ金比羅尾根末端近くの北側にあり、アジサイを観賞した後、金比羅尾根に登り、金比羅山を経て下山すれば、ピークを越え、展望も楽しめます。北側に少し離れた石抱きの大樫、千年の契《ちぎ》り杉の巨木も見逃せません。その近くの深沢家屋敷跡は、当地の名主の豪壮な屋敷とともに、明治の初めに起草されたという「五日市憲法草案」について知ることができる貴重な史跡です。深沢小さな美術館はNHKで1979（昭和54）年から放映された人形劇「プリンプリン物語」の人形美術担当・友永詔三《ともながあきみつ》氏の作品を展示する個人美術館です。

紹介したすべてのスポットを回ると、半日登山には少し長いので、余裕がないときはスポットを絞るか、南沢あじさい山までシャトルバス、深沢家屋敷跡までタクシーを利用するなどすれば、時間を短縮できます。

順路としては、先に巨樹、深沢家屋敷跡をたずねるほうがよいので、順を追って案内しましょう。徒歩の場合、武蔵五日市駅東側から北へ向かう車道に入り、指導標に導かれて、ゆるやかに登っていきます。車の通行は少なく、のどかに広がる山村風景の随所に植えられたアジサイの花を楽しめます。途中、道案内をするかのように立っているお爺さんの丸太像は妖精ＺＩＺＩと名づけられた、友永詔三氏の作品で、道中に心和む味わいを添えてくれています。

最初にたずねる深沢家は、江戸時代中期から名主を務めた名家で、村民を集めて学習懇談会が開かれていたそうです。明治の初め、各地で有志グループによる憲法私案が作成されていました。当地で起草された「五日市憲法草案」が１９６８（昭和43）年、東京経済大学色川ゼミの文書調査によって、この家の土蔵から発見されました。

続く千年の契り杉は幹周り約７・８ｍ、樹高約45ｍ、樹齢３００年以上という大杉。鬱蒼と茂る谷あいの杉林に他を圧する堂々とした姿でそびえ立って、トトロが住んでいると聞かされても、素直に信じられそうです。山抱きの大樫は石灰岩の大岩に根を張った、こちらも樹齢300年というウラジロガシの大木です。土壌や養分に乏しい大岩の上で、どのように芽を出し、生きながらえたのか、千年の契り杉とともに年を経た巨木ならではのパワーが感じられました。

南沢あじさい山へ向かい、受付で整備協力金を納めて、両側からアジサイが覆い被さるように茂る山道に入ります。ひと登りしてアジサイ畑の上で林道に出ると、斜面をアジサイが埋める核心部の始まりです。水色のホンアジサイ、白い花のガクアジサイを主として、伝統的なヤマアジサイ系、最近のガクアジサイ系など、さまざまな品種も見られます。途中、3ヶ所ほど、北側斜面に設けられている

南沢さんがこつこつと植え続けたアジサイが谷を埋める、あじさい山の核心部。植える準備として斜面を切り開いて整地し、植えた後も維持管理の刈り込みや除草などの手がかけられたことがしのばれ、その労苦に頭が下がる

琴平神社のすぐ下にある金比羅公園の展望台は、このコース一番の展望地。標高は低いが、都心方面の眺めが雄大で、蛇行する秋川の流れと、山に囲まれた川沿いの平地に広がる五日市の市街地をジオラマのように見渡せる

展望台に登ると、数mの高さですが、それぞれに花の斜面を見渡せるので、すべて登っていきたいところ。このコースのメインスポットなので、一周する山道も含めて、ゆっくり楽しんでいきましょう。林道を登りつめて、あじさい山を出たところから山道に入り、急坂をひと頑張りすると、また林道に出合います。林道を少し進んで、金比羅尾根に合流した後は、なだらかな尾根歩きになります。金比羅山の西側を巻いて、巨岩を見て琴平神社に着いたら、東へ折れ、展望台もある金比羅公園を経て道なりに下ります。やがて市街地に入り指導標に導かれて駅へ。下山後、バスで日帰り温泉館・つるつる温泉か瀬音の湯へ向かい、さっぱりして帰るのもおすすめです（P17参照）。

DATA

★コース　武蔵五日市駅→40分→南沢あじさい山分岐→山抱きの大樫登山口→山抱きの大樫往復10分・深沢家屋敷跡往復20分・千年の契り杉往復40分→山抱きの大樫登り口→20分→南沢あじさい山分岐→15分→南沢あじさい山→40分→琴平神社→40分→武蔵五日市駅

★歩行距離/時間　6.5km/2時間15分　巨樹・深沢家も回る場合は10km/4時間5分

★アクセス　行き・帰り：新宿駅→JR中央線・青梅線直通快速50分→拝島駅→JR五日市線20分→武蔵五日市駅。電車により立川駅乗換えも。土休日は新宿から直通のホリデー快速あきがわ号運行。

★シーズン　アジサイは例年6月下旬～7月初め。4月中旬～5月中旬ごろの新緑、11月下旬～12月上旬ごろの紅葉もおすすめ。金毘羅公園では4月上旬～中旬に桜、5月上旬～中旬ごろにツツジが咲く。

★アドバイス　山道には一部、ぬかるむところがあるのでトレッキングシューズなどしっかりした靴で出かけたい。琴平神社からの下山は直進する尾根道に引き込まれがちだが、社殿前から鳥居をくぐり、金比羅公園経由で下る。アジサイの花期に武蔵五日市駅から南沢あじさい山行きのシャトルバスが2019年から運行。約10分、250円。タクシーは武蔵五日市駅から南沢あじさい山まで約1100円、深沢家屋敷跡まで約1600円。

★立ち寄りスポット　◎南沢あじさい山：例年6月中旬～7月上旬ごろのアジサイの花期に合わせて開園。8時～17時30分、期間中無休。整備協力金500円。☎080-5055-1926（担当：高水）。

★問合せ　あきる野市観光協会☎042-596-0514

★取材メモ　毎年、6月25日～30日ごろに訪れています。その年や品種によって、咲き具合に違いがありますが、このころが全体の見ごろとなることが多いようです。取材日：2018年6月28日、2019年6月25日ほか。

ピンクの細い八重の花びらのダンスパーティー。横文字だが日本産の品種だ

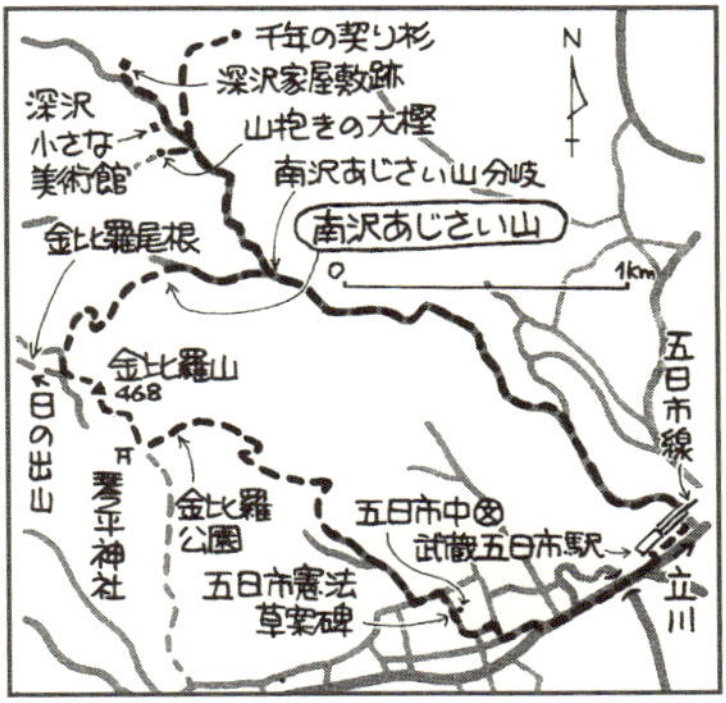

7月 2週

忍《おし》城《じょう》から埼《さい》玉《たま》古《こ》墳《ふん》群《ぐん》、古《こ》代《だい》蓮《はす》の里《さと》へ

「のぼうの城」の名城、全国有数の古墳と古代のハスの花を

歩 9・6km／2時間25分 ⛰ 36m（丸墓山古墳）
交 1時間10分／2620円（上野駅からJR高崎線など）
適 7月上旬〜7月中旬（古代蓮）、通年

さきたま古墳公園ではにわ造り体験も

古墳がある行田《ぎょうだ》市の隣町・熊谷《くまがや》市は2018年7月23日、最高気温41・1度を記録し、歴代の国内最高気温の記録を更新したことで話題になりました。そんな激暑の所、時期に出かけなくてもと思われるかもですが、古墳群の東にある古代蓮の里では7月上旬〜中旬が蓮の見ごろ。あわせて、野村萬斎《のむらまんさい》氏の主演で大ヒットした2012年の映画「のぼうの城」の舞台となった忍城なども見学しようというプランです。ちなみに2019年、蓮の花期の熊谷市の気温を調べたところ、20度台だったので、ご安心を。

行田市駅前の時計塔は城の櫓《やぐら》がモチーフで、定刻にテーマ曲が流れ、忍城主・成田氏長《なりたうじなが》と長女・甲斐姫《かいひめ》たちが姿を現すそうですが、1時間近く待つのでパス。最初の目的地・大《だい》長寺《ちょうじ》には江戸期の芭蕉《ばしょう》句碑があり、有名な「古池や蛙《かわず》飛こむ水の音」が江戸中期の俳人・

忍城は江戸時代、徳川氏の譜代大名らの居城とされたが、1871(明治4) 年の廃藩置県にともない、翌々年に取り壊された。現在の御三階櫓は1988 (昭和63) 年に郷土博物館の一部として再建されたものだ

多少庵秋瓜《たしょうあんしゅうか》の書で刻まれています。１９９６年再建の大仏、本堂に詣でて、国道１２５号を西へ。道沿いに並ぶ、昔の遊びに興じるこどもをモチーフとした39体の銅人形は１９９８年に設置されたもの。作者の赤川政由《あかがわまさよし》氏の作品は建築や街並みとのコラボが多いそうで、奥多摩駅前にあって、山の行き帰りに目にする木の形のモニュメントも氏の作品でした。

　時間の都合で郷土博物館はパスし、観光情報館で休憩、パンフレットをゲットして、忍城がある水城《すいじょう》公園へ。忍城は室町時代に築城され、１５９０（天正18）年６月16日～７月16日、石垣山（Ｐ２３４）で記した豊臣秀吉の小田原攻めとともに石田三成《いしだみつなり》らに攻城されました。難攻不落の忍城に対して、三成は周囲に堤防を築き、利根川の水を引いて水攻めをしたのですが、それにも耐え、本丸が浮いて見えたので浮き城と呼ばれたとか。小田原城落城で忍城は開城しましたが、秀吉が唯一、落とせなかった城だそうです。1988（昭和63）年に復元された御三階櫓の最上階では、思いがけず奥秩父の両神山《りょうがみさん》が見えました。

水城公園から、埼玉古墳群があるさきたま古墳公園へ向かい、公園入口近くの田舎っぺ・さきたま古墳店で昼食をとりました。この日は私がSNSで募集したイベントで、地元の参加者ひこざるさんが選んでくれた「きちんと手打ちしている、行田でイチ押しの武蔵野うどん店」です。なす汁うどんは、細く割いて揚げたナスがどっさり入った鰹だしのつけ汁と、腰がありながら堅すぎない麺がコラボし、イチ押しも納得の絶品でした。

さきたま古墳公園は公開エリアだけで37・4ha。東京ドームの約8倍。最大の丸墓山古墳《まるはかやまこふん》、金錯銘鉄剣《きんさくめいてっけん》が出土した稲荷山古墳など9基の大型古墳を含む33基の古墳群、さきたま史跡の博物館、古代の草原と森などがあります。丸墓山古墳は直径105m、高さ17m、全国最大級の円墳だそうで、ちょっとした山のようです。標高35・7mの三角点がある頂上まで登れて、登頂感や展望も得られました。金錯銘鉄剣は約1500年前の古墳時代中ごろのものと考えられ、1978（昭和53）年のX線検査で115文字の漢字が金象嵌《きんぞうがん》されていることがわかり、その歴史的・学術的な重要性から1983年、国宝に指定されま

頂上まで登れる丸墓山古墳。6世紀前半ごろの築造と推定される全国最大級の円墳。埼玉古墳群で最高の高さ17mの頂上は見晴しがよい。忍城を攻めた石田三成は、この古墳の上に陣を張ったとされる

した。恥ずかしながら、当時は稲荷塚古墳が関西にあると勘違い。後に関東と知り、身近に感じたものでした。その発掘現場を訪ねられて、感動もあらた。古墳公園内の池で古代蓮の花も見られました。

さきたま古墳公園の南東側には富士山の地名も。富士山バス停のかたわらに浅間塚《せんげんづか》古墳があります。祀られている前玉神社は「まえたま」ではなく「さきたま」と読み、埼玉の地名の発祥とされる古社。富士山信仰に由来する浅間塚の名称、富士山の山開きに合わせて前玉神社で初山の行事が行われることなどから、千駄ヶ谷富士、十条富士、駒込富士などの富士塚同様、富士山信仰が伝えられていることを感じました。

さきたま古墳公園を出て、旧忍川《おしがわ》沿いに

古代蓮の里には古代蓮をはじめ約12万株というハスが植えられている。古代蓮は、一帯が湿地帯だった約2000年前に土中に埋もれた種が、公共工事で出土。自然に芽を出し、花を咲かせているのが発見された

田園風景を楽しんで歩き、最後の目的地・古代蓮の里へ。1971（昭和46）年、偶然に発見され、1400〜3000年前のものとされる古代蓮（行田蓮）をはじめ42種類のハスが栽培されている公園を散策しました。夕方が近くなり、つぼんだ花が多かったですが、まだ咲いている花もあり、最終目的も達成して、バスで行田駅へ。行田駅では徒歩約5分の、じゃぱん亭行田門井店で行田市民のソウルフードというゼリーフライをゲット。名前から想像されるゼリーを揚げたものではなく、おからとジャガイモで作る衣なしのコロッケという趣で、打ち上げのビールのおともにピッタリでした。

DATA

★モデルコース　行田市駅→30分→行田市郷土博物館→15分→水城公園・忍城→40分→さきたま古墳公園・丸墓山古墳→1時間→古代蓮の里

★歩行距離/時間　9.6km／2時間25分

★アクセス　行き：上野駅→JR高崎線快速1時間→熊谷駅→秩父鉄道10分→行田市駅　帰り：古代蓮の里→行田市内循環バス20〜30分→行田駅→高崎線1時間→上野駅。※古代蓮の里〜秩父鉄道行田市駅の行田市内循環バスも利用可。

★シーズン　古代蓮の花期は6月下旬〜8月上旬ごろ。7月中旬ごろ、古代蓮の里で蓮茶試飲や蓮もちつきなどの蓮まつり、7月の最終土・日曜、にぎやかな浮き城まつりも。4月上旬、さきたま古墳公園の桜、9〜10月、水城公園の池に咲く薄紫のホテイアオイも美しい。

★アドバイス　途中、冷房がある施設に立ち寄れるし、スポーツドリンクなどの自販機が随所にあって夏も安心だが、気温や日照の予報をチェックして出かけたい。ハスが主目的なら花が開いている朝のうちに古代蓮の里を訪ねる逆コースがよい。古代蓮の里から徒歩約1時間40分、さきたま古墳公園から徒歩約1時間10分で高崎線北鴻巣駅へ出ることもできる。

★立ち寄りスポット　◎観光情報館ぷらっと♪ぎょうだ：9時〜17時、無休。☎048-554-1036。◎行田市郷土博物館・御三階櫓：9時〜16時30分、月曜・祝日の翌日休館（土休日は開館）。200円。☎048-554-5911。◎さきたま古墳公園・さきたま史跡の博物館：公園は見学自由。博物館は9時〜17時（9〜6月は16時30分まで。各30分前に受付終了）、月曜休館（祝日は開館）。200円。☎048-559-1111。◎古代蓮公園・古代蓮会館：公園は見学自由。会館はハスの資料展示室、8月上旬〜10月中旬ごろの田んぼアートを見下ろせる展望室などあり。9時〜16時30分（ハスの開花期は7時〜。16時受付締切）、月曜・祝日の翌日休館（土休日・ハスの開花期間は開館）。400円。☎048-559-0770。

★問合せ　行田市観光協会（行田市商工観光課）・行田市内循環バス ☎048-556-1111

★取材メモ　時間の都合で郷土資料館、さきたま史跡の博物館など軒並みパスしてしまった。さきたま古墳公園はにわの館では、はにわ・勾玉作り体験もできるので、時間の余裕をもって再訪したい。取材日：2013年7月15日。

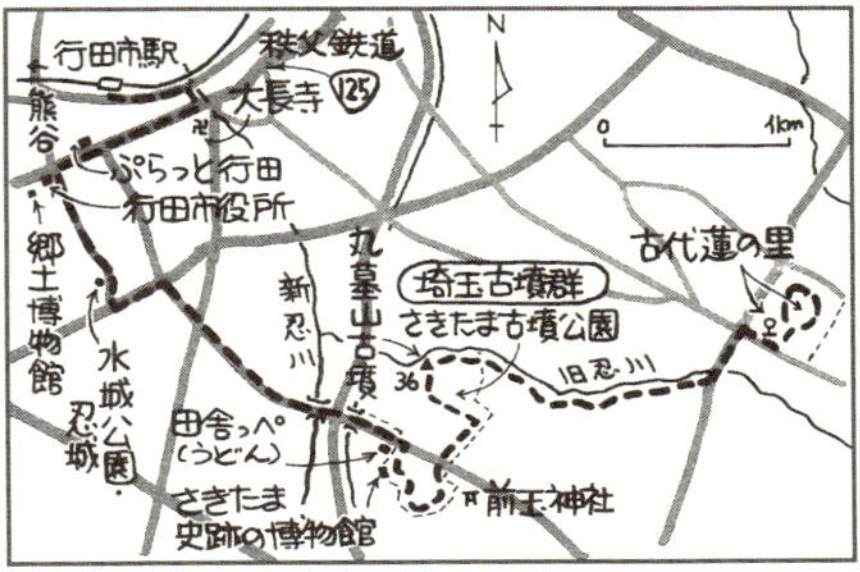

7月3週

海の日の連休、七夕まつり中の筑波《つくば》山《さん》へ

都心では猛暑日だったが快適に登れて夏の風物詩も楽しめた

歩 6・5km／4時間 ⛰877m
交 2時間55分／4010円（秋葉原駅からTXなど）
適 7月海の日前後（七夕）・2月中旬〜3月上旬（梅）・10月上旬〜5月中旬

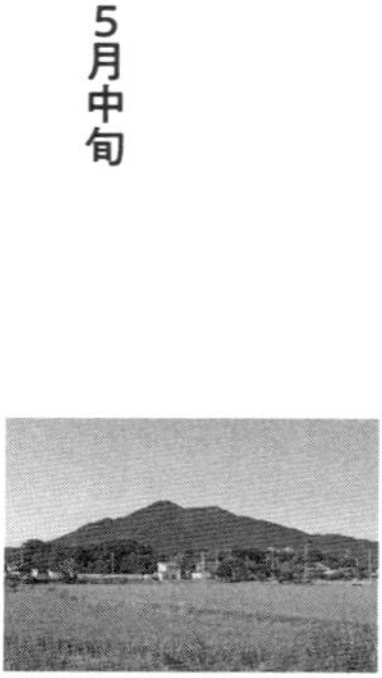
秀麗な筑波山の山容

標高1000mに満たない筑波山ですが、深田久弥氏の『日本百名山』に選定されています。奈良時代の『常陸国風土記』に伝説が記されるなど、古くからの歴史、山容の秀麗さなどが理由です。今でも首都圏の山からよく見えますが、かつては都内からもよく見えたようで、広重の「名所江戸百景」には富士山より多いのではと思うほど、しばしば描かれています。登ってみても、山頂の展望や低山には珍しいブナ林など豊かな植生、おたつ石コースの奇岩怪石など、筑波山ならではの個性、楽しみがいっぱいです。

紹介するのは、低山を登るには蒸し暑い真夏、海の日の3連休の中日のこと。取材の必要があり、行ってきました。登りの暑さを少しでも避けるべく、つつじヶ丘からのおたつ石コースを選んだところ、快適に登れました。ロープウェイ、ケーブルカーを使わない一

七夕まつりの会場はケーブルカー筑波山頂駅前の御幸ヶ原。茶店も並ぶ広場で、竹飾りが並び、筑波山名物の「ガマの油売り口上」上演や景品付きの無料ゲーム大会、餅つき体験とつきたて餅のサービスが

般コースとしては最も出発点の標高が高い525m、山頂までの標高差は約350mです。さらに、少しでも涼しく、遠望がきそうな早めの時間に着けるよう、つくばセンター8時の始発バスで向かいました。

しかし、空は晴れていますが、筑波山は中腹から上が雲に隠れ、つつじヶ丘では、山頂方面は霧がかかっていました。日も差さず、薄暗い感じなので、周辺の写真を撮り、日が当たるのを待って登りはじめました。開けた斜面をひと登りして樹林に入り、弁慶七戻りなどの大岩を見ながら登っていくと、それまでのアカガシなど低山帯の常緑広葉樹林からブナなど山地帯の落葉広葉樹林に入っていきます。垂直分布をはっきりと確認できることも筑波山の特徴のひとつです。みごとなブナの大木、裏面大黒岩、大仏石などと名づけられた大岩を見て、石段状に岩が積み重なった急斜面を登りきると筑波山の双耳峰の一方で、筑波山神社女体山本殿が鎮座する女体山山頂に着きました。霧は晴れ、南側が切れ落ちた岩峰から霞ヶ浦や関東平野、遠く都心のビル群や富士山まで望めます。と書きたいところですが、この日は霞んで、近くの宝篋山《ほうきょうさん》、つくば市街などが見える程度でした。西に見える、もうひとつのピーク、男体山もやや霞んでいます。

霞は晴れそうでしたが、ただ待っているのももったいないので、一度、男体山に登り、女体山へもどることにしました。ケーブルカー山頂駅や茶店が並ぶ御幸ヶ原では七夕まつり期間中で、飾りを付けた竹が並び「ガマの油売り口上」の実演なども行われていました。男体山山頂に登った後、山頂部を一周する自然研究路へ。御幸ヶ原からの研究路入口は通行止めで、山頂の測候所左手から入ります。山頂北側の斜面を巻いて御幸ヶ原へ一周すると、要所に筑波山の動植物などの自然解説板があり、勉強になりました。

女体山山頂にもどると、男体山、北側の加波山《かばさん》などが先ほどよりはっきり見えました。下山は御幸ヶ原コースの予定でしたが、女体山に来たので、白雲橋コースに変更。弁慶茶屋跡までは来た道をもどり、筑波山神社へ下ります。全体にアカガシなどの常緑広葉樹が茂って、展望は得られませんが、大木も見られ、鬱蒼と茂る樹林は低山と思えない山深さ

上・岩峰になっている女体山山頂
下・女体山山頂に祀られている女体山神社本殿

が感じられます。生態学が教えるところによれば、かつて関東の平野部や低山は常緑広葉樹林に覆われていましたが、人間によって田畑や薪炭林《しんたんりん》の雑木林に置き換えられ、最近では住宅地や工場などが広がって、人手が加わっていない常緑広葉樹林はごく一部しか残されていません。筑波山の樹林は、筑波山が山岳信仰の対象として手厚く保護されてきたこともあり、原生林に近い姿を見られる貴重なものです。

　つつじヶ丘からの迎場コースと合流するとなだらかになり、門前町に出て筑波山神社に参拝しました。本殿に見える立派な社殿は、実は拝殿。本殿は山頂の女体山神社と男体山神社で、山そのものをご神体として崇める神道の原型を伝えるとされています。私も拝殿から筑波山を拝んで帰宅しました。当日、つくば市内の最高気温は34

上・女体山から男体山を望む。右・奇岩のひとつ弁慶七戻り。今にも落ちそうな巨岩に、豪傑の弁慶も7回戻ったのだとか

度、猛暑日の一歩手前でしたが、おたつ石コースの登り、女体山と男体山の登頂は、覚悟していたほどの汗をかかされることなく、意外に快適に歩けて、真夏の筑波山もアリと思いました。

取材日に発売中だった「山と溪谷」2018年8月号は創刊1000号の記念号で「決定版！日本登山ルート100選」の特集が組まれました。私も関東25コースの選者に加えていただきましたが、筑波山は、小粒であるとして、残念ながら選外になってしまいました。しかし、風格ある山容、山岳信仰の歴史、自然の豊かさなどの魅力や個性も考慮した名山という切り口なら、間違いなく選定されただろうことを付け加えておきます。

DATA

★モデルコース　つつじヶ丘→40分→弁慶茶屋跡→50分→女体山→10分→御幸ヶ原→15分→男体山→自然研究路45分→御幸ヶ原→1時間20分→筑波山神社入口

★歩行距離/時間　6.5km／4時間10分

★アクセス　行き：秋葉原駅→つくばエクスプレス（TX）快速45分→つくば駅・つくばセンター→シャトルバス50分→つつじヶ丘　帰り：筑波山神社入口→シャトルバス35分→つくば駅　※東京駅発、つくばセンター行き高速バスもある。

★シーズン　七夕まつりは例年海の日の連休の3〜4日間。8月11日の山の日は筑波山ロープウェイの開業記念日でもあり、さまざまなサービスやイベントがある。ほかにも1月1日は初日の出に合わせてロープウェイとケーブルカーの早朝運行、2月中旬〜3月下旬に筑波山梅林で梅まつり、4月下旬〜5月中旬に筑波山つつじまつり、9月中旬〜2月下旬に夜景を眺められる筑波山ロープウェイ夜間運行など。4月上旬〜5月中旬は新緑、4月中旬は山頂付近でカタクリやアズマイチゲの花、11月中旬〜下旬は紅葉を楽しめる。

★アドバイス　ハイキングに人気なのは春〜初夏と秋だが、四季を通じて楽しめる。夏、より涼しく登るなら、登りにロープウェイかケーブルカーを使う手も。つくばエクスプレスの筑波山きっぷは往復の電車、バスとロープウェイ、ケーブルカーが発駅から1往復のみ有効（乗り降り自由）で秋葉原駅からの場合で4380円。片道だけでもロープウェイを使えば割安になる。

★立ち寄りスポット　◎筑波山梅林：約1000本の紅白の梅が植えられ、梅まつりの会場にもなる。筑波山神社から徒歩15分。

★問合せ　つくば観光コンベンション協会 ☎029-869-8333、シャトルバス（関東鉄道つくば北営業所）☎029-866-0510

★取材メモ　取材日に見られた花はピンクのシモツケ、コマツナギ、紫のウツボグサ、白いノリウツギ、ノイバラなど。ルビーのように赤いナワシロイチゴの実も印象的だった。取材日：2016年11月28日、2018年7月15日ほか。

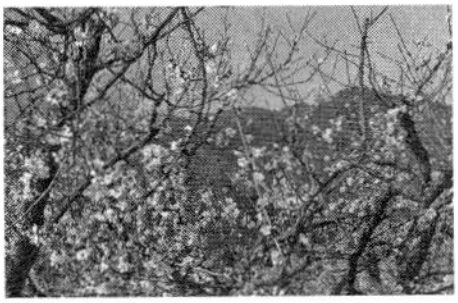
筑波山梅林

7月4週

荒波が打ち寄せる荒崎《あらさき》シーサイドコース

変化に富んだ海岸歩きの後は、海を眺める露天風呂が待っている

歩 9・5㎞／2時間45分 ⛰ 35m(ソレイユの丘)
交 2時間25分／2220円(品川駅から京急線など)
適 通年

三浦半島南部の海岸は外海に面して潮通しがよく、意外なほど青く澄んだ海が広がるうえ、都心から1時間ほどの近さも魅力で、私は「海の高尾山」と呼んでいるほど。その海岸のひとつ荒崎をカルチャースクールの夏の講座で歩きました。選んだ理由は、登り下りがほとんどなく、海岸線を歩くので海風が涼しいこと、山地と異なる海岸の植生を見られることなどです。盛夏に心配される熱中症の予防には水分と塩分の補給が重要ですが、水分・塩分不足の原因となる大量の発汗、体にかかる負担を減らす計画も考慮したいものです。そうした意味でも、風通しがよく、平坦な海岸歩きは理にかなっています。

荒崎シーサイドハイキングコースの起点は矢作《やはぎ》入口バス停、ゴールは荒崎バス停で、講座でもその通りに歩きましたが、歩行時間は1時間少々と短いので、ここでは前に黒崎《くろさき》ノ鼻、

荒崎公園にハマユウが咲いていた

荒崎シーサイドコースの核心部、十文字洞付近から来た道を振り返る。左寄りに見える松が生えた小島が弁天島。取材日は風が強かったので、白波が荒磯に砕けて、日本画のような景色を楽しめた

後に長井《ながい》海の手公園ソレイユの丘（以下、ソレイユの丘）をプラスして、案内します。黒崎ノ鼻は小さな岬で、相模湾に面した高台になっていて、居心地のよいところですし、荒崎とはまた違う風景を楽しめます。

ソレイユの丘は丘陵上の高台にあり「三浦半島の農と海の体験パーク」として、畑や温室、ふれあい動物村、じゃぶじゃぶ池など、たくさんの施設がありますが、歩いた後には温浴施設・海と夕日の湯、レストランがうれしいところです。海と夕日の湯では相模湾を眺められる露天風呂、レストランでは浜焼きバイキング、三崎のまぐろ丼、よこすか海軍カレーなどを楽しめます。

三崎口駅を出たら、国道１３４号を渡るのですが、その前に駅舎を振り返って見ま

※長浜海岸〜荒崎は関東ふれあいの道「荒崎・潮騒のみち」だが、2021年11月に佃嵐の岬〜弁天島が廃止。ソレイユの丘経由で荒崎へ向かうようになった。廃止後のモデルコースはP185参照。

長浜海岸。砂浜が終わると、岩礁が続く道となり、変化を楽しめる

しょう。駅名表示の三崎口駅の「口」の字だけ赤色で、よく見ると、その左上に小さく「マグ」と書かれています。全国有数のマグロ漁基地である三崎の玄関口なので、「口」をカタカナのロに見立て「みさきまぐろ」駅と読ませているのですね。

　国道を渡り、高台上に広がる畑の中を進み、車道の終点から丈の高いアズマネザサの間の道を進むと黒崎ノ鼻に着きます。丘の上は野芝に覆われた自然の広場で、眺めもよく、訪れる人も少ないので、のんびりしていきたいところです。波打ち際に下り、海岸沿いに東へ歩いて、再開発地に入ったら、カインズ三浦店の駐車場で左へ入り、県立三浦初声《はつせ》高校のかたわらを通って、シーサイドコースに合流します。

三崎マグロ駅の駅名板

長浜海岸から岩礁を見て進み、佃嵐崎を回りこむと栗谷浜漁港に着く

本堂前のソテツが暖地らしい円徳寺から長浜海岸に出ると砂浜が広がります。海水浴場になっていて、とくに家族連れが多いところですが、この日は8月も下旬のせいか、台風の影響を心配してか、海水浴客はまばらでした。長浜海岸を過ぎると波打ち際の岩が目立つようになり、陸側は崖が迫ってきます。こぢんまりした栗谷浜《くればま》漁港を過ぎると、荒崎の地名通り、荒々しい岩礁や岩畳が目立つようになります。関東ふれあいの道の荒崎・潮騒のみちコースにも指定されていて、急な岩場を通るところは階段や手すりの鎖などが整備されています。当日は引き潮の時間帯だったので、波打ち際を歩くのも不安はなく、あちこちに残る潮だまりではアゴハゼやヤドカリが動き回る姿などを観察できました。

海食洞の中を通り抜けたりして進むと、荒崎随一の景勝地とされる弁天島に到着です。この日は風が強めだったので、岩に砕ける白波がより一層、景色を引き立てていました。一帯の岩は白と黒の岩の層が幾重にも重なっているのも特徴的です。白い部分は砂岩・泥岩で浸食を受けやすく、黒い部分は火山噴出物の岩滓《がんさい》であるスコリアが固まった凝灰岩で堅く、黒い層が出っ張って、洗濯板状に見えます。余談ですが、Coccoのミュージックビデオで海岸が写っているものがあり、沖縄だとばかり思っていたら、白と黒が交互に重なった岩が写ってきました。三浦半島南部の岩に似ていると思いながら、さらに見るうちに弁天島が見えてきて、ここ荒崎が撮影地と判明しました。

　弁天島からすぐ、2つの海食洞が交差する十文字洞を見て、内陸に入ると、すぐ荒崎公園で、どんどんびき、潮風の丘などのポイントがあります。どんどんびきは深く入りこんだ入江に波が砕ける景勝地、潮風の丘は鎌倉時代に三浦義澄《よしずみ》の居城・荒崎城（長井城）があったとされる城山なので「山」指向の方はぜひ「登頂」していきましょう。南側の潮風の丘（荒崎山）には21・9mの三角点があります。荒崎公園から車道を歩いて荒崎バス停へ、さらにソレイユの丘へ向かいます。

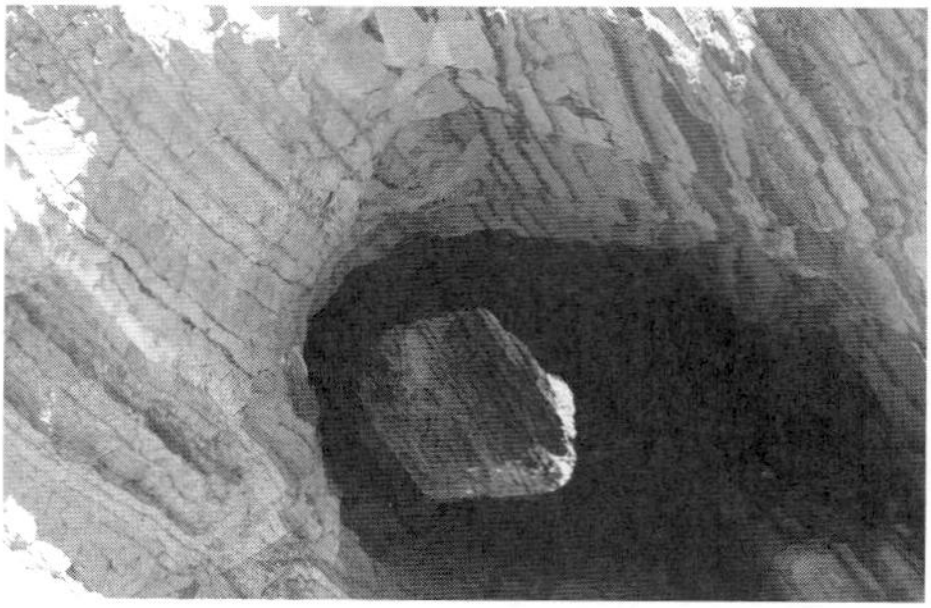

十文字洞は2つの洞窟が交差した珍しい海食洞

DATA

★モデルコース 三崎口駅→35分→黒崎ノ鼻→40分→長浜海岸→30分→ソレイユの丘バス停→30分→弁天島→30分→ソレイユの丘バス停

★歩行距離/時間 9.5km／2時間45分

★アクセス 行き：品川駅→京急線快速急行1時間5分→三崎口駅。帰り：ソレイユの丘バス停→京急バス15分→三崎口駅。※矢作入口から歩く場合のアクセスは三崎口駅→京急バス3分または徒歩25分→矢作入口バス停。

★シーズン 1年を通じて歩くことができる。冬も温暖だが、季節風が強く、寒く感じることがある。

★アドバイス 日差しが強いので、つばのある帽子をかぶる、日焼け止めを用意するなど紫外線対策を。通常コースは矢作入口バス停→25分→長浜海岸。三崎口駅～黒崎ノ鼻は指導標が乏しいので地図をよく見て行動を。佃嵐手前～ソレイユの丘バス停はソレイユの丘を通り、閉園中は通行不可。帰りは荒崎バス停でもバスに乗れる。

★立ち寄りスポット ◎長井海の手公園ソレイユの丘：9時～18時（12月～2月は9時30分～17時）、無休。無料。☎046-857-2500。海と夕日の湯は10時～21時（受付は20時30分まで）、不定休。700円。レストラン10時30分～16時30分（ラストオーダー16時）。まぐろ丼1300円、よこすか海軍カレー1250円など。

★問合せ 三浦市観光協会 ☎046-888-0588、横須賀市観光協会 ☎046-822-8301、☎京急バス 046-882-6020

★取材メモ 取材日に見られた海岸の花はハマカンゾウ、ハマゴウ、ハマボウフウ、ツルナ、荒崎公園に植えられたハマユウなど。帰りの京急を途中下車。うみべのえほんやツバメ号（P31）でオリジナルのミカンかき氷をいただき、ほかのお客さんたちと『ツバメ号とアマゾン号』『星の王子さま』などの本や三浦半島の自然など、話がはずんだ。どの話題でも店主の伊東ひろみさんが関連した本や資料を出してきて、伊東さんのみずみずしい感性や好奇心、行動力をあらためて感動した。取材日：2018年8月21日ほか。

長井海の手公園ソレイユの丘の海と夕日の湯

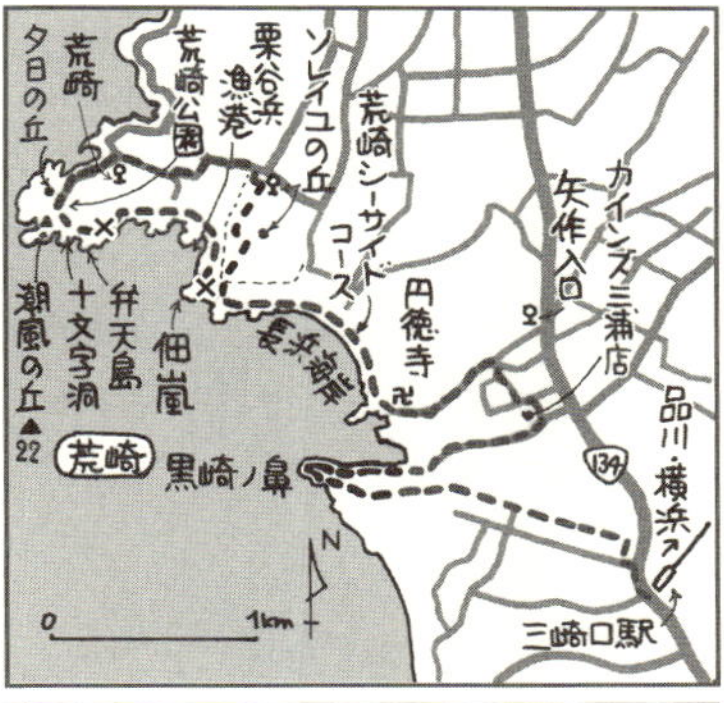

8月
1週

城《じょう》ヶ《が》島《しま》一周と三《み》崎《さき》港《こう》

北原白秋の歌碑と記念館から海辺を歩き、マグロ料理の漁港をめざす

歩 8・5km／3時間15分　30m
交 2時間50分／2570円（品川駅から京急線・京急バス）
適 7月中旬～8月中旬（夏のイベント）・通年

城ヶ島公園でウミウ像がお出迎え

盛夏のコースに選んでおいて恐縮ですが、城ヶ島は私が個人的に訪れるのも、カルチャースクールの講座とするのも1月が多いです。理由は城ヶ島公園の30万株というスイセンが満開で、日だまりをのんびり歩けるからですが、1月以外も季節折々に楽しめます。とくに夏は荒崎（P180）や剱崎同様、潮風が涼しい海岸歩きが魅力で、7月と8月にはお祭りもあります。立ち寄りスポットの白秋《はくしゅう》記念館、三崎港のマグロ料理や海産物の買いものは、もちろん一年中楽しめます。コースは、城ヶ島一周だけだと短めなので、白秋記念館からスタートして島を一周した後、城ヶ島大橋を渡って、対岸の三崎港をぐるっと回り、多数の食事処、産直品売り場うらりマルシェがある三崎港バス停まで歩くのがおすすめです。

白秋碑前バス停で降りたら、北側へ入ると白秋記念館、その前の浜辺に白秋碑がありま

城ヶ島公園から三浦半島本土を望む。左手、突堤の上あたりが通り矢だが、造成で白秋が詠ったころと地形は異なる。右端の丘は標高82mで三浦市最高峰の岩堂山、左端奥は武山三山

す。船の帆の形をした高さ3mあまりの石碑には「城ヶ島の雨」の冒頭の一節「雨はふるふる城ヶ島の磯に利休鼠《りきゅうねずみ》の雨がふる」が記されています。「こどものころ、利休鼠の雨が降るって、謎の表現だったんですよね」とはカルチャースクールの参加者の声。私も「舟はゆくゆく通り矢のはなを」とともに不思議に思っていました。利休鼠はもちろん動物のネズミではなく、日本の伝統色のこと。茶人・千《せんの》利休《りきゅう》が好んだという、くすんだ抹茶のような、茶色がかった緑色の利休色に、ねずみ色が加わったものが利休鼠だそうです。常人なら灰色とか鉛色とか表現する雨を利休鼠とすることで、無彩色ではない色彩感、わびさびも感じられ、さすが稀代の詩人と思いました。

通り矢は、城ヶ島から剱崎へ歩いたとき、城ヶ島の対岸に通り矢の地名を見て解決しました。はなは端で、小さな岬のことでしょうか。白秋は28歳の1913（大正2）年、滞在していた三崎で「城ヶ島の雨」を作詩。詩碑は戦前に建立されるはずでしたが、城ヶ島が要塞地帯のため実現せず、戦後の1949（昭和24）年に完成しました。白秋記念館には、三崎時代の白秋の足跡をはじめ、関連する著作や交遊が自筆メッセージなどを交えて展示、解説されています。白秋が校歌を作詞した全国の学校の一覧があり、私が卒業した高校も白秋が作詞の予定だったという話を思い出しました。当時、作曲の山田耕筰《こうさく》と仲違いしていて断られたそうで、解説してくださった職員の方に伝えると「それもおもしろいエピソードですね」とメモされていました。

かつては白秋碑前バス停から東へ進むと島を一周できましたが、今は通れないので、高台に登って城ヶ島公園に入ります。クロマツの植え込みを抜けると、芝生が広がるピクニック広場。三崎港から房総半島、太平洋を見渡せて、気持ちのよいところです。急な道を城ヶ島東端の安房崎《あわざき》へ下り、時計回りに磯を歩いてピクニック広場へ戻ります。公園入口から島の南側に沿った断崖上を進むとウミウ展望台に出ます。左手に見える断崖は毎年

白秋碑と城ヶ島大橋

馬の背洞門は、岩場に海食洞が空いた城ヶ島一の奇勝でTVドラマなどのロケも行われている。かつては海食洞を小舟で通り抜けられたが、関東大震災などで隆起して、現在の高さになったという

2000羽が渡ってくるという有数のウミウ越冬地です。さらに進んで海岸へ下ると馬の背洞門。岩場にぽっかりと海食洞が空いたアーチ状の奇勝で、城ヶ島指折りの撮影ポイントです。「仮面ライダーアギト」「轟轟戦隊ボウケンジャー」などのロケも行われたとか。馬の背洞門から磯や砂浜が入り混じった海岸を歩き、富士山の眺めがよい長津呂《ながつろ》の磯へ。城ヶ島灯台から食事処や土産物店が並ぶ通りを下ると城ヶ島バス停に着きます。ここからバスで三崎港へ向かうこともできるし、うらりマルシェへの渡し船もありますが、城ヶ島大橋は最高所で23・5mもあって、展望もよいので歩いて行きましょう。

城ヶ島大橋があるので地続きのように思

↑三崎港。対岸に「うらりマルシェ」が見える

高台の上にある城ヶ島灯台

くろば亭の名物
魚河岸定食

ってしまいますが、城ヶ島は神奈川県最大の離島だそうです。橋を渡って、最初の信号を右へ。ぐるっと回って下り、通ってきた道路をくぐると海辺に出ます。三崎港は全国有数のマグロ水揚げ港で、細長い港を回りこんで三崎港バス停へ向かう道やバス停周辺にはマグロ料理の店が多数。三崎のマグロ料理は、様々な部位を多様に調理することで人気を集めています。そのパイオニアで三浦産野菜の料理にも力を入れる「くろば亭」はいつも順番待ちの列ができています。魅力的なメニューが多く、数人で利用し、シェアするのがおすすめ。三崎口バス停西の「うらりマルシェ」はマグロをはじめとする海産物、野菜など三浦特産品の店が多数、集まっていて、建物前の岸壁からは、前述の渡し船、海中観光船にじいろさかな号が発着しています。

DATA

★モデルコース　白秋碑前バス停→5分→白秋記念館→45分→安房崎→55分→馬の背洞門→30分→城ヶ島バス停→15分→白秋碑前バス停→45分→三崎港。

★歩行距離/時間　8.5km／3時間15分

★アクセス　行き：品川駅→京急本線・久里浜線快速特急1時間5分三崎口駅→京急バス25分→白秋碑前　帰り：三崎港→京急バス15分→三崎口駅→品川駅。

★シーズン　通年、楽しめるが、城ヶ島ならではの楽しみがあるのは夏と冬。夏は海岸歩きが楽しく、7月中旬は三崎港バス停の海南神社夏祭りで三浦市民俗文化財の行道獅子、神輿渡御など壮観だ。8月中旬の三崎・城ヶ島花火大会はダンスや音楽のステージ、模擬店も多数出て賑わう。冬は城ヶ島公園のスイセンが1月中旬から2月上旬ごろ咲き、週末にはイベントも。ウミウは11月〜4月に飛来。

★アドバイス　夏は日射対策をしっかりと。冬は季節風が吹く日があるのでウィンドジャケットなどの用意を。三崎港周辺で食事や買いものを楽しむなら、乗車券、まぐろまんぷく券と三浦・三崎おもひで券がセットの京急「みさきまぐろきっぷ」がお得。乗車券は三崎口までの京急往復とエリア内のバス自由乗降、まぐろまんぷく券は加盟店での食事、三浦・三崎おもひで券は土産品、日帰り入浴や海中観光船のうち1つに利用できる。品川駅発着の場合3570円。通常のきっぷとの差額1000円だ。

★立ち寄りスポット　◎北原白秋記念館：10時〜16時、月曜(祝日の場合翌日)・11月を除く金曜(祝日の場合翌週の火曜)休館。無料。☎046-881-6414。◎くろば亭：マグロのカルビ焼、トロカツ、トロ串天ぷら、ワタなど多数。11時〜20時(19時ラストオーダー)、水曜(祝日の場合翌日)定休。

★問合せ　三浦市観光協会 ☎046-888-0588

★取材メモ　取材日：2016年7月30日、2018年1月25日ほか

八重咲きが多い城ヶ島公園のスイセン

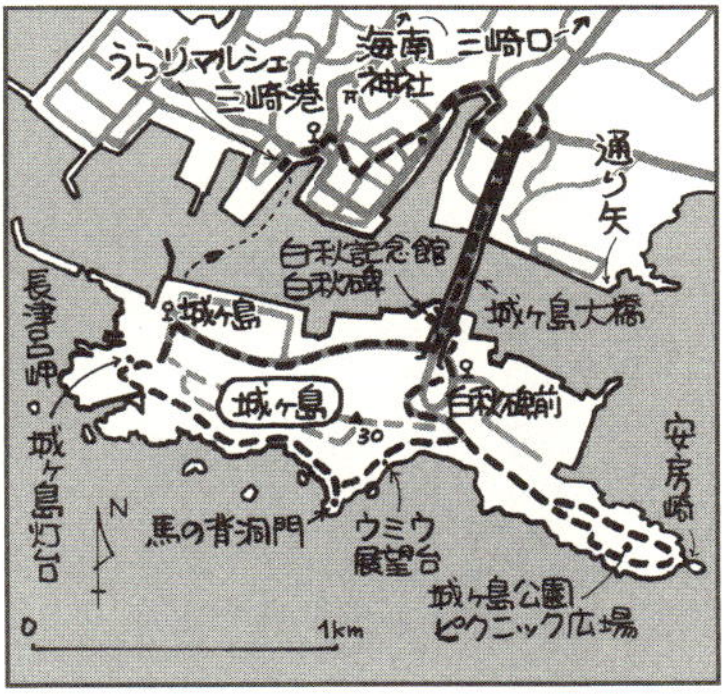

8月
2週

そそり立つ岩壁が迫る鳩《はと》ノ《の》巣《す》渓《けい》谷《こく》と里歩き

古社や巨樹、多摩川上流の景勝地とダム湖を訪ねる

歩 8・3km／2時間40分　㊮ 375m（展望台）
交 3時間／2040円（新宿駅からJR中央線・青梅線）
適 4月中旬〜12月上旬

夏の東京近郊の低山は蒸し暑く、猛暑で熱中症が心配されることもあり、毎月のカルチャースクールの講座で、コースの選択に最も悩む時期です。なるべく平坦で登りが少なく大汗をかかない、沢沿いで涼しいなどの条件を考えて選んでいます。そんなコースは意外と少なく、多摩川の鳩ノ巣渓谷は貴重な存在です。最寄り駅はＪＲ青梅線鳩ノ巣駅で、遊歩道を往復しても40〜50分ほど。少々、物足りないので、ひとつ都心寄りの古里《こり》駅をスタートとする大多摩ウォーキングトレイルを利用し、２０１７年の８月上旬、２０１８年の７月中旬と、連続してカルチャースクールで歩きました。

小丹波熊野神社の舞台を兼ねた楼門

このコースがいいと考えたのは私だけではなく、2018年、スタートの古里駅で降りたハイカーのグループに知り合いがいました。ライター仲間であり、「山と溪谷」「ワンダーフォーゲル」などの専門誌では編集者としてお世話いただいている西野淑子さんで、別のカルチャースクールの引率でした。西野さんたちとは、この後も3回、一緒になりました。

小丹波のイヌグス（タブノキ）の巨樹

鳩ノ巣渓谷は駅前の青梅街道（国道411号）を西へ進むのですが、北側の小丹波《こたば》熊野《くまの》神社《じんじゃ》に立ち寄りました。楼門が2階建てになっていて、1階は楽屋と物置。門をくぐり、石段を登った広場から振り返ると、平屋に見える2階が舞台になっている独特の構造で、江戸末期～明治の建築とのこと。明治から大正にかけて大衆演劇が盛んに上演され、上演した一座の額が残されているそうで、楼門は東京都の有形民俗文化財に指定されています。さらに小丹波のイヌグス（タブノキ）も訪ねました。高さは15ｍですが、目通り周囲は８ｍ、推定樹齢３００年という巨樹です。

青梅街道に出て、途中で旧道に入り、寸庭橋《すにわばし》で多摩川を渡ると山道に入ります。しばらくは平坦ですが、上の滝、下の滝と名づけられた滝を懸ける枝沢を渡ると、植林の斜面の登りになります。標高差１００ｍ、15分ほどの登りですが、平坦なコースと考えていると、意外に登るように感じられるかもしれません。民家のかたわらを過ぎ、平坦になると展望台を兼ねた休憩舎に着きます。多摩川の谷を見下ろし、本仁田山《ほにたやま》方面の展望を楽しみながら休憩しました。

ゆるやかに車道を下り、上流に鳩ノ巣渓谷を見下ろして雲仙橋《うんぜんばし》を渡ると青梅街道に出合います。すぐ上に鳩ノ巣駅があり、ここから帰ることもできます。カルチャースクールの昼食は持参のお弁当なので、このときは寄りませんでしたが、青梅寄りのカフェ山鳩はこぢんまりして、店内はギャラリーにもなっている素敵な空間です。ドリンクやケーキはもちろん、奥多摩産野菜を使ったハヤシライスやサラダもあり、ランチにもおすすめです。

青梅街道の手前で左へ入り、渓谷に下りますが、多摩川に下り立つ手前で右へ入れば落差18ｍ、両岸が迫って薄暗い沢の奥に落ちる双竜ノ滝を眺められます。歩行者用吊り橋の鳩ノ巣小橋で対岸に渡り返すと、このコースのハイライトで、両岸が切り立ち、急流が岩

寸庭橋から山道を進むと、植林の斜面を登るようになる。20分ほどで登りきると展望台を兼ねた休憩舎があり、多摩川や本仁田山（左）などを眺められるので、ひと休みしていくとよい

を噛む渓谷のかたわらに遊歩道が続きます。渓谷が終わると樹林に入り、階段を登って、休憩舎のある木陰の広場で休憩し、昼食をとりました。広場からほどなく白丸《しろまる》ダムで、白丸発電所があります。発電所は東京都交通局の管理で、もともと河川機能維持と観光目的で放流されていた白丸ダムの放流水を活用するため建設されたものだそうです。対岸には、魚の遡行を助ける魚道が設けられ、地下を通る魚道の見学やダムカード配布もあります。

　ダムのかたわらを登った後は、ダム湖の白丸湖に沿って進みます。エメラルドグリーンの湖面が静かに湖畔の木立を映して、東山魁夷《ひがしやまかいい》画伯の「白い馬」を思い起こしました。白丸湖のはずれ近く、数馬峡橋《かずまきょうばし》を渡

雲仙橋を渡り、多摩川に下りて、吊り橋の鳩ノ巣小橋を渡ると、鳩ノ巣渓谷に沿った遊歩道を歩くようになる。岩壁がそそり立ち、岩を噛む急流や青く澄んだ淵が美しく、このコースのハイライトだ

れば10分ほどで白丸駅ですが、私たちは大多摩ウォーキングトレイルの終点である奥多摩駅まで歩きました。このときは寄りませんでしたが、橋のたもとの「森の中のお肉レストラン・アースガーデン」は鹿児島産六白黒豚《ろっぱくくろぶた》、奥多摩産ワサビなど素材を吟味した豚カツやハンバーグが美味しいお店です。当日は定休日で、やはり寄れませんでしたが、奥多摩駅手前のもえぎの湯で入浴して帰ることもできます。

当日は盛夏～晩夏に咲くタマアジサイ、ハグロソウ、ヤブミョウガ、イワタバコ、ムラサキシキブなどの花、黒く熟したハナイカダの実などが目を引きました。集落の庭先ではムクゲやサルスベリ、シュウカイドウなどの花も見られました。

DATA

★モデルコース　古里駅→50分→展望台→20分→雲仙橋→40分→数馬峡橋→50分→奥多摩駅

★歩行距離/時間　8.3km／2時間40分

★アクセス　行き：新宿駅→JR中央線・青梅線青梅特快1時間→青梅駅→青梅線25分→古里駅、帰り：奥多摩駅→青梅線35分→青梅駅→青梅線・中央線青梅特快1時間→新宿駅。※青梅線直通の列車がないときは立川駅で青梅線に乗り換える。土休日は新宿駅〜奥多摩駅直通のホリデー特別快速おくたま号が運行されるが古里駅には停車しない。

★シーズン　4月中旬〜12月上旬だが、梅雨時は避けたい。新緑は4月中旬〜5月中旬。紅葉は11月中旬〜下旬。

★アドバイス　盛夏に歩くときは熱中症に注意し、スポーツドリンクなど水分補給をこまめにしたい。行程を短縮したいときは鳩ノ巣駅、白丸駅で行程を打ち切るか、古里駅からの行程を省いて鳩ノ巣駅からスタートするなどのアレンジができる。白丸ダム魚道の見学は対岸へ渡った後、トンネル内の登り下りがあり、30分ほど見ておきたい。魚道は原則として4〜11月の土休日とゴールデンウィーク、7月下旬〜8月下旬の毎日開放。

★立ち寄りスポット　◎カフェ山鳩：ハヤシライス800円、そばサラダ800円。10時〜17時、月曜定休。☎0428-85-2158。◎森の中のお肉レストラン・アースガーデン：豚かつセット、ハンバーグセットなど。11時〜16時、不定休。☎0428-85-5101。◎もえぎの湯：多摩川に臨み、露天風呂や食事処もある日帰り温泉。10時〜20時（季節変動あり）、月曜（祝日の場合翌日）定休。850円。☎0428-82-7770

★問合せ　奥多摩観光協会 ☎0428-83-2152

★取材メモ　2017年7月の花はムラサキシキブ、クサギ、ヤブミョウガ、咲き始めのタマアジサイなどが見られた。取材日：2018年、2017年8月3日。

カフェ山鳩のハヤシライス・そばサラダセット

イワタバコの花

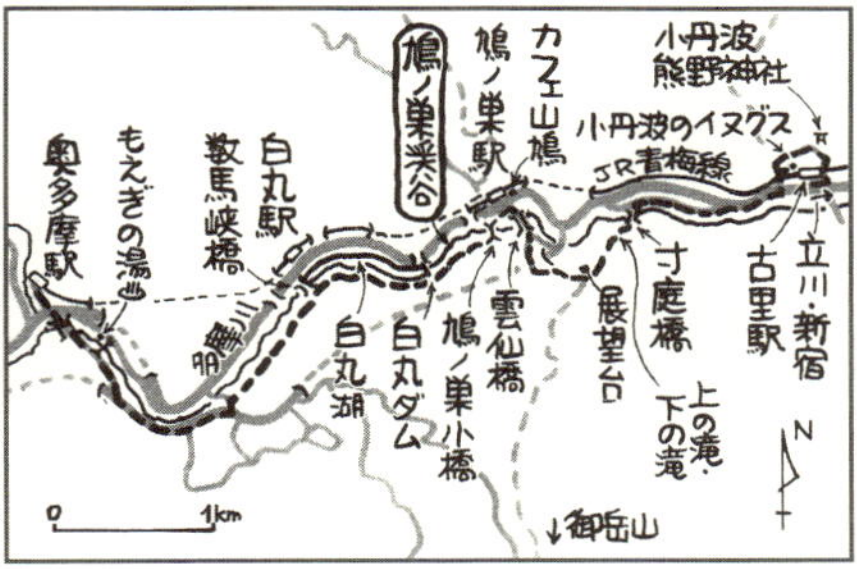

8月 3週

太平山《おおひらさん》で健脚祈願とブドウ狩り

関東平野を見渡し、太平山神社に参拝して、ぶどう団地へ下る

歩 8・5km／3時間15分 (ペ) 341m
交 2時間40分／2820円（上野駅からJR宇都宮線など）
適 7月上旬〜10月上旬（ブドウ）・4月上旬〜5月上旬・10月上旬〜12月中旬

謙信平の山本有三『路傍の石』文学碑

都心から日光へ向かう東武線に乗ると、最初に見えてくる山のひとつが太平山です。標高341mの低山ですが、平野と山地の接点にあるので、目立つ山容を見せ、登れば関東平野の広々とした展望を楽しめます。都内から1時間半あまりの東武日光線、JR両毛線の駅から直接、登り下りでき、栃木県の山ですが、アクセスが便利なのも魅力です。登山としては春と秋が快適に登れるのですが、8月に選んだのはブドウ狩りを楽しめるから。南麓に広がる大平ぶどう団地は盛夏〜初秋が収穫のシーズンで、木で熟した穫れたてのブドウは甘くジューシー。下山後、汗を絞られた体にはとりわけ美味です。

直近の取材日は2018年8月23日、コースは東武日光線新大平下駅からで、標高差約300m。高尾山口駅から登る高尾山より、100mほど低くなります。猛暑の低山では

謙信平付近は南側の展望が開けて、関東平野の広がりを実感できる。山裾に丘が点在する様は「陸の松島」と呼ばれ、地表近くにたなびく霧から丘が頭を出す絶景も見られるそうだが、まだ機会に恵まれない

熱中症に注意が必要ですが、登りが少ないことは、そのリスク軽減にもつながります。今回は、新大平下駅から平地を少し歩いて客人《まろうど》神社から山道に入り、展望のよい謙信《けんしん》平《だいら》、太平山神社を経て太平山へ。下山は晃《てる》石山《いしさん》への尾根道を下り、ぐみの木峠で尾根をそれて、大中寺《だいちゅうじ》、大平ぶどう団地経由で新大平下駅へ戻るものです。晃石山へ縦走すれば、さらに充実しますが、今回はカルチャースクールの軽い山歩きであり、また、前述の熱中症回避の意味からも、ぐみの木峠で下山としました。

新大平下駅の出口は西口と東口に分かれています。西口のほうがやや近いですが、東口には地元の農産物などの展示・販売所や飲食店が集まるプラッツおおひらがあります。また、線路沿いに太平山方面へ歩き、最初の踏切脇にコンビニがあります。客人神社からの山道は、やや急ですが、ひと登りで傾斜がゆるみ、車道を横切って、なだらかに登っていくと、ふたたび車道に出て、謙信平に着きます。戦国時代の1568（永禄11）年、関東進出を断念した越後の上杉謙信が関東平野を見渡したと伝わるところで、茶店が並んでいますが、平日のためか半分ほどが休業していました。並んでいるベンチのひとつで昼食にしましたが、平野から吹き上げてくる風が涼しく、気持ちよかったです。

休憩の後、栃木市出身の作家・山本有三の『路傍の石』の一節を刻んだ文学碑を見て太平山神社へ。この神社は鎮座1200年近い古社で、本殿のほかにも22の摂社がまつられ、神社のデパートの異名があるほど。さまざまな御利益がありそうですが、登山者には太平山への登り口かたわらに建つ足尾神社が見逃せません。祭神は日本武尊《やまとたけるのみこと》で、足腰の健康祈願の信仰があつく、足の怪我や病気が治った信者が奉納したという履き物が並んでいます。2018年に奉納された絵馬で「羽生結弦選手の足にけがなく、思い通りの練習ができますように。そして平昌《ピョンチャン》オリンピックで思い描く演技ができますように」と記されていたのが印象的でした。

山道に入り、樹林を登りつめると太平山神社奥宮が鎮座する太平山山頂に着きますが、木々に囲まれて展望はありません。岩混じりの急坂をひと下りし、ぐみの木峠から南へ下

22もの摂社が並ぶ太平山神社

アジサイが植えられた大中寺参道

足尾神社で健脚祈願を

ると、急な斜面から谷沿いのなだらかな道となって、古刹・大中寺《だいちゅうじ》に着きます。1568（永禄11）年、謙信が小田原の北《ほう》条《じょう》氏照《うじてる》と和議を結んだのがこの寺で、斡旋したのは当時の住職・虎渓《こけい》和尚だったそうです。八王子城山（P102）でも記した戦国時代の関東における攻防の歴史がしのばれるエピソードでした。大中寺は、江戸中期、上田秋成作の怪異小説『雨月《うげつ》物語』の「青頭巾《あおずきん》」にも登場しています。大中寺七不思議のひとつ「根無しの藤」は「青頭巾」で快庵禅師《かいあんぜんじ》が鬼と化した僧を弔うため地面に差した杖から成長したと伝えられています。

　参道を下り、ぶどう通りの広い車道に出て右へとれば、大平ぶどう団地に入り、ブ

ぶどう団地付近から見る晃石山（中央）から太平山へ続く山なみ。付近の最高峰である晃石山でも標高419mに過ぎないが、平野から急に立ち上がるので、堂々として存在感があり、縦走もしてみたくなる

ドウ狩りができ、即売所もあるブドウ園が次々に現れます。

今回は大中寺から近い小林農楽園にお邪魔しました。試食用に巨峰をはじめ、シャインマスカット、マスカット・ベリーA、ハニービーナス、紅伊豆などの品種があり、どれも木で熟したもので美味しかったです。珍しかったのは「ブドウ」で、「できたばかりで、まだ名前がつけられていないので『ブドウ』」とのことでした。ほかのブドウ園もハシゴしようと思っていたのですが、みなさん充分に試食し、思い思いのブドウを買って満足されていたので、背後に太平山から晃石山の山なみ、鈴なりのブドウを眺めながら、新大平下駅へ戻りました。

DATA

★**モデルコース**　新大平下駅→30分→客人神社→1時間→太平山→45分→大中寺→1時間→新大平下駅

★**歩行距離/時間**　8.5km／3時間15分

★**アクセス**　行き・帰り：上野駅→JR宇都宮線55分→栗橋駅→東武日光線25分→新大平下駅　※都内から東武伊勢崎線・日光線で向かうと乗り換え、所要時間はやや不利だが往復運賃800円ほど安くなる。JR両毛線大平下駅も利用できる。

★**シーズン**　ぶどう団地のブドウは早生から晩生までさまざまな品種が栽培され、7月上旬〜10月上旬まで楽しめる。最盛期は巨峰が8月上旬〜9月中旬とその前後。4月10日ごろは謙信平付近の桜、6月中旬〜7月初めには太平山神社あじさい坂、大中寺参道のアジサイが見ごろ。紅葉は11月下旬ごろ。

★**アドバイス**　真夏日もある時期なので、熱中症に注意。なるべく汗をかかないようにゆっくり登り、スポーツドリンクなどを充分に用意して、こまめに水分・塩分補給を。晃石山（419m）にも登るときの歩行時間はプラス1時間。

★**立ち寄りスポット**　◎おおひら歴史民俗資料館：旧大平町の縄文時代から近代に至る歴史・民俗資料を展示。隣接する郷土資料館は庄屋だった白石家の母屋、長屋門などの屋敷を保存。9時〜17時（10〜2月は16時30分まで。入館は各30分前まで）、月曜休館（祝日の場合開館）。100円（郷土資料館は別途100円）。☎0282-43-8686

★**問合せ**　栃木市観光協会大平支部 ☎0282-43-9213

★**取材メモ**　ブドウ狩りは巨峰主体で食べ放題1500円前後〜。農園それぞれに珍しい品種もあるので、今回はブドウ狩りはせずに、いろいろ試食させてもらい、気に入った品種を買って帰った。小林農楽園のシャインマスカットはツヤがなく色あせていたが「黄ばんだものは完熟で、甘くて美味しい。贈答ならツヤがあり、鮮やかな緑のもの、家で食べるなら黄ばんだものがおすすめ」とのこと。実際、その通りで納得。取材日：2018年8月23日ほか。

ぶどう団地・小林農楽園の試食用ブドウ

8月
4
週

レンゲショウマと御岳山《みたけさん》、ロックガーデン

可憐な森の妖精の花を愛で、天空の神社と渓流を巡る

歩 5・5km／2時間55分 929m
交 2時間22分／3660円（新宿駅からJR中央線など）
適 8月上旬～9月下旬（レンゲショウマ）、4月中旬～11月下旬

北村西望作、武蔵御嶽神社の狛犬像

8月下旬、カルチャースクールの講座で、花とロックガーデン（奥御岳渓谷）を目当てに訪ねました。富士峰のレンゲショウマ自生地を観賞して、御岳ビジターセンターに寄り、御岳山山頂の武蔵御嶽《むさしみたけ》神社に詣で、ロックガーデンを散策する定番コース。たびたび書いているように、夏の首都圏の低山では蒸し暑い場面が多いですが、御岳山は標高差のある登りをケーブルカーで省略し、山の上では涼しい渓谷歩きを楽しめるので貴重です。江戸時代に盛んになった御岳講の信仰で、宿坊、先達師《せんだつし》の山上集落が発達し、軽井沢が開かれるまでは、東京市民の避暑地としても人気だったそうです。詩人・立原道造《たちはらみちぞう》の旧制高校時代の日記にも、避暑のため御岳山に滞在したと記されていました。しかも、全国的にも珍しいレンゲショウマの群生地、御岳山ならではの美味しいものなどもあって、私の夏の激

レンゲショウマの花は直径3〜4cmほどあり、紫の濃淡が品のよいツートーンカラー。シャンデリアのように吊り下がって咲く姿も風情があり「森の妖精」と呼ばれるのにふさわしい姿だ

推し特選コースになっています。

取材した２０１７年の夏は、雨と低温の日が続いてレンゲショウマの開花が遅れたそうで、御岳登山鉄道の仲田《なかだ》美治《よしはる》社長（現取締役）のお話では「8月も20日ごろからやっと見ごろと言える状態になりました。開花が遅れている分、例年より遅くまで咲いていると思われます。９月のなかばまで楽しめるのではないでしょうか」とのことでした。その言葉通り、富士峰ではたくさんの可憐な花たちが迎えてくれました。また富士峰のリフト大展望台駅の２階ではレンゲショウマの写真家まえのかつみ氏の「聖なる森のレンゲショウマ写真展」が行われていました。朝日が差し始めた一瞬、霧に包まれた幻想的なひとときなど、達人なら

ではの花の表情がとらえられていて、レンゲショウマの美しさをより深く感じることができました。まえの氏の写真展は毎夏、開催されているそうです。

御岳ビジターセンターで、ロックガーデンで咲いている花や見どころの情報をゲットした後、御岳山に登り、山頂の武蔵御嶽神社にお参りしました。社殿の前で四肢を踏ん張って、ひときわ目立つ狛犬は、長崎の平和祈念像などの彫刻家・北村西望《きたむらせいぼう》氏の作。御岳山は外秩父の宝登山《ほどさん》（P24）や蓑山《みのやま》（P90）と同じく、狼（お犬さま）を神の使いの大口真神《おおぐちまがみ》として敬い、通常、狛犬像があるところに狼像が置かれています。西望氏の彫刻も、独特な顔立ちから狼かと思いましたが、宮司さんに確かめると、狛犬とのことでした。

参道の石段を途中まで戻り、長尾茶屋へ近道してロックガーデンへ下ります。美しく整った七代《ななよ》ノ滝に下り着き、滝の右手の岩場を急な階段で登って、天狗岩から渓谷の中を歩くようになります。地質や湿度が合っているのでしょう。苔むした岩がいい感じで、ミニ奥入瀬《おいらせ》と呼ばれるのも納得です。ここが東京都内？と不思議に思うほどの豊かな緑と清流に包まれて、楽しい山歩きが続きます。高さ約10ｍ、御岳講の信者の滝行場にもなっている綾広《あやひろ》ノ滝が渓谷の

天狗像が鎮座する天狗岩

ロックガーデンに入ると、多摩川の水源のひとつである渓流に沿って歩くようになる。頭上は緑のトンネル、足もとはみずみずしい苔に覆われた岩と清流で、夏も涼しい別天地だ

フィナーレで、帰りは山腹の平坦な道を戻ります。長尾茶屋から山上集落に戻ることもできますが、静かな自然林を歩ける、天《てん》狗《ぐ》ノ《の》腰掛杉《こしかけすぎ》から神苑の森経由で御岳山駅へ戻りました。花はロックガーデンと周辺でオクモミジハグマ、センニンソウ、タマガワホトトギス、ヤマジノホトトギス、キバナノアキギリ、タマアジサイ、山上集落でシュウカイドウなど、いろいろありました。奥御岳渓谷は雨が多かったせいか、水量が多かったので、滝は見ごたえがあり、苔の緑がより生き生きとして感じられました。

最後に美味しいものですが、1つ目はケーブル滝本駅売店のきびもち大福と御嶽汁。大福は、雑穀のキビが入った餅の素朴な味わいとすっきりした餡が絶妙。昔ながらの製法や材料を守っているからのおいしさ。毎朝、地元の和菓子店から、作ってすぐに届けられるそうで、お土産にもいいですが、できたてを山の行動食にしたいです。御嶽汁は、2017年の4月に発売されたもので、まだ知らない方もいると思います。地酒「澤乃井」の小澤酒造の酒粕、青梅産の豚肉や野菜をふんだんに使い、御岳山のソウルフードを再現した「贅沢豚汁」です。フリーズドライとは思えないリッチな味わい、かつ具だくさんで満足度100点。御嶽汁もお土産にも好適ですが、山の中で食事どきにいただくのもおすすめ。「ワンダーフォーゲル」2019年8月号の企画で、山登り大好き芸人・桜花《おうか》さんをご案内したとき、ロックガーデンでのブランチで、お湯を沸かしてお出ししたところ、大絶賛でした。そのほか、宿坊で昼食をいただくのもおすすめです。

ロックガーデンの最後を飾る綾広ノ滝

DATA

★モデルコース　御岳山駅→25分→御岳山→10分→長尾茶屋→25分→七代ノ滝→40分→綾広ノ滝→25分→天狗ノ腰掛杉→40分→御岳山駅

★歩行距離/時間　5.5km／2時間55分

★アクセス　行き・帰り：新宿駅→JR中央線・青梅線直通快速1時間10分→青梅駅→青梅線普通15分→御嶽駅→西東京バス10分→滝本→御岳山ケーブル6分→御岳山駅。※土休日は新宿駅から御嶽駅へ直通のホリデー快速おくたま号も利用できる。

★シーズン　レンゲショウマの花期は8月上旬～9月下旬と長いが、8月中旬～下旬が最も花が多い。新緑は4月中旬～5月下旬。紅葉は11月上旬～中旬。武蔵御嶽神社は元日の元旦祭（P17参照）、2月の節分祭、3月上旬の春季大祭、5月上旬の日の出祭、6月末の夏越しの大祓、9月の神楽奉納、大口真神社祭、流鏑馬祭、11月の秋季大祭など多数の行事あり。

★アドバイス　とくに注意が必要なところや危険なところはない。シーズンの週末は観光客も多いので、バス、ケーブルカーは早めに並ぶよう行動を。

★立ち寄りスポット　◎御岳登山鉄道滝本駅売店：きびもち大福・わさび大福、御嶽汁など。7時30分～17時(季節により変動)、無休。☎0428-78-8121　◎宿坊の昼食：1500円前後～、宿により入浴セットも。時期や行事で変動や不定休があるので、予約していくと安心。山香荘 ☎0428-78-8476、山楽荘 ☎0428-78-8439など。

★問合せ　青梅市観光協会 ☎0428-24-2481、御岳登山鉄道(ケーブルカー)☎0428-78-8121

★取材メモ　2019年はレンゲショウマが咲き始めの8月上旬にたずねた。花はまだ少なかったが、人も少なく、ゆっくり観賞、撮影できた。取材日：2017年8月24日、2019年6月17日・8月8日ほか。

宿坊の昼食（山香荘の釜飯定食）

御嶽汁

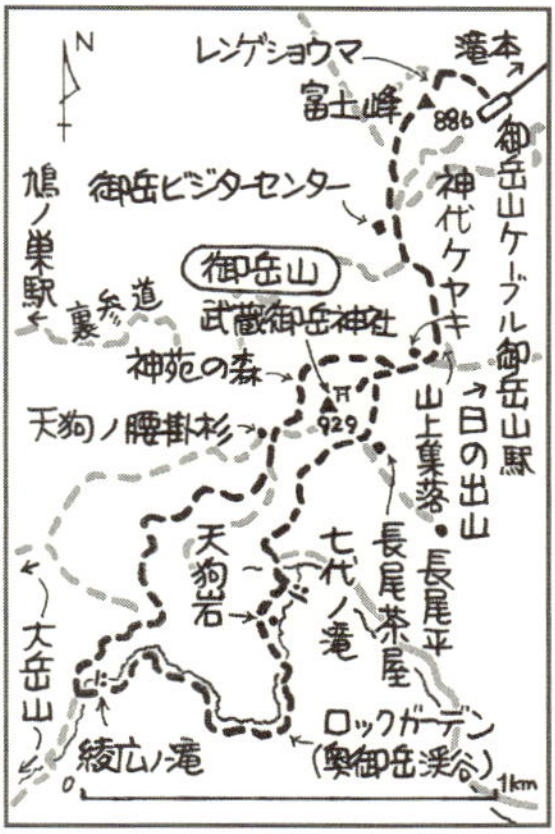

9月1週

浜離宮《はまりきゅう》、旧芝離宮から愛宕山《あたごやま》

江戸の昔の大名庭園と湾岸を巡り、23区・自然の最高峰へ

歩 8・5km／2時間55分　26m
交 6分／520円（東京駅からJR山手線・京浜東北線。料金は水上バス含む）
適 8月中旬～9月下旬（浜離宮庭園のコスモス）・通年

水上バスで日の出桟橋に上陸

東京23区内の自然の山の最高峰・愛宕山は最寄りの神谷町《かみやちょう》駅から最短15分ほど。登頂だけを目的とせず、より楽しく、充実するコースを考えるのも市街地登山の面白さで、今回は愛宕山が東京湾に近い港区にあることに注目しました。東京は意外に岳都かつ水都なのですが、かつての海岸線は開発で失われています。人情落語の名作「芝浜」で主人公の魚屋・勝が顔を洗う芝の浜辺は現在の芝四丁目交差点付近、山手線の内側だそうで驚きです。東京の原風景にもふれたく、今も海に臨む浜離宮恩賜庭園（以下、浜離宮庭園）を組み合わせ、水上バスに乗って旧芝離宮恩賜庭園（以下、旧芝離宮庭園）や芝公園も巡るコースが完成。残暑の時期の設定で、取材も8月の猛暑日。海と船を楽しめるのも魅力でした。大手

新橋駅から高層ビルが並ぶ汐留シオサイトの歩行者デッキを歩いて浜離宮庭園へ。

浜離宮最高峰の富士見山山頂に登ると、池泉回遊式庭園ならではの景観

門から庭園に入ると、一面のキバナコスモスが迎えてくれましたが、花畑はもちろん最近のもの。浜離宮庭園は、徳川幕府第3代将軍家光の三男で甲府藩主の綱重《つなしげ》が江戸時代初期の承応3（1654）年から別邸を建築。後に将軍家の別邸となって池泉回遊式庭園が完成。明治に皇室の離宮、さらに1945（昭和20年）、東京都の庭園になりました。広さは東京ドームの5倍あまりの25ha。潮入《しおいり》の池、鴨場《かもば》などの池が半分近くを占めることが特徴的です。潮の満ち干きで水位が上下する潮入の池はほかにもありますが、現在、海とつながっているのは浜離宮庭園だけ。取材当日は水が濁って魚影を確認できませんでしたが、サラリーマン時代の仕事中にはボラやハゼを見ました。名前がある築山は富士見山、御亭山《おちんやま》、樋《ひ》の口山《くちやま》、新樋の口山の4山

で樋の口山は登山道なし。標高わずか数mですが、浜離宮最高峰の富士見山に登ると潮入の池の全景、御亭山でこれから向かう東京タワーなどを展望。その後のミニ船旅では海からの浜離宮庭園、東京レインボーブリッジやお台場方面などの眺めを楽しめました。

東京タワーが背後にそそり立つ増上寺本堂

旧芝離宮庭園も江戸期の池泉回遊式庭園。老中で小田原藩主の大久保忠朝が1678（延宝6）年、第4代将軍家綱から拝領。藩地から呼んだ庭師が造園したそうです。その後、紀州徳川家芝屋敷、明治には有栖川宮家《ありすがわのみやけ》の芝離宮となり、宮内省、東京市の所有を経て、現在は東京都の庭園です。面積4・7haで、浜離宮庭園の5分の1弱ですが、その分、シンプルにまとまっています。園内最高峰は高さ8mほどの大山で、渓谷を表現した石組みが特徴的です。2番目の高峰・根府川《ねぶかわ》山は登山禁止でした。根府川は小田原の地名で、板状に割れる特産の根府川石が飛び石に多用されているのが特徴的でした。

増上寺の近くにはかつて、この本の出版社・山と溪谷社がありました。当時利用した店から、通り沿いにあって冷たい蕎麦《そば》が食べられる更科布屋《さらしなぬのや》へ。季節限定の青柚子《ゆず》切り

更科布屋の青柚子切り蕎麦

こんもりした築山の旧芝離宮・大山

蕎麦は、もともと白い御膳蕎麦なので見た目に柚子の緑が活き、口に含むと柚子の香りと蕎麦の甘みのハーモニーが広がる逸品でした。増上寺は徳川家の菩提寺で江戸の裏鬼門を鎮護し、２２０以上の堂宇や学寮が並ぶんでいた寺院。今も堂々とした伽藍《がらん》が並んでいますが、先があるので今回は本堂だけお参りしました。芝公園は増上寺やプリンスホテルの外周を囲む東京都と港区の公園。10年ほど前、港区の平和の灯前で白井貴子さんと五つの赤い風船のミニライブを聴き、ライブ後に白井さんから自然志向の生活の話をうかがったこともありました。公園南側の芝丸山古墳は全長１０４ｍ、高さ８ｍという都内最大級の前方後円墳。頂上の伊能《いのう》忠敬《ただたか》測地遺功表の碑は、忠敬が付近でを開始した全国測量を顕彰するのものです。東京タワー真下のもみじ谷は岩組みや滝が作られた景勝地です。かつて寛永通宝を拾い「交番に届けるべき？」とポケットに入れたら、腐食していて砕け、届けずじまいだったこともありました。

「23区唯一の山岳トンネル」愛宕山トンネル入口には山頂へのエレベーターと階段があります。以前、ここから登って出世の石段を下りたら、同行者に「下りだと『没落の階段』

愛宕山トンネルは貴重な「山岳トンネル」

←急勾配の出世の石段

では」と問い詰められたので、今回は出世の石段から登山。86段の階段は角度が40度ほどの急傾斜かつ段差高めで、みなさん息を切らして登っていました。寛永11（1634）年、増上寺帰りの徳川家光に「山頂に咲く梅を誰か馬で採って参れ」と命じられた家臣一同が尻込みするなか、みごとになしとげたのが無名の曲垣平九郎《まがきへいくろう》。家光に日本一の馬術の名人と賞され、全国に名をとどろかせた逸話が出世の石段の由来とか。愛宕神社が鎮座する山頂は、かつて東京湾や房総半島を見渡せたそうですが、木が茂り、ビルに囲まれていました。25・69mの3等三角点は地中で「三角点」の石標あり。NHK放送博物館を見学し、西側の階段を下山。統廃合された小学校跡地の南桜公園と桜田公園、山岳旅行社のアルパインツアーサービス本社前を通り、飲み屋街の誘惑に抗しつつ、新橋駅へ戻りました。

DATA

★**モデルコース**　新橋駅→20分→浜離宮庭園→園内散策40分→浜離宮乗船所→水上バス（東京都観光汽船）10分→日の出桟橋→20分→旧芝離宮庭園→園内散策15分→20分→増上寺本堂→10分→芝丸山古墳→30分→愛宕山→20分→新橋駅

★**歩行距離/時間**　8.5km／2時間55分

★**アクセス**　行き・帰り：東京駅→JR山手線・京浜東北線→新橋駅。※新橋駅は東京地下鉄銀座線、都営地下鉄浅草線、ゆりかもめも利用できる。

★**シーズン**　各公園などの桜は4月上旬、ツツジは4月下旬～5月上旬、新緑は4月上旬～5月なかば、紅葉は11月下旬～12月なかばごろ。浜離宮庭園は花畑の菜の花が2月下旬～4月上旬、コスモスは8月中旬～9月下旬。2月に梅、スイセン、4月下旬にボタンなど。

★**アドバイス**　もっと船に乗りたい人は浅草やお台場から浜離宮、日の出桟橋へ向かうとよい。アイランドカフェ。休憩室冷房。

★**立ち寄りスポット**　◎浜離宮恩賜庭園：9時～17時（16時30分、入園締切）、無休。300円。☎03-3541-0200。◎旧芝離宮恩賜庭園：開園は浜離宮庭園に同じ。150円。☎03-3434-4029。◎更科布屋：青柚子切り蕎麦は8月限定。9月は生姜切り、10月は菊切り・卵切り、11月は青海苔切り、12月は熟した実を使う柚子切りなど月毎に変わる。11時～20時40分ラストオーダー（土休日は変動）、無休。変わり蕎麦、天せいろなど。☎03-3436-3647。◎NHK放送博物館：ラジオ・TVの歴史や放送の仕組み、名番組のシーンや衣装など展示。9時30分～16時30分、月曜（祝日の場合翌日）休館。無料。☎03-5400-6900

★**問合せ**　港区観光協会 ☎03-3433-7355

★**取材メモ**　箱根山（P258）のほうが高いが、自然の地形で、地形図に山名が記され、三角点もあるという条件を満たす最高峰は愛宕山となる。港区芝公園の「平和の灯」は広島市の平和の灯、福岡県星野村の平和の火、長崎市の誓いの火を合わせ、港区の平和都市宣言20周年の2005年に設置。広島と長崎の原爆記念日、終戦記念日直後で、心を込めて合掌した。紅葉谷は工事で2020年2月まで立入り禁止だった。プライベートな職歴で恐縮だが、学生時代のアルバイト、サラリーマン時代の造園会社勤務時、浜離宮庭園、旧芝離宮庭園、芝公園で藤棚や垣根の工事、樹木調査をした。取材日：2010年3月22日、2019年8月18日ほか。

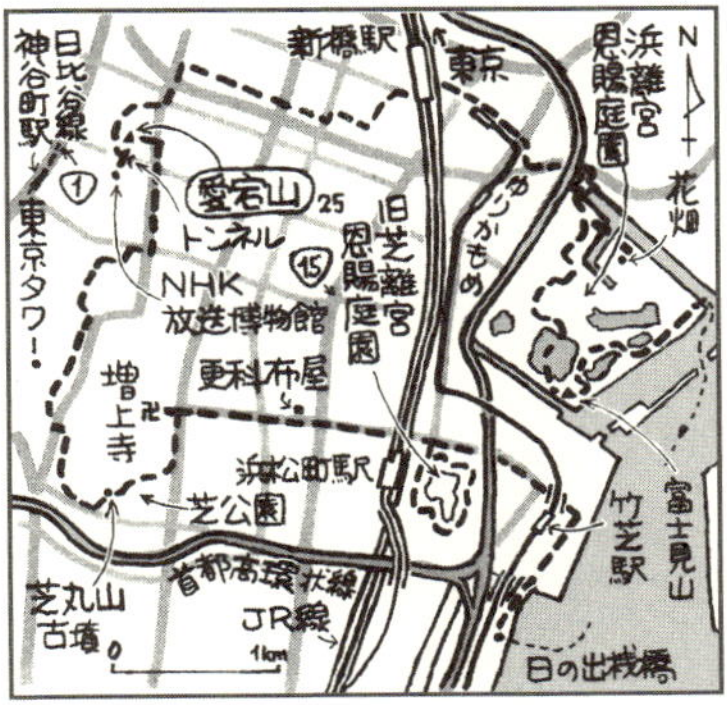

9月 2週

こども動物自然公園から物見山《ものみやま》へ

動物とふれあい、宇宙と歴史を感じるヒル・ウォーキング

歩 13km／3時間40分　135m
交 1時間42分／1400円（池袋駅から東武東上線）
適 通年

昼寝中のカピバラ

物見山は標高150mたらずの里山で、車にわずらわされることは少ないとはいえ、車道を歩く部分も多く、また、登山者にはあまり注目されないエリアにあります。でも、歩いてみれば、丘陵の登り下り、古刹や史跡もある行程は変化に富み、武蔵野の雑木林や田園風景も趣があります。さらに、埼玉県こども動物自然公園と地球観測センター、2つの立ち寄りスポットが、このコースをより楽しく、ユニークなものにしてくれています。付近は、毎年11月初めに行われている日本スリーデーマーチのフィールドでもあります。

高坂《たかさか》駅を出ると、すぐ高坂彫刻プロムナード。思想家、文筆家としても活躍した高田《たかた》博《ひろ》厚《あつ》氏の代表作マハトマ・ガンジー像など32体が並ぶ野外彫刻ギャラリーです。プロムナードを進み、関越自動車道を渡って、こども動物自然公園に正門から入ります。東京ドーム

上・こども動物自然公園と入口のモニュメント。左・人気のコアラは約10匹いて、毎年のように赤ちゃんが生まれているという

の10倍近い46haの広大な森林公園内に動物舎が点在し、起伏のある園路を隅々まで歩くと、ここだけで半日ウォーキングになるほどです。動物とふれあえることをコンセプトとしていて、カピバラ温泉、ポニー乗馬、乳しぼり体験などがある一方、ライオンや象、キリン、猿といった定番の動物はいませんが、種類は多く、人気のコアラやレッサーパンダ、稀少なマヌルネコやヤブイヌなど200種以上が飼育されているそうです。こども連れにはもちろん最適ですが、おとなにも楽しく、まったりした気分になれました。

こども動物公園を西門から出ると、すぐ上が物見山公園。ツツジの名所で、植え込みのなかを登っていくと物見山山頂、直下に埼玉ピースミュージアムがあります。第2次世界大戦の体験や平和の尊さを伝え、平和な社会に貢献することを目的とした埼玉県の施設で、展望塔は物見山山頂より12ｍも高く、関東平野や北関東の山々から富士山まで眺められます。物見山から北へ下り、県道を渡って正法寺《しょうほうじ》へ。岩殿観音《いわどの》とも呼ばれるとおり、周囲を岩壁に囲まれて建つ本堂に詣でたあと、西へ進むと巨大なパラボラアンテナが現れます。2010年、世界で初めて小惑星のサンプルを持ち帰った探査機はやぶさで一躍、脚光を浴びたJAXA（ジャクサ）国立研究開発法人宇宙航空研究開発機構の地球観測センターで、見学ができます。人工衛星から送られてくるデータは、ここで受信され、研究機関や大学に送られて、環境問題や災害監視、資源調査に役立てられています。と書くと、堅苦しい感じですが、データの画像やロケットの模型、大きな地球儀を使った地球の歴史解説などの展示、はやぶさのシミュレーターなど、こどもからおとなまで楽しめるものになっています。

地球観測センターの先で県道と別れて林道に入り、気持ちのよい雑木林を進んで、ふたたび舗装道路に出たところは鎌倉街道が越える笛吹峠《ふえふき》。切り通し道が街道の面影をよく残しています。鎌倉街道は鎌倉へ向かう道のことで、各地にありますが、この街道の北側、山裾には鎌倉幕府の重臣・畠山重忠《はたけやましげただ》の菅谷館、木曽義仲《よしなか》の父・源義賢《みなもとのよしかた》の墓や大蔵館跡などがあり、武将たちがしばしば往来したことは想像に難くありません。ちなみに、奥武蔵

物見山山頂一帯は緑豊かな公園で、約4万株のツツジが植えられた花の名所でもある。広場やベンチ、展望台などもあるので、木陰で休憩したり、ランチを楽しんだりするのにも好適だ

の武甲山《ぶこうさん》の近くにある妻坂《つまさか》峠は、鎌倉へ向かう畠山重忠を見送ったことが峠名の由来といわれますが、後世の創作のようです。南北朝時代の文和元（１３５２）年には、新田義宗《にったよしむね》が宗良親王《むねながしんのう》を奉じて越後で挙兵し、その最終決戦が笛吹峠の付近だったと伝わっています。戦に敗れた吉宗たちは越後に落ちのび、関東一円は足利尊氏《あしかがたかうじ》の配下となりました。敗退の陣営で、宗良親王が月明かりの下、笛を吹いたことから笛吹峠と名づけられたそうです。笛吹峠からは北へ下り、源義賢の墓などを見てゴールの武蔵嵐山駅へ向かいました。

　最後に、日本スリーデーマーチについて。オランダの田園都市ナイメーヘンの国際フォーデーマーチにならい、１９７８年から

上・坂東三十三観音の岩殿観音正法寺
中・さまざまな伝承が残る笛吹峠
下・バーベキューに人気の都幾川を渡って武蔵嵐山駅へ

始まったもので、各日、５～50㎞のコースを思い思いに歩き、毎年延べ10万人が参加。日本最大であり、世界的にも国際フォーデーマーチに次ぐ規模を誇っています。私は、ひとりか少人数で気が向いたときに歩くのが好きで、残念ながらスリーデーマーチに参加したことはありません。しかし、ウォーキングマガジン「ＷＡＬＫ」（山と渓谷社）の編集に１９８４年の創刊から１９８９年の休刊まで携わり、各地の公式大会に参加して、マーチングの楽しさは理解しています。ただぞろぞろと歩くだけのイベントでないことは、スリーデーマーチの名コピー「楽しみながら歩けば風の色が見えてくる」に象徴されています。

DATA

★モデルコース　高坂駅→30分→こども動物自然公園正門→園内見学30分→30分→物見山→20分→地球観測センター→40分→笛吹峠→40分→学校橋→30分→武蔵嵐山駅。

★歩行距離/時間　13km／3時間40分

★アクセス　行き：池袋駅→東武東上線川越特急48分→高坂駅。帰り：武蔵嵐山駅→東武東上線川越特急54分→池袋駅。

★シーズン　通年、楽しめる。4月中旬～5月中旬は雑木林の新緑、物見山公園では4月上旬ごろの桜、4月下旬ごろのツツジも。紅葉は11月下旬ごろ。冬の日だまりハイキングもよい。盛夏はやや暑い。

★アドバイス　高坂駅付近はコンビニや食事処が多いが、武蔵嵐山駅は乏しいので、逆コースのほうがよい場合も。物見山～笛吹峠は指導標が少ないので現在地やコースを確認して歩きたい。

★立ち寄りスポット　◎埼玉県こども動物自然公園：9時30分～17時（11月15日～2月10日は16時30分まで。各1時間前に入園締切）、420円。☎0493-35-1234。◎地球観測センター：10時～16時30分、不定休。無料。☎049-298-1200。◎埼玉県立嵐山史跡の博物館：菅谷館跡にあり、畠山重忠や埼玉県の中世の歴史を再現、展示。9時～16時30分（16時に入館締切）、月曜休館（祝日など開館）、100円。☎0493-62-5896。◎原爆の図丸木美術館：丸木位里・俊夫妻の原爆の図、水俣の図などを展示。9時～17時（季節変動あり）、月曜（祝日の場合翌日）休館（GW・8月1日～15日無休）。900円。☎0493-22-3266。

★問合せ　東松山市観光協会 ☎0493-23-3344、鳩山町北部地域等活性化推進室 ☎049-296-7887、嵐山町企業支援課商工・観光担当 ☎0493-62-0720

★取材メモ　毎回、こども動物自然公園と地球観測センターで時間をとり、ゴールが夕方となって嵐山史跡の博物館、原爆の図丸木美術館をまだ訪れていない。原爆の図は写真や遺品以上に、強く原爆のむごさ、非道さを訴えるもの。ほかでも書いたように、広島、長崎の原爆記念日の直後に、この本を書いている。あらためて向き合うため、再訪したい。取材日：2013年5月4日ほか。

地球の歴史やデータを解説する地球観測センターの展示

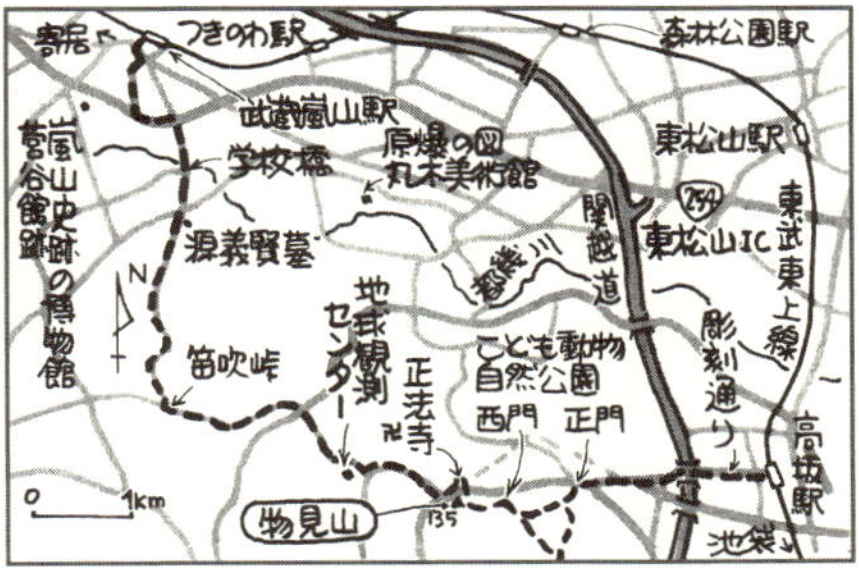

9月 3週

ヒガンバナの大群生地から日和田山《ひわださん》へ

500万本、日本一という巾着田から展望の低山に登る

歩 8・3km／2時間15分　305m
交 1時間50分／1080円（池袋駅から西武池袋線）
適 9月下旬（ヒガンバナ）、9月下旬〜5月

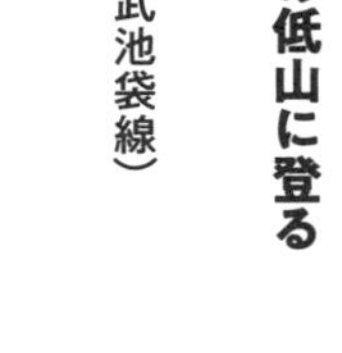
長く伸びためしべが特徴的なヒガンバナの英名はスパイダー・リリー

名前のとおり、ちょうど秋の彼岸の9月下旬に咲く彼岸花。別名の曼珠沙華《まんじゅしゃげ》は山口百恵さんの代表曲のタイトルでもあります（曲名の読みはマンジューシャカ）。各地の群生地には、山の行き帰りに寄れるところも多く、紅葉シーズン前の秋山に登る楽しみにもなっています。その中でも、総数500万本、日本一の規模といわれるのが巾着田《きんちゃくだ》です。カルチャースクールの講座で、すでに日程は決まっていたのですが、数日前に巾着田の公式サイトで開花情報をチェックすると、数日前にだいぶ咲き進み、有料入園期間に入ったということで、満足できる咲き具合になっていると考えられ、期待して出かけました。

巾着田は蛇行する高麗川《こまがわ》に囲まれ、巾着袋の形をしていることが地名の由来だそうです。巾着袋は主に布製で、口に通した紐を絞って使う伝統的な小物入れですが、現代でも素材

見渡す限り、赤く染まる巾着田のヒガンバナ群生地。ヒガンバナは、葉が3〜5月に枯れてしまい、9月にはまだ芽が出ていないので、花だけが群がって見えるのも特徴だ

にナイロンなどを使い、登山用のスタッフバッグに活躍していたりします。その巾着袋の縁にあたる高麗川の岸に沿って、ヒガンバナ群生地が広がり、おおざっぱにいうと上流が早咲き、下流が遅咲きエリア。中ほどの広場には、曼珠沙華まつり中、地場産品や軽食などの店が並びます。曼珠沙華まつりは開花期間を中心に2週間ほど行われ、取材した2018年は9月15〜30日でした。また、秋分の日の23日には、特産の栗と栗製品をプロモーションする栗フェスティバルが行われました。

　西武池袋線高麗《こま》駅から巾着田へ向かうと、道沿いの家々の軒先でヒガンバナの球根、野菜、草木の実のクラフトなどを商っていました。干魃《かんばつ》や洪水を鎮めるため、江戸時代に建立された水天《すいてん》の碑を経由する裏道では土手にヒガンバナが咲きそろい、期待が高まります。自生地に入ると、最上流部はほぼ満開。まだツボミもありますが、しおれかけた花も若干あり、ピークと思われました。下流へ進むと、未開花の株が目立つようになりますが、遠望するとほぼ真っ赤。広場手前の河原側も咲きそろっていました。ヒガンバナは春の桜のように大きく開花時期がずれることも、ツツジなどのように大きな当たり外れもないですが、年によって多少の変動はあります。この年はまずまずの当たり年で、上流と下流の咲き進み方の差が小さく思えました。全体の見ごろは例年1週間ほどなので、週末や休日は大変な賑わいとなります。ゆっくり見学したり、写真を撮ったりしたいなら、早朝に入園するのがベターです。駐車場も大混雑するので電車の利用がおすすめですが、2018年9月22～24日は日高市役所駐車場から無料のシャトルバスが運行され、こちらを利用するとスムーズと思われました。

高麗川に沿って散策してヒガンバナを観賞した後、巾着田の中央部を通って日和田山へ向かいました。コスモスの栽培は休止されていましたが、その手前にたくさん植えられているスイフヨウが見ごろでした。アオイ科フヨウ属の一日花で、朝、咲いた白い花が昼に

高麗駅前のモニュメントは朝鮮半島の村の入口に設けられた魔除けのトーテム・将軍標を模したもの

巾着田から日和田山を見上げる

岩登り気分を楽しめる男坂の登り

はピンクがかり、夕方には紅色に変わることから酔芙蓉と名づけられたものです。

日和田山の登山道に入り、ひと登りすると男坂と女坂に分かれます。男坂は岩があって急、女坂は少し遠回りですが、なだらかで難所はありません。希望により、それぞれの2パーティに分かれて登り、山頂の手前、金《こ》刀《と》比《ひ》羅《ら》神社下の露岩で合流しました。ここは展望がよく、足もとに巾着田が箱庭のように眺められ、都心方面から富士山、丹沢《たんざわ》、奥多摩の山々を見渡せます。当日、東側は晴れていて、東京スカイツリーはよく見えましたが、丹沢がうっすら、奥多摩は頭を雲に隠している状態で、富士山は全く見えませんでした。

大きな宝篋印塔《ほうきょういんとう》が建っている日和田山山頂は木立

日和田山金刀比羅神社下の露岩は、このコース一番の展望地点。見下ろすと、蛇行する高麗川に囲まれた巾着田の地形がよくわかる。左手には都心方面、右手には丹沢〜奥多摩などの山々も眺められる

に囲まれていますが、都心方面は開けた広場になっています。ここで昼食をとり、下山しました。物見山への縦走コースもありますが、時間がかかるので、高麗駅へ戻ります。男坂・女坂を帰る人が多いですが、違う道から帰りたいので、富士見の丘コースを下りました。日和田山から物見山方面へ向かい、富士見の丘方面の指導標に従って尾根をそれて、南へ下ります。枝尾根を下り「男岩・女岩」の指導標で左の谷へ。斜面を下ると、クライミングのゲレンデとして利用されている男岩・女岩の基部に着きます。ここから谷間の道を下り、車道に出て左へ進んで往路に合流し、高麗駅へ戻りました。ちなみに高麗の地名は奈良時代、朝鮮半島の高句麗《こうくり》からの帰化人たちが住んだことが由来で、優れた土木力で巾着田を開いたそうです。高麗王若光《じゃっこう》を祀る高麗神社や聖天《しょうでん》院《いん》を巡る高麗の里ウォーキングコースもあります。

DATA

★モデルコース　高麗駅→15分→高麗本郷交差点→巾着田一周30分→高麗本郷交差点→男坂・女坂経由45分→日和田山→富士見の丘コース45分→ 高麗駅

★歩行距離/時間　6.2km／2時間15分

★アクセス　行き・帰り：池袋駅→西武池袋線快速急行55分→高麗駅、または池袋駅→西武池袋線急行50分→飯能駅→西武池袋線各駅停車7分→高麗駅。※快速急行は土休日の朝夕運行。東飯能駅でJR八高線から乗り換えることもできる。

★シーズン　花期はヒガンバナが例年9月下旬。スイフヨウは盛夏～10月ごろと長い。4月上旬の巾着田は桜と菜の花の競演が美しい。日和田山の新緑は4月上旬～5月中旬でゴールデンウィークごろはヤマツツジが咲く。紅葉は11月中旬～下旬。冬の日だまり、展望ハイキングにも好適。

★アドバイス　男坂は岩場といっても階段状で、子どもが冒険気分で登れるようなところだが、不安があれば女坂を登るのが無難。下りにとると難度が上がる。富士見の丘コースは、指導標、登山道とも整備されているが、男坂・女坂より道が細い。物見山への縦走コースは奥武蔵自然歩道でよく整備されている。日和田山→45分→物見山→30分→北向不動→35分→五常ノ滝→25分→西武池袋線武蔵横手駅。高麗の里は巾着田から一周1時間40分。

★立ち寄りスポット　◎巾着田：7時～17時。曼珠沙華まつりは9時～16時30分、無休。300円(開花期間外は無料)。巾着田管理事務所 ☎042-982-0268。阿里山カフェ：高麗本郷交差点のお洒落なオーガニック&ベジタリアンカフェ。11時30分～18時（曜日により変動あり)、火・水曜定休。阿里山ミックスベジタブル丼1250円、ベジバーガープレート1400円など。☎042-982-4823

★問合せ　日高市観光協会（日高市産業振興課)☎042-989-2111

★取材メモ　取材日は平日だったが人出が多く、賑やかだった。日和田山の山野草は花が少ない時期でヤブラン、コウヤボウキ、ヤマジノホトトギスなど見られた程度だった。高麗駅のホームに上がると、前々月の鳩ノ巣渓谷でも会ったライターの西野淑子さんの姿が。鳩ノ巣渓谷と同じく、西野さんもカルチャースクールの引率で、以前に山で出会ったことはなく、連続の遭遇にびっくりだった。取材日：2017年9月29日、2018年9月18日ほか。

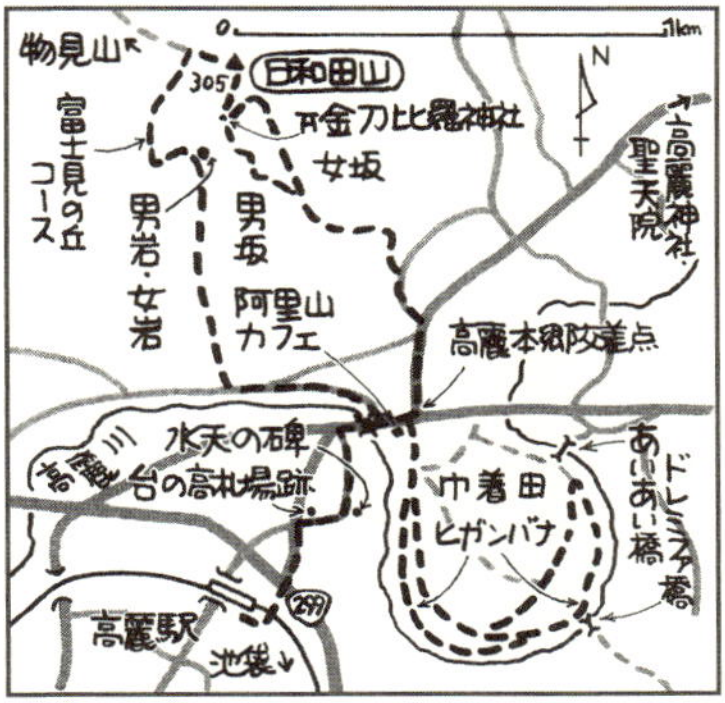

9月 4週

衣《きぬ》笠《がさ》城跡から大《おお》楠《ぐす》山《やま》、前田川遊歩道

東京湾と相模湾を見渡し、コスモス畑が広がる三浦半島最高峰へ

歩 8.2km／3時間40分　標 241m
交 2時間25分／1820円（品川駅からJR東海道本線、横須賀線など）
適 9月上旬～10月上旬（コスモス）、3月中旬～4月下旬（菜の花）、10月～6月

大楠平に咲くコスモス

海のレジャーのイメージが強い三浦半島ですが、内陸部には丘陵が連なって、手軽な山歩きのフィールドでもあります。その最高峰が大楠山。標高241mに過ぎませんが、最高峰だけに、たっぷり歩けるコースもあり、最も長く、充実しているのが衣笠山公園からのもの。2014年10月～2020年3月、中ほどの丘陵上で横須賀の不燃ごみ減容固化施設建設中のため、一部、通行止めで迂回路が設定されています。三連休の中日だけが晴れたので、大楠平のコスモス観賞と迂回路周辺の踏査を兼ねて、出かけてきました。迂回路を歩いた感想ですが、一度、里へ下る分、少し遠回りですが、景色の変化があり、阿部《あべ》倉《くら》登山口から谷沿いの道を歩いたり、オプションで横須賀しょうぶ園に寄れる楽しみがありました。通行止め解除後も、季節や好みで迂回路を利用するのも大いにアリです。

上・大楠山山頂は広場になっていて、大人数でもゆっくり休憩できる。左・大楠山山頂の展望塔に登ると富士山や海の眺めが広がる

今回の計画ですが、まずは衣笠山から大楠山へ向かうか、逆コースとするかの選択です。衣笠山付近は市街地が近く、途中で横浜横須賀道路（横横道路）へ出たり、小さな登り下りを繰り返したりします。一方、大楠山は全体に樹林に覆われて自然が豊か。最高峰だけに展望も優れているし、下山は下り一方でバス停に着けます。市街地から、徐々に山へ入り、自然をたっぷり楽しんで下山、という展開が好ましく、衣笠山スタートにしました。

衣笠駅から活気あふれる衣笠大通り商店街を通り抜けます。感じのいい食事処があり、早めのランチを楽しむのもよさそうです。横須賀線のガードをくぐって「ハイキングコース入口」の指導標で右へ入

※工事中だった横須賀市不燃ゴミ減容固化施設(横須賀ごみ処理施設エコミル)は2020年3月完成。本来のコースを通行できるようになったが、迂回コースも利用できる。

ると、すぐ山道。指導標の先で車道を登っても衣笠山へ行けますが、こちらの自然な山道がおすすめです。道なりに登って衣笠山公園に入り、春は花見で賑わう上の広場へ。コンクリートの展望台に登って、横須賀方面や東京湾を眺めてから、ハギが満開の園路を衣笠山へ向かいます。鉄骨とコンクリート製の展望台が建つところが衣笠山で、山頂標識に隠れるように三等三角点が設置されています。展望台では、先の展望台で見えなかった三浦アルプスを眺められ、横須賀方面の展望もこちらが優れています。

擬木の木段を大楠山方面へ下り、車道に出たら、東へ少し進んで「三浦縦貫道衣笠入口」信号を渡り、目の前の階段を登ります。樹林の尾根道から左へ巻いて下ると衣笠城跡。衣笠城は、平安末期〜鎌倉時代、一帯を治めていた三浦氏の本拠地とのこと。広場下に建つ大善寺《だいぜんじ》の下で西へ向かう細い車道を進むと、ふたたび山道となり、山腹を巻いていきます。短い石段を下り、横横道路の歩道橋を渡るのが本来のコースで、車道を少し歩いたあと山道に入り、樹林の尾根を歩いて大楠山へ向かいますが、取材時は右手の迂回路へ。

歩道橋から数分歩き、ヘアピンカーブを描く林道に出たところで、迂回路の案内板に従い、林道と別れて山道に入ります。ひと下りではっきりした道となり、車道に出て、横横道路の横須賀PA裏を通り、畑や住宅が広がる高台に出ます。目の前の高台の広い車道の下を横断歩道を渡って左折。トンネルをくぐり、すぐ右の細い道に入って、再び横横道路を

大楠山山頂の展望塔から北側の眺め。ランドマークタワー、マリンタワーなど横浜の建物群、港や八景島などがよく見える。手前の丘陵は三浦アルプスで、右寄りの最も高いピークは三浦アルプス東端にあり標高205mの畠山

くぐれば、あとはわかりづらいところはありません。横横道路沿いに北西へ進み、最初のガードをくぐると阿部倉登山口です。少し沢沿いに進んで山腹を登り、尾根に出ると、本来のコースに合流。ゴルフ場のフェンスに沿って歩き、230段の階段を登ると大楠山山頂に飛び出します。

山頂は明るい広場で、のんびり休んでいきたいところ。西側の展望塔に登ると、横須賀港や猿島《さるしま》、横浜のビル群など、これまで以上によく見えます。東京湾を隔てた房総の山々、さらに太平洋と大島なども眺められましたが、富士山は雲に隠れていました。西へひと下りの大楠平には国交省のレーダー雨量観測所が建ち、こちらにも展望台があります。観測所北側は花畑で、コス

流れに沿って歩ける前田川遊歩道

冬に大楠山の展望塔から見た富士山

コスモスが咲き誇る大楠平の花畑

モスが見ごろ。台風で傷んだのか、例年よりまばらでしたが、ピンクや白の花がかわいかったです。春は菜の花畑となり、前後して河津桜や桜が咲きます。

下山は前田橋コースへ。しばらく尾根沿いに下って、里に出ると前田川に出合います。橋の手前で川に下りると、前田橋バス停の手前まで、川の中の遊歩道を歩けます。前半は両岸が迫ってせせらぎが見られますが、後半は谷が開けて明るくなり、流れもゆったりして、海が近いことが感じられるなど、短い距離で変化があって楽しいです。山道で咲いていたのは、ヤブミョウガ、ヤブラン、ヒガンバナなどのほか、ツリガネニンジン、オトコエシなど晩夏〜秋の花を見られました。

DATA

★モデルコース　衣笠駅→40分→衣笠山→40分→衣笠城址→1時間20分→大楠山→1時間→前田橋。※本コースの経路・歩行時間を記載。迂回コースは衣笠城址→30分→坂本芦名線ガード→1時間→登山道入口→40分→大楠山

★歩行距離/時間　8.2km／3時間40分。※迂回路経由は10km、4時間30分

★アクセス　行き：品川駅→JR東海道本線30分→戸塚駅→JR横須賀線45分→衣笠駅。※東海道本線から横須賀線へ大船駅でも乗り換えられるが、戸塚駅は同じホームで好都合。帰り：前田橋→京急バス20分→新逗子駅→京急逗子線・本線急行30分→横浜駅→東海道本線20分→品川駅。※バスは約10分ごとにあるが、渋滞しがち。バス終点の逗子駅から横須賀線でも帰れる。また、横浜駅から品川駅まで京急本線を利用してもよい。

★シーズン　コスモスは9月上旬～10月上旬。菜の花は3月中旬～4月下旬。河津桜は2月下旬前後、桜は4月上旬。新緑は4月上旬～5月中旬。紅葉は11月下旬～12月上旬。横須賀しょうぶ園の14万株のハナショウブは6月。ほかにも桜、シャクナゲ、バラ、アジサイなど季節折々に花を楽しめる。

★アドバイス　スタートは京急線横須賀中央駅などから京急バスを利用する衣笠山公園バス停でも。行程を短縮したければ、前田橋から逆コースで登り、車道を大楠登山口バス停へ下るとよい。前田橋→1時間40分→大楠山→1時間10分→大楠芦名口、4.8km。2時間50分。展望台下に飲みものや菓子の売店あり。

★立ち寄りスポット　◎横須賀しょうぶ園：9時～17時（5月～8月は19時まで）。月曜・祝日の翌日休園（4月～6月は無休）。無料（4月～6月は310円）☎046-853-3688。

★問合せ　横須賀市観光協会 ☎046-822-8256、京急バス ☎046-873-5511

★取材メモ　小著『関東周辺 週末の山登りベスト120』（2015年版）は迂回路未記載、『関東周辺 週末の山登りベスト160』（2021年版）は記載。横横道路歩道橋の先、林道のヘアピンカーブから山道への入口が、夏でヤブに隠されていてわかりづらかった。取材日：2018年9月23日、2019年3月8日ほか。

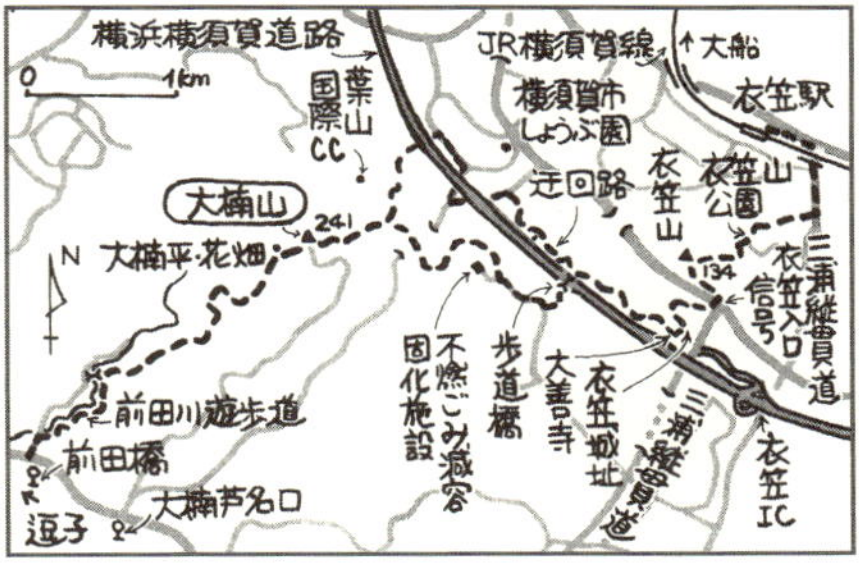

10月 1週

石垣山《いしがきやま》で人と自然の歴史にふれる

46億年の地球の歴史や400年前の日本史に思いをはせる

歩 5.7km／2時間5分 ⛰ 262m
交 2時間20分／2910円（品川駅からJR東海道本線など）
適 10月（一夜城まつり）、10月～5月

　この本で紹介した山には、山頂に城跡、それも鎌倉時代から戦国時代にかけての中世山城が5山と多めに入っていますが、意図して選んだわけではありません。山城は、地理的に敵の侵攻を妨げる要衝となるし、地形を利用して守りを固めることもできます。高いところにあるので、見張るにも好都合です。そうしたことから、人里を遠く離れた高い山ではなく、その土地の主要な地点に近い低山に多く造られ、この本で取り上げた、関東平野周縁部の低山とオーバーラップしています。戦国時代には、関東を支配した北条氏の支城が各地にある一方、北条氏の侵攻に備えて築かれた城も多くあります。

　石垣山も、山頂に石垣山一夜城《いちやじょう》跡がありますが、前記の山城と大きく異なり、守備ではなく攻撃のために、その土地ではなく、他所の有力者によって造られたものです。具体的

本丸跡の東、小田原市街側の一段下の二ノ丸（馬屋曲輪）跡は本丸跡と並んで最も広い。相模湾に臨み、秘められた激動の歴史と対照的に、明るく穏やかな広場になっている

には、1590（天正18）年、豊臣秀吉が小田原城攻めのために築いた石垣積みの城で、石垣山の山名の由来にもなっています。石垣山は小田原駅の西、東海道本線と箱根登山鉄道の間の低山で、箱根の入口にあります。城跡は国の史跡に指定、一帯は石垣山一夜城歴史公園として整備され、例年、10月に一夜城まつりが行われます。私は参加したことはありませんが、ここで秀吉が催したという茶会をモチーフとした天下人茶会体験、和太鼓演奏、豊臣・北条の甲冑《かっちゅう》対決、記念撮影会など、多彩なイベントで賑わうそうです。石垣山の魅力は、城跡のほかにも数多く、私的には神奈川県立の生命の星・地球博物館、次いで小田原漁港の海鮮グルメが双璧。ほかに一夜城ヨロイヅカ

ファームや鈴廣《すずひろ》かまぼこの里、小田原温泉八里の立ち寄り入浴、箱根寄木細工の本間美術館などがあります。季節折々の風情も魅力的で、ミカンがなる秋から梅が咲く早春の日だまりハイキングが楽しみです。

スタートは早川駅。一夜城へ戦いに行くわけではありませんが「腹が減っては戦ができぬ」の諺《ことわざ》に従い、まずは東側すぐの小田原漁港にある魚市場食堂へ。相模湾で獲れたばかりの新鮮な地魚を使った刺身定食をいただいて、石垣山へ向かいました。国道135号を小田原方面へ進み、最初の東海道本線ガードをくぐって、すぐ左へ。魚藍観音《ぎょらんかんのん》像が海に向かって立つ東善院《とうぜんいん》、すぐ北側の海蔵寺《かいぞうじ》に詣でます。海蔵寺には、小田原城攻めに出陣中、病死した秀吉側の武将・堀秀政《ほりひでまさ》の墓、国天然記念物のビランジュ（バクチノキ）の大木があります。バクチノキとはすごい名前ですが、樹皮がぼろぼろ剥がれる特徴を、博打に負けて身ぐるみ剝がされことに見立てて名づけられたと言われています。

海蔵寺から登りとなります。オレンジに色づいた実がなっているミカン園が暖地らしい斜面の車道を、背後に相模湾を眺めて登っていくと、石垣山一夜城歴史公園入口に着きました。公園に入ると、すぐ石垣が現れます。築いた石工集団は、秀吉が近江（滋賀県大津市）から連れてきた穴太衆《あのうしゅう》です。堅固な総石垣の城を一夜にして築城したように見せて、北条氏の戦意をくじいたことから一夜城と呼ばれたそうで、大変な突貫工事だったことが

本丸（本城曲輪）跡の広場。東側に展望台がある

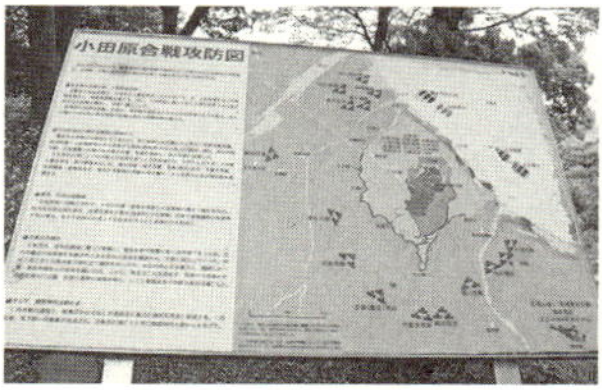

展望台の小田原合戦攻防図

穴太衆による野面積みの石垣

感じられました。芝生が広がる二ノ丸跡から本丸跡に登ると、東側の展望台から小田原城や海岸が眺められます。秀吉軍勢の布陣を記した小田原合戦攻防図もありました。秀吉軍は陸海合わせて総勢15万人に上ったそうで、天下分け目の決戦に臨んだ秀吉の意気込み、戦国時代の終焉と秀吉の全国統一の幕開けとなった合戦に、しばし思いをはせました。

石垣山山頂の天守台跡から南へ下り、車道に合流して道なりに進むとターンパイク箱根を陸橋で渡ります。陸橋から10分ほどの分岐を左へ下り、ヘアピンカーブを繰りかえした後、谷に沿って下ると、城の石垣石、小さな梅林や茶畑が現れ、早川を渡ると入生田《いりうだ》駅はすぐですが、左手に建つ生命

生命の星・地球博物館の骨格標本は、古代生物の大きさを体感できるとともに、生きていたときの姿が目に浮かぶような展示が秀逸。実物を触れる隕石、地球最古とされる38億年前の礫岩など地学の展示も興味深い

の星・地球博物館に入ります。名前のとおり、46億年にわたる地球の歴史を、アンモナイトの化石が入った地層、恐竜の骨格などの実物標本中心の展示で体感できるのが素晴らしい。「神奈川の自然を考える」の展示では、足もとの箱根や丹沢の山がどのように生まれたかの解説に、山への興味、理解が深まりました。一方「自然との共生を考える」の展示では地球規模での環境問題、私たちの課題がよくわかり、未来へ向かう地球の歴史も見えてきました。

400年あまり前の、この地での日本史のシーン、その千万倍の遠い過去からの地球の歴史に思いを巡らせ、時空を駆け巡った山歩きでした。

DATA

★モデルコース　早川駅→15分→海蔵寺→50分→石垣山→30分→城石垣の石→30分→入生田駅

★歩行距離/時間　5.7km／2時間5分

★アクセス　行き：品川駅→JR東海道本線快速1時間10分→早川駅。※新宿駅から小田急線で小田原経由のルートは1時間45分。小田原駅は新幹線、特急踊り子も停車。帰り：入生田駅→箱根登山鉄道10分→小田原駅→東海道本線快速1時間5分→品川駅

★シーズン　一夜城まつりは例年10月の第3日曜に開催。小田原漁港では5月第2日曜に小田原あじ・地魚まつり、8月第1日曜に小田原みなとまつりも。10～12月はミカンが実り、1月下旬～3月下旬はツバキ、2月上旬～下旬は梅、4月は公園内のシャガ、5月上旬～中旬ごろはミカンなどの花が咲く。新緑は4月上旬～5月中旬、紅葉は11月下旬～12月上旬。

★アドバイス　逆コースも支障ないので、食事を下山後にしたい場合など、立ち寄りスポットを考えて行程を組める。魚市場食堂は閉店が早いが、付近には夜まで営業している海鮮の食事処が複数ある。

★立ち寄りスポット　◎一夜城ヨロイヅカファーム：地産地消を目指すレストランとスイーツの店。10時～18時、火曜定休(変動あり)。ケーキ・ドリンクセット1000円など。☎0465-24-3150。◎魚市場食堂：10時～15時、水曜と市場の休業日定休。刺身定食、金目煮定食、アジたたき定食など。☎050-5590-0693。◎生命の星・地球博物館：9時～16時30分(入館は16時まで)、月曜(祝日の場合翌日)休館・不定休あり。520円。☎0465-21-1515。◎鈴廣かまぼこの里：かまぼこの老舗・鈴廣の経営で、かまぼこ博物館、売店、箱根ビール、地産地消バイキングなど5つの食事処がある。売店は9時～18時、食事処は11時～17時(ラストオーダー16時)、曜日などで変動あり、無休。☎0465-22-3191

★問合せ　小田原市観光協会 ☎0465-22-5002

★取材メモ　秀吉の小田原攻めで八王子城(P102)の北条氏康は小田原へ加勢。その間に八王子城が猛攻を受け、落城したことを思い、戦国の歴史をよりダイナミックに感じられた。取材日：2004年10月14日、2014年4月12日ほか。

魚市場食堂の刺身定食

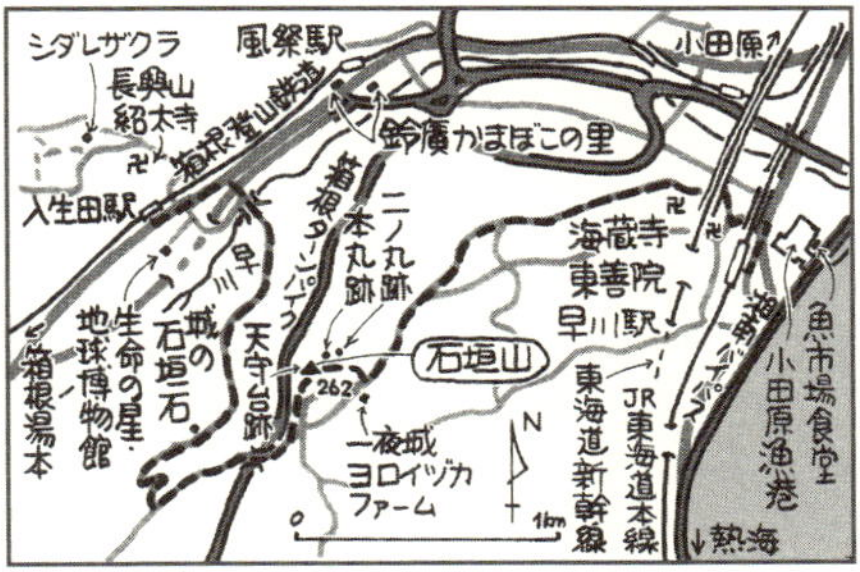

10月2週

日比谷公園から皇居

数寄屋橋で西洋式公園第1号の都市公園から壮大な江戸城跡へ

歩 7・2km／2時間5分　山 30m（皇居内天守台）
交 2分／140円（東京駅、JR山手線・京浜東北線）
適 通年

江戸の中心で現代の都心。天皇陛下のお膝もとです。山は、日比谷公園にある三笠山ともみじ山が、どちらも標高10m未満。皇居の紅葉山や大内山《おおうちやま》は標高30m近いそうですが、宮内庁内で通常、立ち入り不可。しかし、一般公開されている東御苑に29・6mの三角点があるのです。今回のコースは日比谷公園から東御苑への縦走に決定。

高所といえば「日本でいちばん高い駅はどこ？」というなぞなぞがありました。ちょっと詳しい人なら「JR小海線の野辺山《のべやま》駅」と即答するでしょうが、答は東京駅。「すべての列車が上りだから」だそうです。その東京駅をゴールに、有楽町駅からスタートします。銀座口からすぐの数寄屋橋《すきやばし》公園は、皇居の外堀に架かっていた数寄屋橋があったところ。アニメ映画ではなく、1952〜54（昭和27〜29）年、NHKラジオで放送され大人気だ

皇居外堀にあった数寄屋橋の碑

第二花壇のバラ花壇から
大噴水と小音楽堂

←ちょっとした岩山の
三笠山

ったというドラマ「君の名は」の重要な舞台です。首都高八重洲《やえす》線の建設で外堀が埋め立てられ、橋は撤去。公園の一角に橋の石材を使った数寄屋橋の碑が建てられ、「君の名は」の作家・菊田一夫氏の筆で「数寄屋橋 此処に ありき」と記されています。その奥、ミニ太陽の塔のような時計塔は岡本太郎氏による「若い時計台」です。

首都高八重洲線をくぐり、有楽門から日比谷公園に入ると、江戸城の堀の名残の石垣と心字池があります。公園の敷地は江戸時代に大名の上屋敷、明治に入り、陸軍の練兵場を経て、1902(明治35)、日比谷公園が開園します。

太政官布達《だじょうかんふたつ》で1873（明治6）年に誕生した日本初の公園、上野公園や飛鳥山《あすかやま》公園は、それまでの敷地や設備を引き継ぎ、本格的な西洋式公園としては日比谷公園が東京で最初のものです。

バンガロー建築の旧日比谷公園事務所、小音楽堂、テレビドラマやCMによく登場する大噴水がある広場を見て第二花壇へ。私は20代、造園会社に勤務し、今も第二花壇の南端にある大きなソーラー時計、第一・第二花壇のバラ花壇の工事、芝刈りなどの現場監督をしていました。当時、管理事務所の方からあれこれ聞いたなかで「1964年の東京オリンピック前まで第二花壇は砂利敷きの広場で、1954～57年に東京モーターショーが開かれていた」という話は驚きでした。それだけ小規模だったのかと思いきや、出品車数は191～268台。入場者数は現在と同じ10日間前後の会期で約53万～78万人。データがある最近の3回は東京ビッグサイトが会場で402～426台、81万～90万人。倍まで違わないのは意外でした。在籍時、ロータリークラブによる樹名札寄贈の計画がありましたが、樹木の台帳がなく、管轄の東京都南部公園緑地事務所が、調査を含めて私を推薦してくださいました。調査の結果、種類数はちょうど200。カナダの国旗に描かれているサトウカエデをはじめ、アーモンド、ブナなど都内の公園では見かけない木もありました。

当時を思い出しながら、野外音楽堂でUターン。雲形池からつつじ山、三笠山を登り、

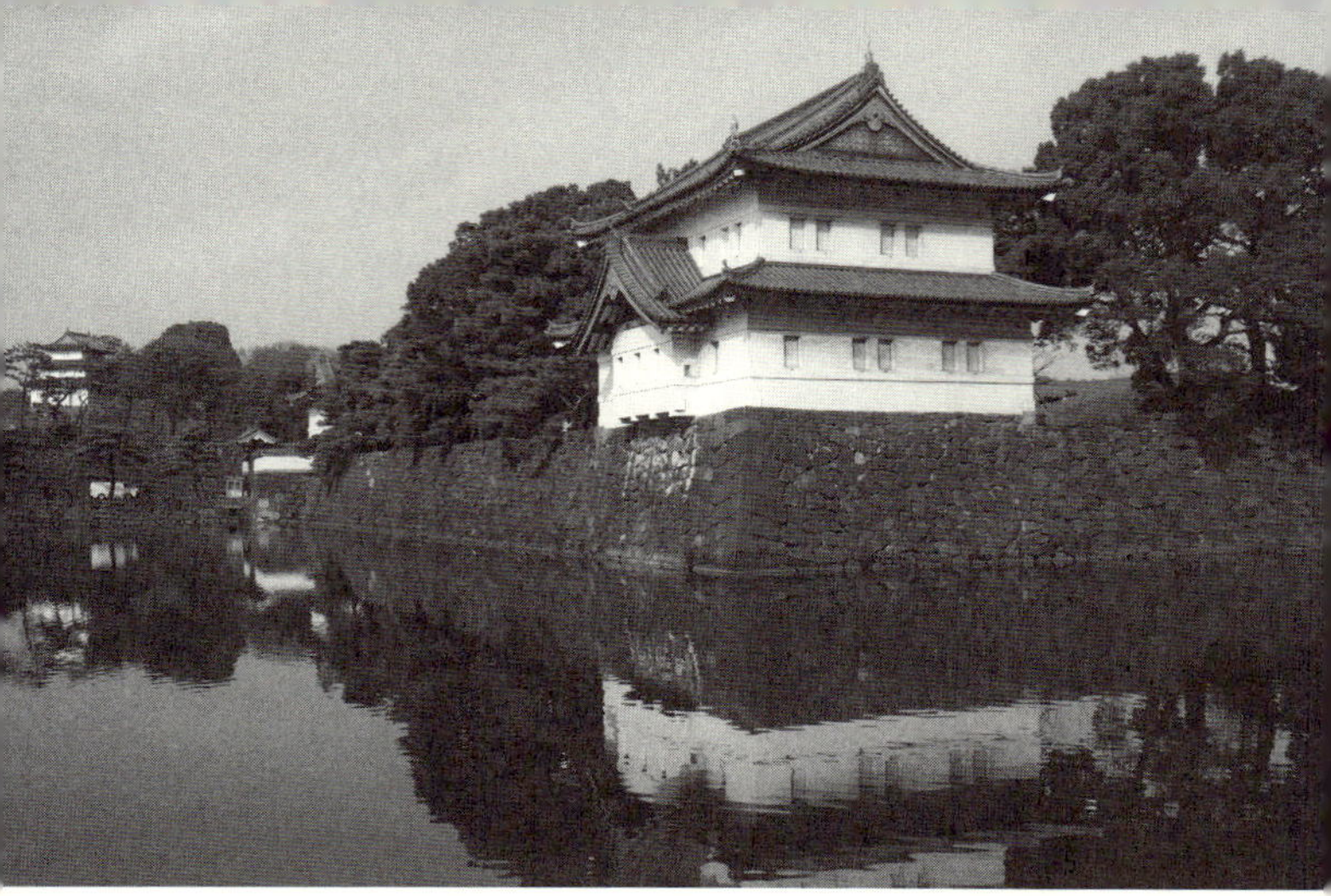

美しい姿を桔梗濠に映す桜田巽櫓。左後方には桔梗門、富士見櫓も見える

祝田門《いわいだ》を出て、枡形門の遺構が残る桜田門から皇居へ。ここは幕末に大老・井伊《いい》直弼《なおすけ》が殺害された桜田門外の変でも有名ですね。

二重橋を見て皇居前広場を横切り、大手門から東御苑に入ります。右手の三の丸尚蔵《しょうぞう》館では宮内庁が所管する若冲の作品などの文化財などが保存、展示されています。同心番所先の広場から本丸に登ると大芝生が広がります。宮内庁側の外周をたどると、富士見櫓、富士見多聞《たもん》の建物、「忠臣蔵」の松の大廊下跡、茶畑、古墳のような石室、大奥跡などが現れます。本丸北端の天守台は、そびえると表現したくなる堂々としたもの。さっそく登って三角点を探すと、柵の外で間近に確認できませんが、南東側に御影石の平板が置かれていました。実は天守台には隠れ測量点がもうひとつ。石垣の北東側基部

天守台も高さ11m、東西41m×南北45mほどもある壮大なものだ

に線刻で「不」の字に似た記号が記された几号《きごう》水準点で、明治初期のイギリス式測量によるもの。記号は測量用の平板に脚を付けた形を表し、椅子のベンチに似ることからベンチマークと呼ばれ、パソコンの処理能力の目安であるベンチマークの由来でもあるそうです。

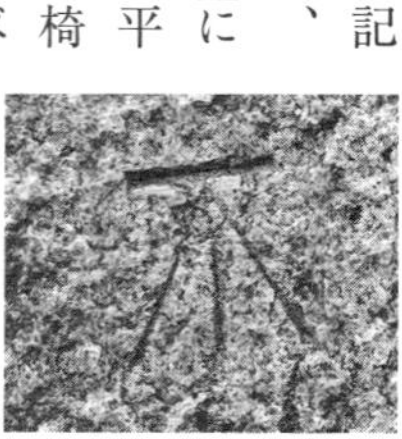
貴重な几号水準点

　梅林坂を下り、大名、茶人でもあった小堀遠《こぼりえん》州《しゅう》が寛永7（1630）年に造った二の丸庭園へ。池泉回遊式庭園が復元され、池を囲む園路を進むほどに変化する景観を楽しめます。周囲には武蔵野の植物も見られる雑木林、都道府県の木の森もあり、植物好きには魅力的です。二の丸庭園から同心番所に戻り、大手門を出て丸の内仲通りを散策し、東京駅へ向かいました。

DATA

★モデルコース　有楽町駅→10分→日比谷公園有楽門→園内散策40分→日比谷公園祝田門→20分→皇居大手門→20分→天守台→20分→大手門→15分→東京駅。

★歩行距離/時間　7.2km／2時間5分

★アクセス　行き：東京駅→JR山手線・京浜東北線2分→有楽町駅　帰り：東京駅で乗車

★シーズン　四季を通じて楽しめるが、桜が咲く4月上旬、新緑の4月上旬〜5月上旬、バラが咲く5月と10月、紅葉の11月下旬〜12月上旬ごろはとくに楽しめる。日比谷公園では水曜昼、小音楽堂での警視庁水曜コンサート、5月下旬のオクトーバーフェストなどイベントも。

★アドバイス　日比谷公園、皇居の周囲には地下鉄の駅も複数あるが、有楽町駅、東京駅から地上の景色を楽しみながら歩くのがおすすめ。日比谷公園内には松本楼などのレストランがあるが、皇居内や周辺は食事処に乏しいので、弁当を用意していくことも考えよう。

★立ち寄りスポット　◎皇居東御苑：9時〜16時30分（季節により変動。30分前に入園締切）、月・金曜（月曜が祝日の場合翌日）休園。無料。☎03-3213-1111（宮内庁）。※三の丸尚蔵館も上記に準じるが、閉園の15分前に閉館。展示替えの休館あり。

★問合せ　千代田区観光案内所☎03-3556-0391、千代田区商工観光課☎03-5211-3650

★取材メモ　皇居〜東京駅の経路で丸の内仲通りを歩くのがお気に入り。三菱地所など地権者の努力で主要道としては日本で最初に電柱が撤去。街路樹や彫刻、季節のイルミネーションなどが美しく調えられ、通りに面した店は落ち着きのあるたたずまいを見せ、美術館などもあって、楽しく歩ける。取材日：2018年11月17日、2019年2月7日ほか。

丸の内仲通り

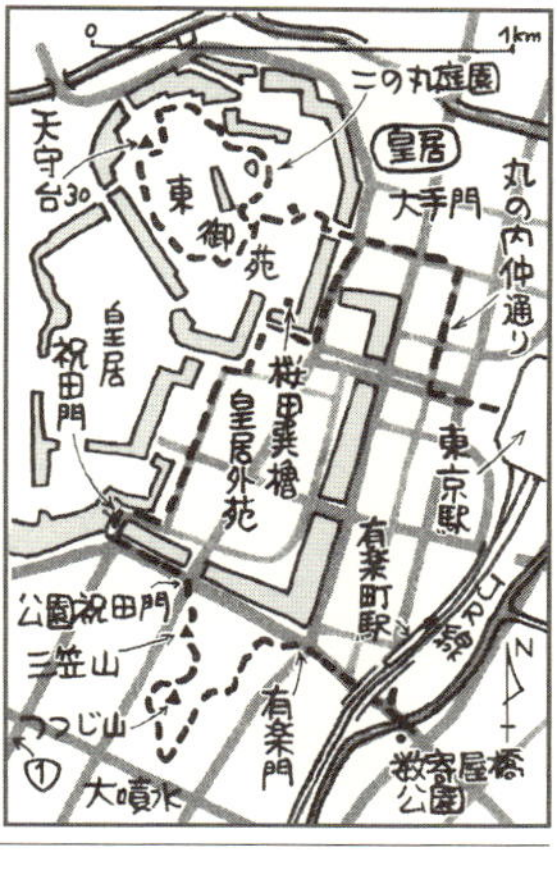

10月 3週

生《いく》田《た》緑地ばら苑から枡《ます》形《がた》山《やま》や谷《や》戸《と》田《だ》を巡る

多摩丘陵の自然が保全された雑木林を散策し、文化にふれる

歩 5・7km／1時間55分 へ 84m
交 54分／730円（新宿駅から小田急線など）
適 5月中旬～下旬・10月中旬～11月初め（バラ）、通年

やわらかい黄色のサンシルク

駅名になっている向ヶ丘《むこうがおか》遊園は２００２年に閉園し、その面影はありません。しかし、全国指折りのばら苑は閉鎖が惜しまれ、生田緑地の施設となって、春と秋に公開されています。駅からのアクセスロードにも様々なバラが植えられて、期待が高まります。ドラえもんなどの銅像があるのは、藤子・F・不二雄ミュージアムへのアプローチだからでもあります。

生田緑地がある多摩丘陵は、高度経済成長時代、急速に宅地化、市街地化が進んで変貌しましたが、それ以前は雑木林に覆われ、平坦地には畑や集落が見られる里山が広がっていたそうです。今も随所に緑地が保全されて、かつての姿をとどめ、さらには新たな魅力が付け加えられているところも。中でも川崎市の生田緑地は広さでも施設でも第一級。広さは公開エリアだけで東京ドームの約20倍、95・5ha。未公開エリアを含めると、その倍

生田緑地ばら苑には大輪、中輪、つるバラなど約800種類、3300株が植えられ、手入れが行き届いて、花付きもよく、全国屈指のバラ園となっている

近い179・3haという広大さです。ばら苑以外の施設も日本民家園、かわさき宙《そら》と緑の科学館、岡本太郎美術館など充実したもの。さらに、日本民家園では正月、七夕など季節の行事を再現、古民家を蕎麦処に活用し、隣りの伝統工芸館で藍染め体験も。梅林、桜並木、ハナショウブ園、ツツジ山、アジサイ山など、バラ以外にも様々な花を楽しめます。多摩丘陵の自然は、コナラ、クヌギなどの雑木林を主とした自然林が保全され、湧き水が流れる谷戸にはホタルの里、水生植物観察池など、環境に合わせた整備がされています。施設の維持や管理、企画に多くの市民グループが携わっているのも素晴らしいです。

生田緑地の最高地点が枡形山で、山頂の

展望台に登ると関東一円の山々や市街地を見渡せます。山頂は平坦ですが、周囲の急峻な地形を枡の形に見立てて名づけられたのでしょうか。鎌倉時代初期、源頼朝《みなもとのよりとも》に仕えた武将・稲毛三郎重成《いなげさぶろうしげなり》が居城・枡形城を築いたとされるところでもあります。余談ですが、多摩地方に多いスーパーいなげやは付近の出身の猿渡浪蔵《さるわたりなみぞう》氏が1900(明治33)年の創業時に、稲毛三郎にあやかって命名したそうです。

枡形山、生田緑地に出かけるのは春と秋が多いです。みごとなばら苑を観賞できるとともに、歩くのにも快適なシーズンです。歩くだけなら半日はおろか、4分の1日もかかりませんが、すべてをじっくり見学すると2日はかかります。なので、そのときの企画や花など、興味を惹かれるところを訪ねながら、枡形山に登ることにしています。紹介が長くなりますが、ばら苑以外では、日本民家園、かわさき宙と緑の科学館がお気に入りです。日本民家園は主に東日本から移築された、国や自治体の文化財指定の民家25棟が並ぶ野外博物館で、園内ガイド、季節の行事、民具製作などの催しを通じて古民家の世界が広がります。宙と緑の科学館は、世界でもトップクラスの性能を誇るメガスターを使ったプラネタリウムが素晴らしいです。入場時に貸してもらえる双眼鏡でのぞくと、肉眼ではぼんやりしていた天の川がたくさんの星の集まりであるところまで表現されています。

直近の秋はカルチャースクールで、朝まで小雨がぱらつき、地面は濡れていましたが、

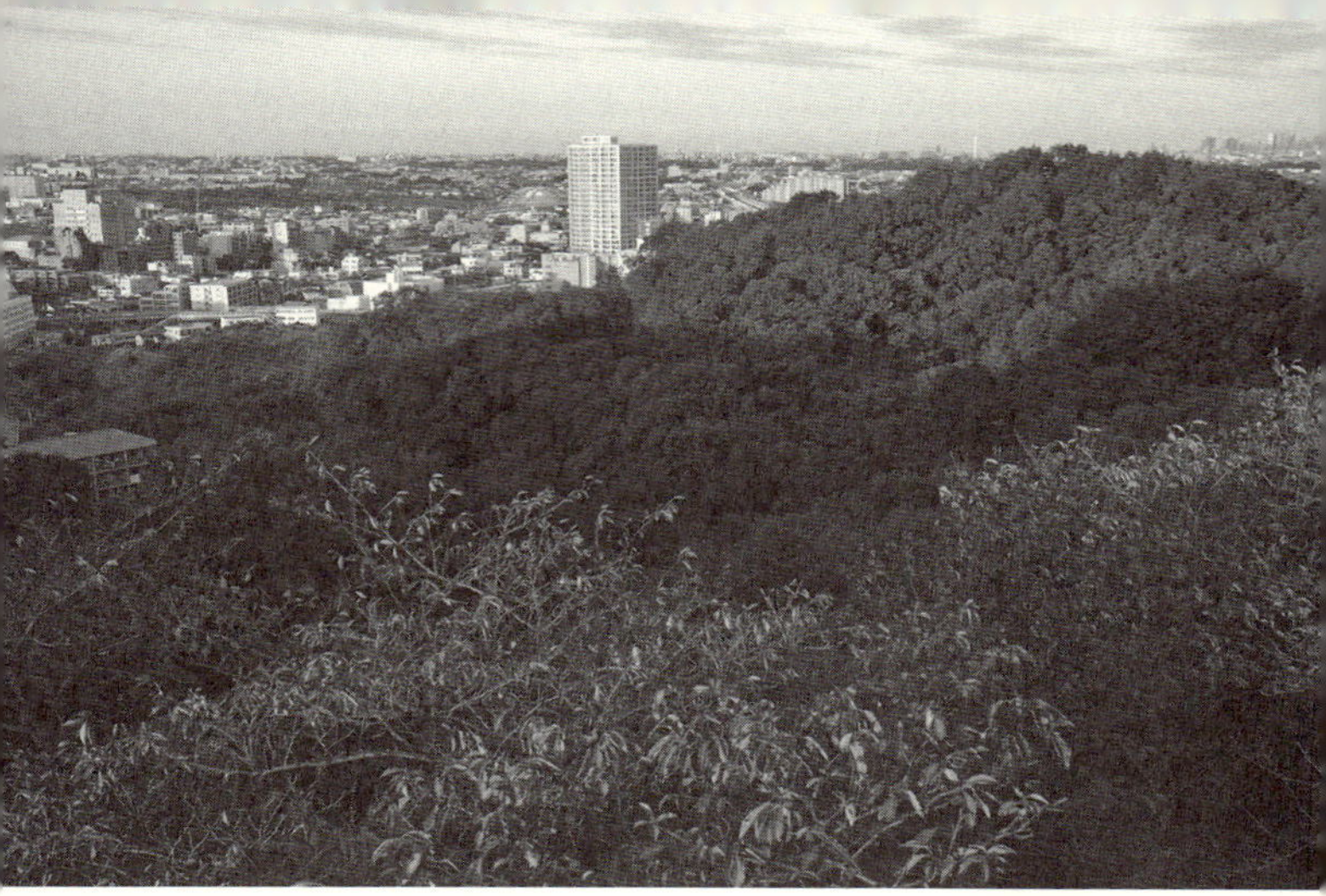

枡形山山頂の展望台に登ると360度のパノラマが広がる。写真は北側の眺めで、右に生田緑地内の飯室山、中央にさいたま新都心方面を望み、奥日光の山なみもうっすらと見える

しっかりした遊歩道を不安なく歩けました。雨上がりのばら苑では、花盛りのバラが雨露を宿し、華麗かつ風情ある姿でした。ばら苑鑑賞の後は、雑木林の木々や野草の観察をしながら、水生植物観賞池・谷戸田を往復し、枡形山に登りました。展望台では、富士山や奥多摩、赤城山《あかぎやま》、奥日光などの山なみは頭を雲に隠していましたが、都心の高層ビル群はよく見えました。帰りはホタルの里を通って向ヶ丘遊園駅へ戻りました。

同じ年の春は、谷戸田から先を巡りました。初山広場、とんもり谷戸など最近、整備されたエリアを緑地バス停まで歩き、バスで登戸《のぼりと》へ出ました。ほかにも枡形山から北東へ延びる尾根道を下り、飯室山《いいむろやま》（80ｍ）、古墳時代の横穴墓群・長者穴を訪ねるのも

右・展望台がある枡形山山頂
左・蕎麦処になっている白川郷の合掌造り民家

おすすめです。

もうひとつ記しておきたいのは植村直己《うえむらなおみ》さんのこと。明治大学に入学し、西に接する生田キャンパスに通い、山岳部に入部。近くの善正寺《ぜんしょうじ》に下宿し、登山のトレーニングに、毎日「朝六時に起き、九キロばかりの山道を走りまわるのだ」と『青春を山に賭けて』に記されています。寺を訪ね、住職さんに取材したところ、山行に備え、廊下で、寝袋で眠るなどしていたとのこと。植村さんの手紙が保管されており、当時から筆まめで気配りの方だったことも知れました。若き日の植村さんが走っていた多摩丘陵。生田緑地の里山の風情は、植村さんのトレーニングのフィールドもしのばせてくれたのでした。

DATA

★モデルコース 向ヶ丘遊園駅→20分→ばら苑正面ゲート→20分→生田緑地東口→20分→枡形山→10分→中央広場→15分→水生植物観察池→30分→緑地バス停

★歩行距離/時間 5.7km／1時間55分

★アクセス 行き：新宿駅→小田急線急行20分→向ヶ丘遊園駅
帰り：緑地バス停→川崎市営バス15分→登戸駅→小田急線急行19分→新宿駅。

★シーズン 4月中旬～12月上旬だが、梅雨時は避けたい。新緑は4月中旬～5月中旬。紅葉は11月中旬～下旬。

★アドバイス ばら苑以外のエリア、施設もイベントが多いところなので、事前に公式サイトでチェック、当日は生田緑地東口のビジターセンターで情報を得ていくとよい。日本民家園のそば処は土・日曜、祝日は入園料必要。宙と緑の科学館、岡本太郎美術館のカフェは入館料不要で利用できる。

★立ち寄りスポット ◎生田緑地：24時間開放。無料。生田緑地（東口ビジターセンター）☎044-933-2300。◎生田緑地ばら苑：5月中旬～下旬ごろと10月中旬～11月はじめごろの開花期間開園。10時～16時30分（土休日は9時～。入苑16時まで）、開苑期間中無休。無料。◎藤子・F・不二雄ミュージアム：10時～18時、火曜休館。1000円（予約制）☎0570-055-245。◎かわさき宙と緑の科学館：9時30分～17時、月曜（祝日の場合翌日）・祝日の翌日（土休日開館）休館。無料（プラネタリウム400円）。☎044-922-4731。◎岡本太郎美術館：9時30分～17時（入館16時30分まで）、常設展500円、月曜（祝日の場合翌日）・祝日の翌日（土休日開館）・展示替え期間休館。企画展1000円。☎044-900-9898

★問合せ 川崎市観光協会 ☎044-544-8229

★取材メモ ばら苑では例年、開園期間の土・日曜、コンサートが行われる。取材年の10月はサックス四重奏のCampid'oro（カンピドーロ）で、ポピュラーで親しみやすい曲を中心に楽しめた。取材日：2017年5月21日・10月17日。

宙と緑の科学館とSL

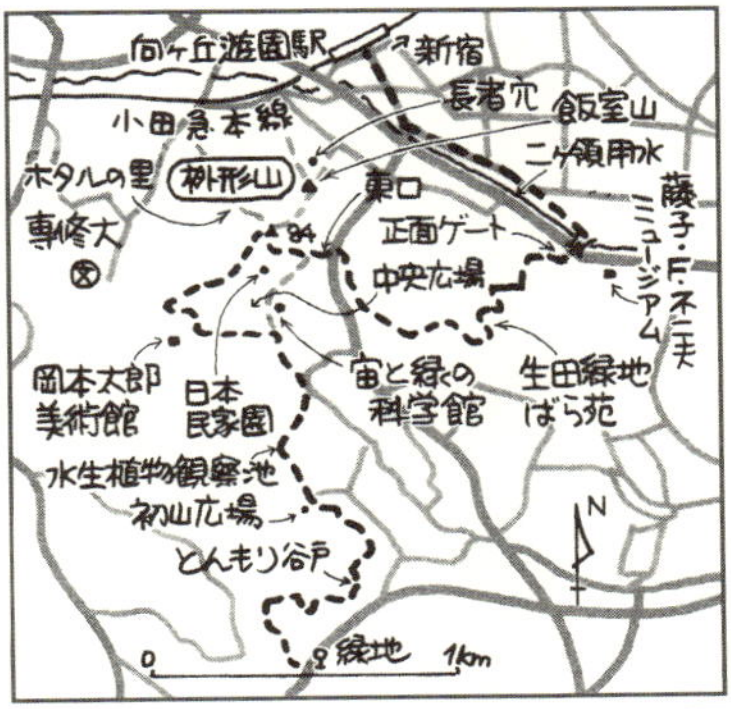

江戸川橋《えどがわばし》から戸山公園《とやまこうえん》・箱根山《はこねやま》

神田川沿いの名園を巡り、23区の最高峰に立つ

歩 7.5km／2時間10分　ぺ 45m

交 10分／310円（池袋駅から東京地下鉄有楽町線・JR山手線）

交 通年

ナントカと煙同様、高いところへ登りたがるのは登山者の本能。都内の超低山でも、最高峰には心がときめきます。愛宕山《あたごやま》（P210）で述べた自然の山であるなどの条件なしで、シンプルに23区で最も高い山が箱根山です。23区には日本最高峰を模した○○富士が多数ありますが、それらの富士山より箱根山のほうが高いのもおもしろかったりします。

コースは、新宿御苑と組み合わせることが多いですが、全体に平坦で街歩きの区間が長く、登頂感が損なわれます。低いところから登るほうが標高差、登頂感ともに大きくなると考えて、起点を江戸川橋に決定。神田川の江戸川橋付近は地形図でもはっきり確認できる深い谷で、5mの標高点があるので、標高差は40m。神田川の下を走る有楽町線江戸川橋駅からだと、さらに標高差が大きくなることが期待できます。神田川沿いの名園や史跡

戸山公園には箱根山の指導標が

松聲閣の2階に上ると肥後細川庭園の全景を見下ろせる。松聲閣前の芝生が大池に続き、左手から奥には樹木が茂る神田川崖線の斜面、台地が連なって、山水画のようだ

を訪ねられるのもポイントとなりました。

当日、腕時計の気圧高度計で計測した江戸川橋駅ホームと地上出口の標高差は20m。数値をそのまま当てはめると、なんと海面下15mからのスタートです。神田川北岸の江戸川公園を西へ進むと、江戸の町を潤した上水道・神田上水遺構の取水口石柱がありました。椿山荘《ちんざんそう》の庭園散策も計画に入れていたのですが、入口の冠木門《かぶき》にはホテルでいえばドアマンにあたる正装の方が。おそるおそる「庭園を見学できますか？」と聞くと「椿山荘の施設を利用する方に開放されていますが、今後の参考にご覧になっていってください」と。園内の地図までくださる、さすがの対応でした。椿山荘の庭園は、神田川崖線の斜面に造られ、以前、

ホタル観賞に来たことがあります。そのときは夜でわかりませんでしたが、自然を保つ手入れが行き届き、流れにはホタルが繁殖しているそうです。ツバキが多く、南北朝時代から、つばきやまと呼ばれ、江戸の名所だったとか。1878（明治11）年、政治家・軍人の山縣有朋《やまがたありとも》が購入して庭園を整え、現在の椿山荘庭園に受け継がれています。

関口《せきぐち》芭蕉庵《ばしょうあん》は俳聖・松尾芭蕉が神田上水の工事に携わったときに住んだところ。池を中心とした庭園、芭蕉堂などがあり「古池や　蛙《かわず》飛込む　水の音」の碑は芭蕉の真筆だそうです。個人的にはバショウの木が植えられ「笈《おい》の小文」冒頭の「百骸九竅《ひゃくがいきゅうけい》の中に物有り、かりに名付けて風羅坊《ふうらぼう》といふ」がイメージされたのがツボでした。自らの俳号で、裂けやすいバショウの葉を薄ぎぬの風羅にたとえ、風来坊にかけた一節です。「物有り……」の表現を、詩人・村野四郎氏（P120）が「現代詩に通じる、自己を客体視する姿勢、表現」と激賞していたことも思い出されました。

肥後《ひご》細川《ほそかわ》庭園は幕末から明治にかけて肥後（熊本）の細川家の下屋敷、本邸だったところで、池泉回遊式の庭園が文京区の施設になっています。細川家の学問所だった松聲閣《しょうせいかく》が修復、保存されて、内部を見学でき、雄大な庭園の全景を2階から眺められました。対岸の早稲田の杜《もり》・大隈《おおくま》庭園は閉園日で入れず、大隈講堂を眺めて新宿区甘泉園《かんせんえん》庭園へ。ここも池泉回遊式庭園で、江戸中期の宝永年間に尾張《おわり》徳川家の拝領地、初代清水家の江戸下屋

スタートの江戸川橋から神田川を見下ろす

甘泉園公園の池へと
注ぐ小滝

ゴシック風建築の大隈講堂

敷を経て、明治以降は、相馬《そうま》子爵《ししゃく》家の庭園として整備されたそうです。

甘泉園庭園から10分足らずで戸山公園に入ります。一帯は、江戸時代に尾張徳川家の下屋敷だったところ。明治時代～太平洋戦争終戦まで陸軍戸山学校や練兵場として利用されたそうです。公園は下屋敷の庭園・戸山荘の名残で、東京ドームの10倍近い44・9haの広さです。もともと起伏があったのでしょうが、さらに池を掘り、掘った土で箱根山を築いたわけです。ツツジが植えられた斜面をひと登りの山頂は桜などの木々に囲まれ、展望には恵まれませんが、ベンチが置かれた広場なので、しばし、山頂の憩いを楽しみました。

休憩ののち、箱根山の登頂証明書を発行

中腹から見上げる箱根山の山容

戸山公園大久保地区のクライミング壁

してもらうため、15分ほど離れた戸山公園大久保地区のサービスセンターへ。証明書をゲットし、さらに公園内を進むと、クライミングホールドが取り付けられた山形の遊具、芝生の築山があったので、一気に踏破しました。最後に、カモシカスポーツ山の店・本店へ。ちょうど同店スタッフで、ヤマケイ新書『体験的山道具考 プロが教える使いこなしのコツ』の著者・笹原芳樹氏がいらしたので、最近の登山用具の話を聞き、アウトレットコーナーで買い得品を物色して、高田馬場駅へ下山しました。

DATA

★モデルコース　江戸川橋駅→15分→椿山荘庭園→庭園散策15分→10分→肥後細川庭園→庭園散策15分→大隈講堂→10分→甘泉園公園→庭園散策10分→20分→箱根山→20分→戸山公園管理事務所→15分→高田馬場駅。

★歩行距離/時間　7.5km／2時間10分

★アクセス　行き：池袋駅→東京地下鉄有楽町線6分→江戸川橋。帰り：高田馬場駅→山手線4分→池袋駅。

★シーズン　通年、楽しめる。主な花は4月上旬、各公園などで桜、4月下旬前後、戸山公園などでツツジ、2〜3月、椿山荘庭園などでツバキ。新緑は4月上旬〜5月なかば、紅葉は11月下旬〜12月なかばごろ。椿山荘のホタルは5月下旬〜6月下旬。

★アドバイス　戸山公園以外、どの庭園も斜面に造られ、平地の庭園のようにはっきりした築山に登ることはできない。箱根山が唯一、最大の「山」となる。

★立ち寄りスポット　◎ホテル椿山荘東京：冠木門は10時〜21時30分開門。☎03-3943-1111。◎関口芭蕉庵:10時〜16時30分、月・火曜休園。無料。☎03-3941-1145。◎肥後細川庭園：9時〜17時（11月〜1月は16時30分まで。各30分前に入苑締切）、無休。見学無料、抹茶と菓子500円。☎03-3941-2010。◎大隈庭園：9時〜17時（10月〜3月は16時30分まで）、月〜土の授業実施日開園（天候不順時閉園）。無料。☎03-3203-4333。◎甘泉園公園：7時〜19時（11月〜2月は17時まで）。☎03-5273-3914。◎戸山公園：24時間開放。戸山公園サービスセンターは9時〜17時30分。☎03-3200-1702。◎カモシカスポーツ山の店・本店：11時〜20時（土休日は19時まで）、無休（棚卸しなど不定休あり）。☎03-3232-1121

★問合せ　文京区観光協会 ☎03-3811-3321、新宿観光振興協会 ☎03-3344-3160

★取材メモ　取材日は真夏日。肥後細川庭園松聲閣で涼めたのはありがたかった。昼食は公園で弁当を食べたが、早稲田大学の周辺は手ごろでおいしそうな店がいっぱい。敷居が高く感じる椿山荘も無茶庵の石臼挽きもりそばなどあり、グルメ込みのプランでまた歩きたくなった。取材日:2019年8月17日、2018年1月21日ほか。

箱根山登頂証明書

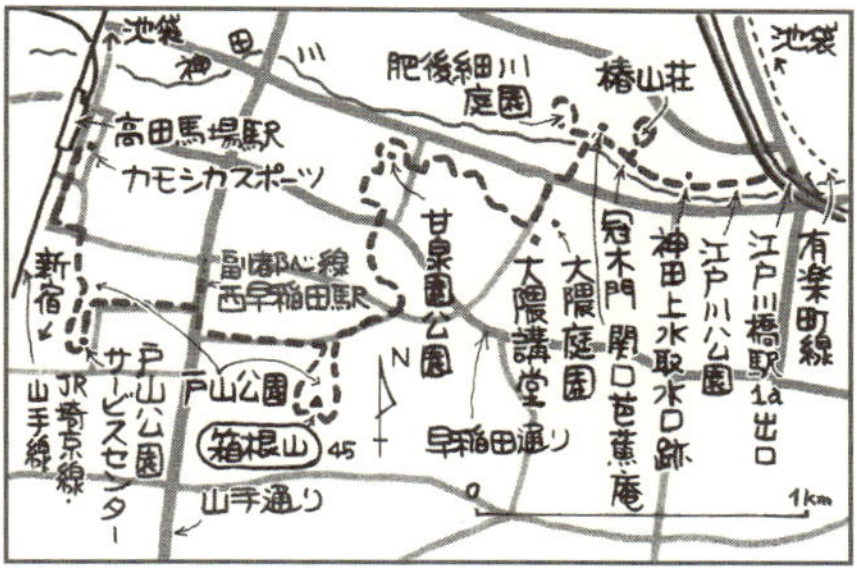

11月 1週

展望、歴史、地質を楽しむ岩殿山《いわどのさん》

山城跡を巡り、富士山を眺めて日本三奇橋へ

歩 8・8㎞／3時間 標 634m
交 3時間／1920円（新宿駅から京王線・JR中央本線など）
適 11月中旬～下旬（紅葉）、4月上旬～12月上旬

ＪＲ中央本線が大月駅へ近づくと、北側にドーム型の特徴ある岩山が見えてきます。この山が岩殿山で、富士山の眺めが素晴らしく、大月市秀麗富嶽十二景に選定されています。大岩壁をそばだてて、どこを登るのかと思いますが、丸山公園を経て登る一般コースは遊歩道が整備されて、短時間で登れるうえ、大月駅から直接、歩き出せるのでアクセスも便利です。一方で、西へ向かう稚児落《ちごおと》しの縦走コースは岩場があり、歯ごたえある登り方もできて、登山者に人気です。歴史の好きな方には、戦国時代、武田氏の家臣だった小山田氏が岩山を活かした居城・岩殿城跡が残ることが魅力。現代では、標高が東京スカイツリーと同じ６３４ｍということでも話題になっています。

２０１７年、台風で登山道が崩落し、入山が規制されていましたが、同年12月7日に迂

大月駅前から岩殿山を望む。標高358mの大月駅から山頂まではコースがよく整備され、標高差は276mの手ごろな行程。帰りもこのコースを利用するのが最も楽で、駅から1時間30分ほどで往復できるが2022年4月現在、通行止

回路の整備が終わって、縦走可能になりました。登りやすく、楽しい山なので、小著『関東周辺 週末の山登りベストコース160』『駅から山登り 関東55コース』（ともに山と溪谷社）でも紹介しています。登りは、どちらも大月駅から丸山公園経由の最も一般的なコースですが、下山コースはだぶらないよう、前者では稚児落しへの縦走、後者では東の円通寺跡に下り、猿橋駅へ向かうコースとしました。円通寺跡コースは現在通行禁止ですが、円通寺跡に近い神宮橋コースが整備され、確認してきました。

国道から大月駅から車道を20分ほど進み、左に分かれる歩道を登ると丸山公園に着きます。約300本の桜が植えられた花見の名所で、中世の城をイメージした岩殿山ふ

※丸山公園～岩殿山のコースは一部、崩落で通行止。山頂へは、本文で下山に利用している神宮橋（畑倉）コースを利用。コースタイムはP263参照。

れあいの館も台風被害を受けて休館していましたが、再開。登山や観光のパンフレット配布、山岳写真家の巨匠・白籏《しらはた》史朗《しろう》氏の作品展示などがされていました。水道がまだ復旧しておらず、トイレも利用できませんが、飲みものの自動販売機がありました。

丸山公園から岩殿山へは岩壁に沿い、大岩を利用した揚城戸《あげきど》跡などを見ながら登り、山頂手前の展望台に着くと、足もとに大月市街が開け、富士山の展望も素晴らしい、のですが、当日は雲に隠れていました。岩殿山山頂から神宮橋へは、岩殿城本丸跡の説明板右側から下ります。道は細く、急ですが、要所に足場が作られるなど整備されて下りやすかったです。岩殿山山頂から神宮橋まで標高差約２５０ｍ、25分の下りでした。平安時代に開創され、鎌倉時代に山岳修験道で栄えたという円通寺跡は、神宮橋から車道を10分ほど。

モデルコースは、七社権現立像を祀る真蔵院に詣で、車道を東へ。百蔵橋を渡り、ひなびた民家の湯立人温泉を過ぎて猿橋へ。猿橋は日本三奇橋に数えられるはね橋で、歌川広重の浮世絵にも描かれました。見学したら、大月市郷土資料館を経て猿橋駅から帰ります。

取材日は稚児落しにも足をのばすため、神宮橋から再び岩殿山へ、同じ道を登り直します。ちょっと鬱でしたが、雑木林の雰囲気が好ましく、意外に苦にならず、40分ほどで戻れました。

ところで、岩殿山の岩場は小石(礫《れき》)が固められたような礫岩で、礫が丸いのは、川で運ば

別の取材日に撮った、岩殿山展望台からの眺め。絶壁の上なので、足もとは大月市街に切れ落ち、その上に富士山がよく見える。大月市秀麗富嶽十二景の名に恥じない絶好の構図だ

ばれてぶつかり合い、角がとれて、堆積したと考えられます。600万年も昔、浅い海だったところに堆積した礫岩が隆起して、岩殿山ができたそうです。

岩殿山から揚城戸跡の上まで戻り、稚児落しへ。なお、稚児落しは険しいので相応の経験が必要です。途中、小規模な崩落がありましたが、安全な迂回路が整備されていました。鎖が懸けられた兜岩の岩場をこなし、稚児落しに着けば、谷を囲む大岩壁を見渡せます。岩殿山城が落城し、落ち延びる一行が、泣き叫ぶこどもが敵に知られると、ここから投げ落とした哀話が伝わり、地名の由来になったそうです。半日で登れるこぢんまりした山ですが、十二分に登山を楽しませてくれるとともに地学、歴史も学

上・狭まった岩を城門に利用した揚城戸跡。
右・猿橋は桂川の深い渓谷に架けられ、橋脚を立てられないので両岸から突き出したはね木を重ねた珍しい構造を見せる

べて、お得感が高いです。

浅利川沿いの県道に下り、大月駅に戻った後、駅北側の吉田うどんの店・吉田屋に寄りたかったのですが、神宮橋往復で遅くなり、閉店に間に合いませんでした。うどん自体が美味しいのはもちろん、シンプルなかけうどんから、肉うどん、カレーうどんなどメニューが豊富。天ぷらのトッピングなどもあって満足度が高いです。吉田うどんのかわりに、大月駅前の国道20号に面したデイリーヤマザキで赤飯のおむすびを購入。小豆の代わりに甘納豆が使われた甲州風で、ちょっぴり旅情を感じながら、列車内でいただき、家路につきました。

DATA

★モデルコース　大月駅→30分→丸山公園→30分→岩殿山→45分→円通寺跡→35分→百蔵橋→15分→猿橋→25分→猿橋駅。

★歩行距離/時間　8.8km／3時間

★アクセス　行き：新宿駅→京王線特急50分→高尾駅または新宿駅→JR中央線特別快速45分→高尾駅→JR中央本線40分→大月駅。帰り：猿橋駅→中央本線40分→高尾駅。※中央線から大月駅へ直通の快速、特急あり。

★シーズン　紅葉は11月中旬～下旬。春と秋が最も快適。丸山公園の桜は4月上旬、新緑は4月中旬～5月中旬。11月下旬～5月上旬ごろは富士山が雪化粧して美しい。

★アドバイス　神宮橋(畑倉)コースは国道139号の神宮橋南側から登山道に入る。大月駅→50分→神宮橋→40分→岩殿山。指導標が少なく、山慣れた人向き。稚児落しコースは険しく、ベテラン向き。

★立ち寄りスポット　◎岩殿山ふれあいの館：大月市出身の白籏史朗氏の迫力ある富士山の写真展示、観光資料配付などがある。9～16時月曜(祝日の場合、翌日)と祝日の翌日休館。無料。☎0554-23-4611。◎吉田屋：11～14時、売切れ次第終了、月曜定休。かけうどん500円、肉うどん650円。☎0554-22-0071。◎猿橋：桂川の深い渓谷に橋脚を使わず、両岸から「はね木」をせり出す構造で日本三奇橋のひとつ。広重の浮世絵にも描かれた。見学自由。◎大月市郷土資料館：猿橋公園にあり、大月の歴史・民俗資料、秀麗富嶽十二景の写真などを展示。9時～17時(入館は16時30分まで)、月曜・祝日の翌日休館。110円。☎0554-23-1511

★問合せ　大月市観光協会☎0554-22-2942

★取材メモ　直近の取材日は1月だが雪や凍結は全くなかった。丸山公園コースは南側で、冬も雪がないことが多いが、神宮橋コースは北側で雪や凍結がある可能性が高い。取材日：2014年11月26日、2018年1月20日ほか。

白籏史朗氏の作品を展示する岩殿山ふれあいの館

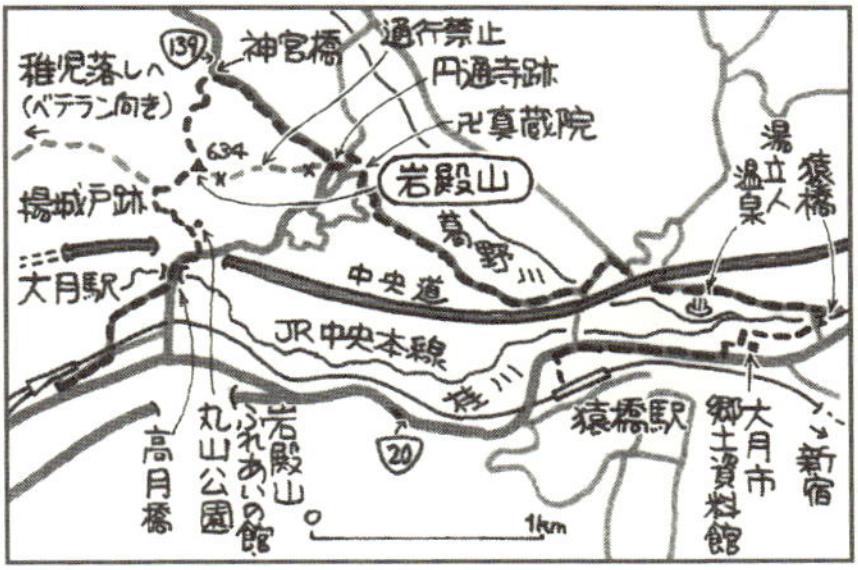

11月
2
週

「トーベ・ヤンソンの世界」から加治丘陵《かじきゅうりょう》

トーベ・ヤンソンあけぼの子どもの森公園でメルヘンの世界と化石時代に遊ぶ

㊡ 7km／2時間35分 ㋬ 189m
㊯ 1時間27分／920円（池袋駅から西武池袋線）
㊜ 11月下旬～12月初め（メタセコイア紅葉）、4月中旬～11月下旬

眺めのよい桜山展望台

２年連続で11月下旬の加治丘陵へ行きました。いつでも楽しめるところですが、この時期を選んだのはメタセコイアの紅葉に合わせたから。メタセコイアという名前を聞き慣れない方もいると思いますが、地名に関わるエピソードなどもあるので、説明は後ほど。加治丘陵は埼玉県飯能市《はんのうし》と入間市《いるまし》にまたがり、最高所で１７９ｍの里山で、飯能市側の山裾にある、トーベ・ヤンソンあけぼの子どもの森公園（以下、子どもの森公園）という楽しいスポットもあります。フィンランドの作家トーベ・ヤンソンの「ムーミン童話」の世界が感じられる公園で、遊具はなく、起伏のある地形の園内に内部まで凝った個性的な建物などが点在しています。同じ飯能市の宮沢湖畔に２０１９年4月、オープンしたテーマパークのムーミンバレーパークのようにムーミンのキャラクターがいるわけでもなく、ずっ

子どもの森公園のアプローチの並木は生きた化石メタセコイア。紅葉はオレンジ色がかった独特の色合いで美しく、例年、11月下旬ごろが見ごろ。奥に、きのこの家が見える

と狭くて施設も少ないですが、その分、イマジネーションが広がります。

　公園名の「あけぼの」ですが、付近の入間川で150万年前、新生代第三紀のアケボノゾウの足跡化石が発掘されたことなどに由来するようです。入間川に面した阿須《あず》運動公園の古代広場には化石やアケボノゾウをモチーフにしたオブジェがあります。子どもの森公園に植えられたメタセコイアは、第三期層から発掘された化石で知られ、絶滅したと考えられていましたが、1948（昭和23）年、中国四川省《しせんしょう》に生育していることが確認されました。2年後には日本にもたらされて繁殖、配布されて、まだ70年ほどですが、生長が早いので、各地で並木や林が見られます。子どもの森公

※あけぼの子どもの森公園内から直接、加治丘陵へ登ると少し近道。

園に植えられた理由はおそらく、アケボノゾウと同じ第三期で、和名がアケボノスギであることにもよるのではないでしょうか。

2回ともカルチャースクールでしたが、ともに天候に恵まれ、青空を背景にしたメタセコイアの紅葉が見事でした。小著『駅から山登り関東55コース』に収録した、加治丘陵の尾根と子どもの森公園を結ぶ登山道は通行止めになっていますが、その西側の登山道を利用できます。また、子どもの森公園を主目的にする場合、仏子《ぶし》駅からの尾根コースより、元加治《もとかじ》駅から歩くほうが、尾根道の途中での登り下りがなく、入間川沿いの遊歩道や古代広場にも寄れるので、おすすめです。

もうひとつ、子どもの森公園で見逃せないのが、西側に隣接する日豊《にっぽう》鉱業武蔵野鉱山。地形図に鉱山と洞口の記号、あたんの表記があります。あたんは亜炭（褐炭）で、おおざっぱに言えば植物が石炭になる途中のもの。燃料としての質は石炭に劣りますが、特に第2次大戦中の日本では燃料不足のため、盛んに採掘されたそうです。実際、武蔵野鉱山の開山は真珠湾攻撃の翌年、１９４２（昭和17）年です。鉱山は非公開で、現在はほとんど採掘されていないようですが、子どもの森公園の上のほうから生け垣越しにトロッコなどを眺められます。ロケ地としても活用され、映画「フラガール」、ＴＶドラマ「彼岸島」

凝った造りのきのこの家

子どもの森公園の池に造られた建物も北欧風。2019年3月からは土休日の日没〜21時、ほかの建物とともにライトアップされ、幻想的な趣きを見せる

「GARO〈牙狼《がろ》〉TVシリーズ」「重版出《じゅうはんしゅっ》来《たい》！」「ドクターカー」など、多数の作品の撮影に使われているとのこと。どこかで目にしていそうです。

　子どもの森公園の見学後、日豊鉱業西側の山裾、「土砂崩壊防備保安林」の解説板があるところから山道に入ります。雑木林の小尾根をひと登りで出合う遊歩道を少し南へ進んだ山仕事の広場は広々した草地で奥武蔵方面の眺めがよく、きれいなトイレもある休憩適地です。ここから指導標に従って、遊歩道を離れ、山道でショートカットすると入間市の桜山展望台に出ます。高さ20mの展望台上からは首都圏から丹沢、富士山、奥多摩、奥武蔵、筑波山などを見渡せ、足もとには狭山茶の茶畑が広がって

ランチ休憩にも最適な山仕事の広場

公園から見える日豊鉱業のトロッコ

います。付近は名前のとおり桜が植えられて、春も楽しみなところです。

帰りは丘陵の南側を縫い、出合ったバス道路を北上し、八坂《やさか》神社を経由して仏子駅へ。途中、廃墟マニアに人気だった入間グリーンロッジ跡のお城風の建物は2018年に解体され、現存していません。私は「山と溪谷」新年号付録「山の便利帳」の宿泊施設データに、前身の「登山手帳」から携わっています。入間グリーンロッジは2002年の廃業前まで掲載され、毎年問い合わせていたこともあり、廃業、解体に一抹の寂しさを感じながら、仏子駅へ向かいました。

DATA

★モデルコース　元加治駅→35分→トーベ・ヤンソンあけぼの子どもの森公園→園内散策30分→30分→桜山展望台→40分→八坂神社→20分→仏子駅。

★歩行距離/時間　7.0km／2時間35分

★アクセス　行き：池袋駅→西武池袋線急行45分→元加治駅。帰り：仏子駅→西武池袋急行43分→池袋駅。

★シーズン　メタセコイア、雑木林の紅葉は11月下旬～12月上旬で、メタセコイアのほうが早め。新緑は4月中旬～5月中旬。冬の日だまり、展望ハイキングもよい。

★アドバイス　仏子駅から尾根道経由で登るときは、武蔵野音大付属幼稚園の先で遊歩道に入る。歩行時間は仏子駅←45分 1時間→桜山展望台。丘陵の最高地点には188.6mの三角点があり、遊歩道から踏み跡があるが、木立の中で展望もない。

★立ち寄りスポット　◎トーベ・ヤンソンあけぼの子どもの森公園：平日9時～17時、土日祝は9時～21時、月曜（祝日の場合翌日）休園。無料。☎042-972-7711。園内のカフェ・プイストでは北欧風サンドイッチのスモーブロー、各種ドリンクやケーキで休憩できる。◎ホットポット：民家を改装した、家庭的でこぢんまりしたレストランで、味は本格的。11時～15時、17時30分～21時30分、月曜と日曜のディナータイム定休。☎042-972-7248。◎桜山展望台：9～16時30分（4～9月は17時30分）、不定休。無料。毎年、元旦には新年初日の出の集いが催され、未明に登れる。☎下記入間市観光協会。

★問合せ　奥むさし飯能観光協会 ☎042-980-5051、入間市観光協会 ☎042-964-4889

★取材メモ　子どもの森公園は、建物の外観や公園全景も素敵だが、きのこの家の内部の不思議な空間は訪れるたびに感動し、楽しくなる。設計も施工も大変だったと思うし、この公園を企画し、現実のものにした飯能市役所には感謝してもしきれない。空想の世界に遊ぶのが好きな方には、ゆっくりここで時間を過ごすことをおすすめしたい。取材日：2017年11月21日、2018年11月29日ほか。

ホットポットのランチ

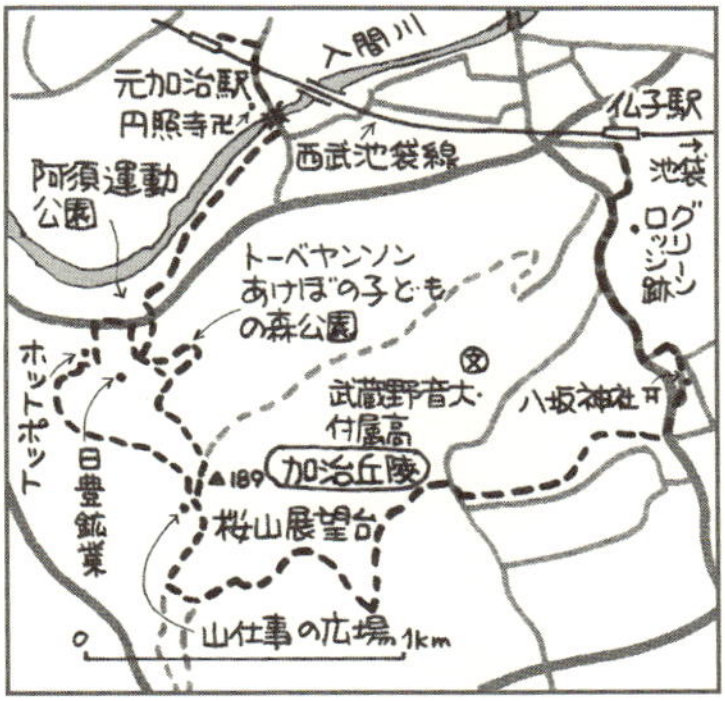

11月3週

七福神を巡り、太田《おおた》金山《かなやま》に山城を訪ねる

戦国時代には珍しい壮大な石垣、赤城山などのパノラマが魅力

歩 10・5㎞／3時間25分 239m
交 4時間／2160円（浅草駅から東武伊勢崎線）
適 11月中旬～12月初め（紅葉）、10月～5月

標高200mあまりの丘陵である太田金山は関東平野と山地の接点の平野部に位置。展望に優れ、周囲を平野に囲まれて目立つ独立峰で、太田市のランドマークにもなっています。本来の山名は金山で、各地の同名の山と区別するため、太田金山と通称されます。太田市は旧上野国新田荘《こうずけのくににったのしょう》で、鎌倉時代末期～南北朝時代の武将・新田義貞《にったよしさだ》の出身地でもあることから、新田金山《にったかなやま》とも。山頂を中心に金山城跡が広がり、発掘復元された遺構に攻防の歴史もしのばれます。金山城は戦国時代中ごろの1469（文明元）年、新田岩松《にったいわまつ》氏が越後の上杉氏や小田原の北条氏との抗争に備え、山全体を利用して築いた壮大なもの。その規模は関東一とのことで、国の史跡、日本百名城にも選定されています。

登山道は四方から通じていますが、麓に点在する太田七福神とあわせると、手ごろで楽

太田駅前の新田義貞像

曹源寺さざえ堂のらせん状の回廊には坂東・秩父・西国の三十三観音にちなんだ百観音がまつられている。曹源寺の御朱印に押されてている再建前の本堂は古い木版から復元されたそうだ

しめます。スタートは七福神布袋尊《ほてい》の曹源《そうげん》寺《じ》としました。駅から最も離れている反面、ゴールを太田駅に最も近い長念寺《ちょうねんじ》に設定でき、帰りが楽になるからです。曹源寺への公共の交通機関はなく、太田駅からタクシーとなります。10分、１２００円ほどですが、ひとりで乗るのはもったいなく、歩いて1時間足らずですが、交通量が多い国道、県道を歩くのも気が向きません。地図を眺めて、韮川《にらがわ》駅のほうが近く、静かな道を歩けそうに思われ、韮川駅から歩きはじめることにしました。

　下車した韮川駅は、ローカル線らしいこぢんまりした駅、曹源寺への道は畑も広がる田園地帯の里道で、期待通り、のんびりしたアプローチでした。話は変わりますが、子どものころ、ぐるぐると回って斜路の回廊を登り下りする、さざえ堂について書かれたエッセイを読み、その不思議な構造に胸をときめかせたことがありました。その後、会津さざえ堂の存在を知りながら、訪ねる機会がないままでしたが、思いがけず、曹源寺で、さざえ堂デビューを果たせました。会津さざえ堂と同じ江戸後期の寛政年間の建築で群馬県の重要文化財。お堂の外観は会津さざえ堂のようにらせん構造を表すものではなく、普通に3層の寺院の建物に特異な構造が隠されています。回廊には、坂東《ばんどう》・秩父・西国の百観音が祀られています。以前の取材で聞いたのですが、太田七福神はこちらの住職が発案し、家族で楽しみながら歩ける2時間ほどのコースに設定したそうで、手軽なハイキングを楽しめることに納得でした。

曹源寺の次に訪ねた寿老人の永福寺《えいふくじ》では、今回、ちょうど住職が出て来られて、話を聞けました。本尊のお釈迦様は宝冠をかぶっておられる珍しい立像とのことで、本堂に上がり、拝観させてもらえました。かつて永福寺は金山城の北東麓を守る役割もあったそうです。山号の金井山は金属を鋳る鍛冶に由来するとも考えられ、実際、すぐ北側の菅ノ沢《すげのさわ》遺跡に製鉄炉跡がありますし、そもそも金山の山名にも関係がありそうです。

福禄寿の玉巌寺《ぎょくがんじ》から少し戻り、大日堂《だいにちどう》から山道に入ります。やや急な道を登りつめると、展望が開け、山頂直下で金山城の遺構が現れました。本丸の実城《みじょう》跡で、最初に来たときは発掘前、次は発掘中で、今回、復元後の全貌を知ることができました。新田《にった》神社を祀る金山山頂に登った後、南へ下ると、貯水池で儀式の場でもあったとされる日ノ池《ひのいけ》、直下の大手虎口《おおてこぐち》の堅固な石垣に目を奪われます。月ノ池、馬場を経て、物見台に建てられた展望台に登ると、金山随一とされる、赤城山《あかぎやま》などの展望を楽しめました。条件がよければ日光、奥秩父、八ヶ岳、さらに富士山の山頂部まで眺められるそうです。

上・戦国時代には珍しい石垣の大手虎口。
下・城の水場で雨乞い神事も行われたという日ノ池

現代の太田市は富士重工の企業城下町で、スバル町の町名もあるほど。最近では3人組の男性ロックバンドback number のゆかりの地としても知られています。ボーカル、ギター、作詞・作曲の清水依与吏《いより》さんの出身地で、ベースの小島和也さん、ドラムスの栗原寿さんが隣の伊勢

本丸だった山頂部の実城跡から尾根を西へ下ると物見台に着く。back number の曲、ミュージックビデオにも登場する物見台に上ると、上毛三山のひとつ赤城山の峰々がよく見える

崎市出身。２０１７年1月の放送のＮＨＫ「ＳＯＮＧＳ」の里帰りシーンで、特急ではなく普通列車を利用していたのは、飾り気のない、彼らの人柄や楽曲にふさわしく感じました。物見台は「チェックのワンピース」の歌詞冒頭「夜の街を見下ろしながら……」のモチーフで、ミュージックビデオにも登場し、ファンの聖地となっているそうです。

物見台から尾根沿いに下り、駐車場の先で左へ下れば、史跡金山城跡ガイダンス施設に着きます。車道西側の山道を進み、毘沙門天の金龍寺《きんりゅうじ》、新田義貞の墓を経て、弁財天の大光院《だいこういん》へ。ここから市街地で大黒天の受楽寺《じゅらくじ》に詣で、恵比寿神の長念寺にゴールインしました。

DATA

★**モデルコース**　韮川駅→35分→曹源寺→20分→玉巌寺→40分→太田金山→1時間→大光院→50分→太田駅
★**歩行距離/時間**　10.5km／3時間25分
★**アクセス**　行き：浅草駅→東武伊勢崎線区間急行1時間40分→館林駅→東武伊勢崎線23分→韮川駅　帰り：太田駅→東武伊勢崎線26分→館林駅→浅草駅。
★**シーズン**　紅葉は11月中旬〜12月初め。4月上旬は大光院南側の八瀬川桜並木などの桜が見頃。新緑は4月なかば〜5月中旬。冬も雪がほとんど積もらず、展望と日だまりハイキングを楽しめるが、上州名物の空っ風も。1月第2日曜に太田市観光物産協会主催の新春上州太田七福神めぐりがある。
★**アドバイス**　前半は指導標が乏しく、後半は道が入り組んでいるので、現在地やルートを確かめて行動を。逆コースは山頂から大日堂の下山路がわかりづらいが、ガイダンス施設で金山城について学んでから登れる。順コースでは金山城跡の随所にある解説板が参考になる。行程を短縮したい場合は太田駅から曹源寺までタクシーを利用。金山城の休憩所内に藤本一美氏の展望図がある。
★**立ち寄りスポット**　◎史跡金山城跡ガイダンス施設：金山城にまつわる歴史や遺品を展示、解説。9〜17時（入館は16時30分まで）、月曜（祝日の場合翌日）休館、無料。☎0276-25-1067。◎曹源寺さざえ堂：10〜15時、無休（法要などで拝観不可の場合あり）。300円。☎0276-25-1343
★**問合せ**　太田市観光物産協会（太田市商業観光課）☎0276-47-1833
★**取材メモ**「山と溪谷」2019年1月号の初詣・初日の出の山特集のコラムで金山を紹介した。久しく歩いていなかったので、11月に再踏査。同じ年の3月号「季節の山歩き」山城特集でガイド記事を執筆しました。1月号では、栃木県の太平山、埼玉県の天覧山、茨城県の筑波山、千葉県の鋸山、東京都の高尾山も紹介し、この本に収録した50山の1割以上が登場している。
取材日：2018年11月30日ほか。

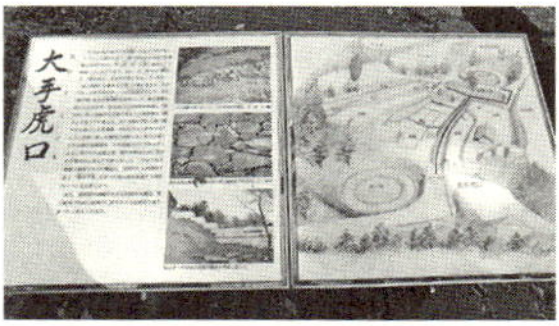

金山城跡の解説板

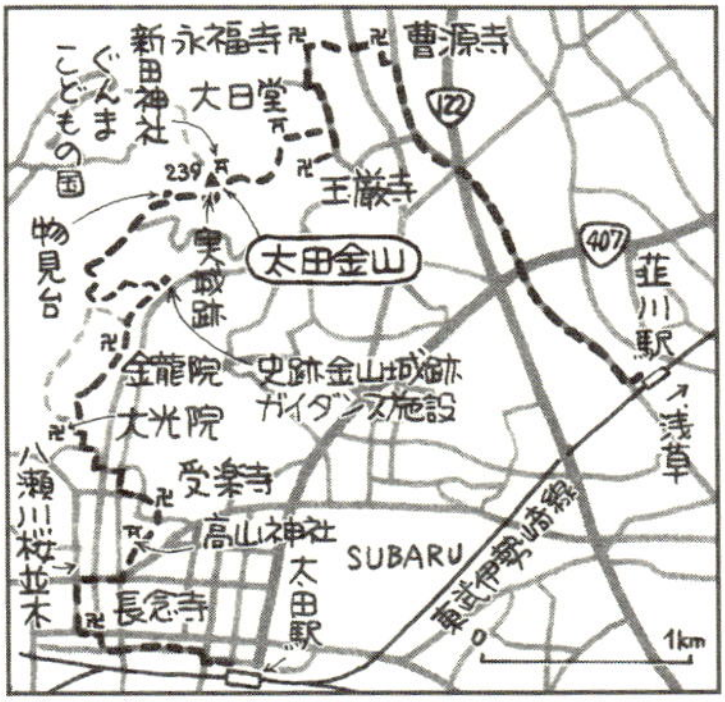

11月 4週

鎌倉アルプスと紅葉、古刹を巡る

古都の北側を囲む尾根道を踏破して展望も楽しむ

歩 7㎞／2時間30分　⛰ １５９m（大平山）
交 1時間33分／１４６０円（品川駅からＪＲ横須賀線）
適 11月下旬～12月上旬（紅葉）・4月上旬～5月中旬

源頼朝が幕府を開いた鎌倉は南側を海、残る三方を山に囲まれて、守るに易く、攻めるに難い天然の要害。鎌倉をハイキングすると、その地形がよくわかります。ここで紹介する鎌倉アルプスは山なみの北側、最高地点の大平山を通るコースです。Ｐ１５６で案内した大仏コースから源氏山は西側、鎌倉・逗子市境の名越切通《なごえきりどおし》～衣張山《きぬばりやま》などが東側にあたります。鎌倉は全国有数の古都であり、豊富な史跡、由緒ある寺院や神社をハイキング中に訪ねられ、寺社や民家に咲く四季の花々や紅葉、グルメスポットを楽しめるなど、魅力的な要素が満載です。

鎌倉アルプスのコースは鎌倉駅、北鎌倉駅から一周でき、起点、周回の向きはどちらでも。瑞泉寺《ずいせんじ》から山道に入るのがオーソドックスですが、私は紅葉の時期には、鎌倉随一の

鮮かに紅葉する
イロハモミジ

鎌倉アルプスの尾根道から建長寺への下り口にある勝上けん展望台からの眺め。すぐ下に法堂など建長寺の伽藍、左上に鎌倉市街と由比ヶ浜〜稲村ヶ崎などを見渡すことができ、富士山も見える

名所と賞される獅子舞《ししまい》の谷を楽しむため、鎌倉駅から反時計回りで、瑞泉寺はパスして登ることが多いです。直近の紅葉の時期の取材は2018年12月2日でした。ほかの季節の情報も含めて、獅子舞までの行程をざっと記すと、鎌倉駅から桜、ツツジの名所である参道の若宮大路《わかみやおおじ》（段葛《だんかずら》）、または食事処や雑貨店が集まる小町通りから源氏の氏神の鶴岡八幡宮《つるがおかはちまんぐう》へ。頼朝が中尊寺を模して建立したという永福寺《ようふくじ》跡で瑞泉寺への道を分け、獅子舞の谷に入ります。

　鎌倉の自然の植生は暖地の海岸性で常緑広葉樹が多く、紅葉する落葉樹は少ないのですが、ここ獅子舞にはイチョウの大木とイロハモミジの林が茂り、鎌倉随一とされる黄葉、紅葉を楽しめます。獅子舞の谷へ至る道は切通し状で、ちょっとした秘境の趣が漂うこともポイントです。取材した年は、台風による潮風で鎌倉全体で紅葉が傷んでいたようでした。獅子舞も、潮風が当たる谷の上のほうは少し葉が縮れていましたが、下のほうは山陰で潮風の影響を受けにくく、鮮やかな紅葉を見られました。例年、イチョウが先に色づき、モミジはその後。このときはイチョウがピーク過ぎ、モミジは見ごろでした。年によって両者が一緒に色づき、そのときは、より彩り豊かでゴージャスな眺めを楽しめます。

獅子舞からひと登りすると、鎌倉アルプスの縦走路が通る尾根道に合流します。このあたりが天園《てんえん》で、各地を見渡せる展望のよさから六国峠《ろっこくとうげ》の別名もあります。現在は、それほどの眺めは得られませんが、登り着いてすぐ左手の岩場の上、少し進んだ峠の茶屋跡の広場から太平洋、伊豆半島、富士山などを眺められます。広場の先、トイレがあるところはゴルフ場越しにランドマークタワーなど横浜みなとみらいがよく見えます。その先のランチをとる人でにぎやかな広場を横切り、階段状の岩場を登ると大平山の標識があるピークに登頂。振り返ると、大楠山《おおぐすやま》など三浦半島の山々や相模湾のパノラマが広がります。ちなみに国土地理院の地形図では峠の茶屋跡の標高点に大平山と記載。

秘境ムードもある獅子舞への登山道

上・頼朝が建立した永福寺跡の庭園。2017年、公開された。左上・源氏、鎌倉武士の守護神である鶴岡八幡宮の舞殿から本宮を見上げる。左下・鎌倉アルプスの呼び名にふさわしく、縦走路には露岩も見られる

鎌倉・横浜市境にあり、両市の最高峰になっています。

先へ進むと、広く歩きやすい山道が続きますが、ところどころに露岩が見られて、鎌倉アルプスと呼ばれるのも納得です。岩場には中世の墳墓とされ、やぐらと呼ばれる横穴も見られます。勝上《しょうじょう》けん展望台からは、眼下に建長寺《けんちょうじ》境内をはじめ、稲村ヶ崎、富士山や丹沢《たんざわ》、箱根などを見渡せます。展望台から階段を下って建長寺に入り、最初のお堂である半僧坊《はんそうぼう》で拝観料を納入。天狗像が両脇の斜面に並ぶ石段を下っていくと国の史跡に指定されている境内に入り、方丈、法堂、三門などのお堂が次々に現れます。禅家の臨済宗の寺院らしく、装飾を排した剛直な堂宇は鎌倉五山の第一位にふさ

大平山の山名板があるピークは南西側を中心に展望が開ける。足もとにはハイカーが憩う広場、その上に天台山方面の尾根、遠景に三浦アルプスの二子山や大楠山などを眺められる

わしい壮大なもの。方丈に上がり、池と築山が美しい庭園も眺めていきたいところです。スケジュールが合えば、坐禅会や法話に参加することもできます。

建長寺総門を出て、県道を右へ進めば北鎌倉駅まで15分ほどですが、時間があれば鎌倉駅へもどり、買いものや食事を楽しむこともできます。その場合は左に進んで県道を道なりに歩いてもよいのですが、北鎌倉駅方面へ進み、2つめの信号で左折し、鎌倉七切通しの亀ヶ谷坂《かめがやざか》切通しを通るのがおすすめです。下りきって横須賀線に出合ったら、鶴岡八幡宮に戻って、行きとは違う道から鎌倉駅へ向かってもいいですし、横須賀線西側の静かな道を歩き、寿福寺《じゅふくじ》などに詣でるのもよいでしょう。

DATA

★モデルコース　鎌倉駅→30分→鎌倉宮→1時間→大平山→45分→建長寺→15分→北鎌倉駅

★歩行距離/時間　7km/2時間30分

★アクセス　行き：品川駅→JR横須賀線48分→鎌倉駅　帰り：北鎌倉駅→横須賀線45分→品川駅　※鎌倉駅は江ノ島電鉄も利用でき、藤沢方面からアクセスも。

★シーズン　紅葉は例年11月下旬～12月上旬。4月上旬の桜、4月上旬～5月中旬の新緑、4月中旬～下旬のツツジもよい。夏は蒸し暑いが、海風が吹いて意外に涼しく歩けることも。勝上けん展望台から北西へ向かうと、建長寺に入らず、北鎌倉駅まで約30分で着ける。

★アドバイス　紅葉が目的なら、カエデが多く、ライトアップされる長谷寺も訪ねたい。江ノ島電鉄長谷駅から徒歩約5分だが、大仏コースを歩いていくのもよい。建長寺から2時間15分（P156参照）。山道は濡れて滑りやすいところがあるので、しっかりした靴で出かけたい。

★立ち寄りスポット　◎鶴岡八幡宮 ☎0467-22-0315。宝物殿は神服、刀剣、舞楽面など神宝類を多数収蔵。9時～16時、9月15日・展示替え日休館。200円。ぼたん庭園は4月上旬～5月上旬・1月上旬～2月上旬ごろ（開花状況で変動）、9時～16時30分、500円。◎瑞泉寺：9時～17時（16時30分閉門）、無休。200円。☎0467-22-1191。◎かまくら茶屋 天園：11時～17時（天候、季節などで変動）、不定休。◎建長寺：8時30分～16時30分、無休。500円。☎0467-22-0981

★問合せ　鎌倉市観光協会 ☎0467-23-3050

★取材メモ　かまくら茶屋 天園はボリュームたっぷりのふろふき大根（800円）を賞味した。ほかに甘酒（500円）、おでん（500円）なども。座禅会、法話に合わせて建長寺へ下山したこともある。座禅会は毎週金・土曜の15時30分～16時30分、法話は毎週土曜の昼前後に2回、各15分。

天園休憩所のふろふき大根

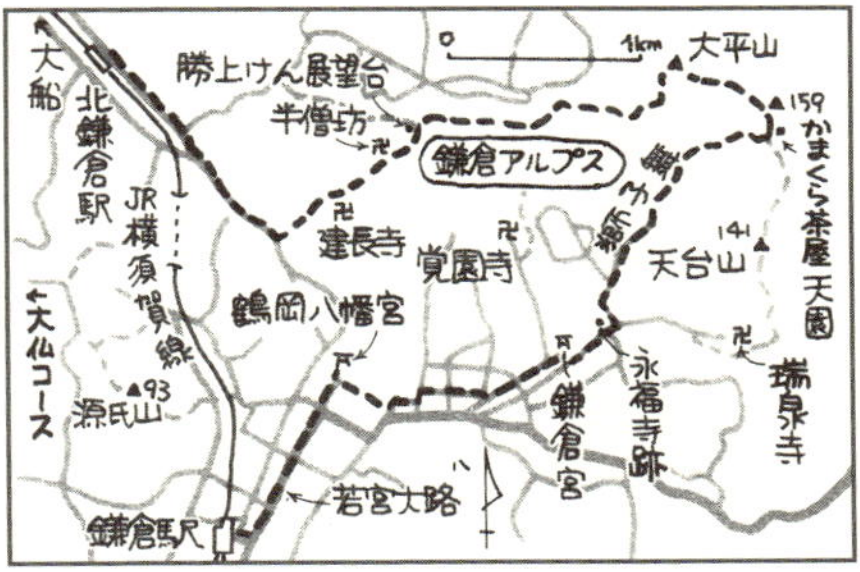

12月 1週

駒《こま》込《ごめ》富《ふ》士《じ》から六《りく》義《ぎ》園《えん》へ

富士山信仰の富士塚から大名庭園の築山へ縦走

歩 4㎞／1時間5分　⛰ 35m（六義園藤代峠）
交 12分／320円（池袋駅からJR山手線）
適 11月下旬～12月上旬（紅葉）／4月中旬～5月上旬（ツツジ）

東京都内には、富士塚と呼ばれるミニチュア富士がたくさんあります。この本を書いている2019年8月のNHK「さし旅」で指原《さしはら》莉乃《りの》さんが大泉富士に登っていました。指原さんはAKB48在籍時に富士山にも登っているので、本家と富士塚の両方を制覇ですね。

富士塚は、江戸時代に成立した富士山信仰の富士講信者によって築かれたものです。富士講とは富士山を崇敬、登拝することを目的として組織された宗教団体の講社のこと。とくに江戸では盛んで、町ごとに講社があり「江戸八百八町《はっぴゃくやちょう》、八百八講、講中八万人」といわれたそうです。当時の富士登山は、住んでいる町から歩きはじめるわけで、江戸側の登山口となる北口本宮《ほんぐう》富士《ふじ》浅間神社《せんげんじんじゃ》までは日本橋から約115㎞。富士山の登頂を含めて10日前後の日程で登られていたそうです。庶民が自由に旅行できなかった当時、伊勢参りや

駒込富士神社山開祭のうちわ

金比羅参りと同様、貴重な旅の機会であり、レジャー的側面もあったとか。

富士登山には費用や日数がかかるので、講中で資金を集め、代表者が登山に向かいました。そこで、町内に土を盛り、富士山の溶岩を積み上げるなどした富士塚を造り、旧暦の6月1日には山開きが行われて、江戸っ子たちがこぞって登拝。今も駒込富士や十条富士（P150）に、にぎわいが伝わります。23区内の富士塚は、現存しないものも含めて、約150箇所が知られているようです。なかでも、駒込富士は高さ約6mで威容を誇っています。

↑染井吉野桜公園の「染井吉野桜発祥の里」碑

←碑駒込駅前の染井吉野桜公園

駒込はまた、縁起のいい初夢とされる「一富士二鷹三茄子《なすび》」の発祥地ともいわれます。富士は駒込富士、鷹は付近に鷹匠の屋敷があり、ナスは付近が名産地だったからで、江戸時代の『誹風柳多留《はいふうやなぎだる》』にも「駒込は一不二　二たか　三なすび」の川柳があります。周辺の標高はちょうど20mほどで、駒込富士の山頂は標高約26mですが、実は駒込富士の北西約300mに10m近くも高い35mの藤代山《ふじしろやま》があります。池泉回遊式の大名庭園である六義園内の築山で、駒込富士と藤代峠を縦走せずにはいられません。

スタートの駒込駅から駒込富士、六義園は南へ向かいますが、北口に出ます。江戸時代、この一帯はナスの栽培に象徴されるように畑が広がり、植木の栽培も盛んでした。桜の代名詞になっている染井吉野《そめいよしの》は江戸時代後期、エドヒガンとオオシマザクラを駒込染井村で交配し、誕生したとされます。北口には染井吉野桜記念公園があり、エドヒガンとオオシマザクラも植えられて見比べられるので、花の時期でなくても寄りたいところです。

駒込駅から本郷通りを南下すると、すぐ右手が六義園ですが、駒込富士に登ったあと、ゆっくり散策したいので、さらに南下します。富士神社入口の信号で左折し、すぐの鳥居をくぐって参道に入ると、奥に駒込富士があります。毎年、6月30日〜7月2日の山開祭《やまびらきさい》のときに訪れると、参道にも鳥居前の通りに露店がひしめいて、たいへんなにぎわいです。富士塚の中腹や基部には通常、多数の石碑がありますが、こちらは町火消《まちびけし》の信仰があつかったということで、まといが描かれるなど火消の碑が目立ちます。富士塚の山頂は狭く、小さな祠が祀られている例が多いですが、こちらは台地状で山頂が広場になっていて、駒込富士神社の立派な拝殿が鎮座しています。コンクリート造りなのは戦火で焼失、再建さ

高さ5.5m、広さは東西40m、南北45mもあり、数ある富士塚のなかでも堂々とした姿を誇る駒込富士。山頂も広く平坦で、立派な拝殿が建立されている

れたからだそうです。ふだんは扉が閉められていますが、山開祭のときは開かれて、富士登山道中の縁起物である麦わら蛇（神竜）、麦らくがんなどが頒布されています。

山頂の駒込富士神社拝殿は山開祭期間中、開扉される

六義園の入園は、駒込側の染井門が通常、閉じられているので、駒込富士側の正門から入園します。入ってすぐの広場には、人気のシダレザクラの大木。さらに進むと六義園の中央部に広がる池・大泉水《だいせんすい》のほとりに出ます。付近は芝生が広がり、陽春にはツツジが美しいところです。六義園は元禄

藤代峠の頂上から、大泉水を囲むように造園された六義園を見下ろす。藤代峠の名称は紀州の同名の峠に由来し、富士見山とも呼ばれる。標高は35m、文京区の最高峰である

8（1965）年、江戸幕府5代将軍・徳川綱吉《つなよし》が川越藩主・柳澤吉保《やなぎさわよしやす》に与えた下屋敷で、吉保自らが設計、7年がかりで作庭したとか。六義は漢詩の分類である六義に由来し、吉保の教養の高さがうかがえます。六義園は江戸時代から小石川後楽園と並ぶ名園とされ、歩を進め、大泉水池を巡ると変化に富んだ景観が展開します。大泉水の正門と対岸にそびえる藤代峠の頂上から見下ろす六義園は大泉水に中の島が浮かび、周囲には手入れが行き届いた芝生や庭木が配されて、この日、一番の絶景を楽しめました。藤代峠は文京区の最高峰でもあるとか。これまで意識したことがありませんでしたが、23区最高峰を踏破するのも楽しいかも、と考えたりしました。

DATA

★モデルコース　駒込駅・染井吉野桜記念公園→15分→駒込富士神社→10分→六義園正門→園内散策30分→正門→10分→駒込駅。

★歩行距離/時間　4.0km／1時間5分

★アクセス　行き・帰り：池袋駅→JR山手線6分→駒込駅。※東京地下鉄南北線駒込駅も利用できる。

★シーズン　六義園の紅葉は11月下旬〜12月上旬、シダレザクラは3月下旬。ともに閉園時間を延長してライトアップも。新緑は4月上旬〜5月中旬。ツツジは4月中旬〜5月上旬。紅葉は11月下旬〜12月上旬。

★アドバイス　行程が短いので、歩き足りないときは駒込駅から北へ歩けば10分で洋館とバラ、日本庭園がある旧古河庭園、さらに15分の飛鳥山（P150）の散策も楽しめる。駒込富士から南下すれば約40分で上野公園（P18）。ランチタイムなら六義園でお弁当を食べるのもよいが、付近の店でランチ、時間帯によってはディナーを楽しむのもおすすめ。駒込は女子栄養大学のお膝もとなので、クオリティが高いレストランや喫茶店も数多い。

★立ち寄りスポット　◎六義園：9時〜17時（16時30分締切。ライトアップ時は21時まで）、無休。300円。吹上茶屋の抹茶と上生菓子のセットは9時〜16時30分ラストオーダー。☎03-3941-2222

★問合せ　豊島区観光協会 ☎03-3981-5849、文京区観光協会 ☎03-3811-3321

★取材メモ　つい、人出が多い時期を避けてしまうので、ライトアップもある紅葉とシダレザクラの六義園は訪問したことがない。これを機会に、取材しておくのでご容赦を。旧古河庭園は現代のバラと洋館が特徴的で、あわせて歩いたときは駒込富士と六義園の江戸と、やや食い違う感じがあった。視点を変えれば、多様なものが混在する東京らしいとも思える。取材日：2005年10月30日、2014年6月19日、2019年7月1日ほか。

駒込富士神社の山開祭は露店が並んでにぎわう

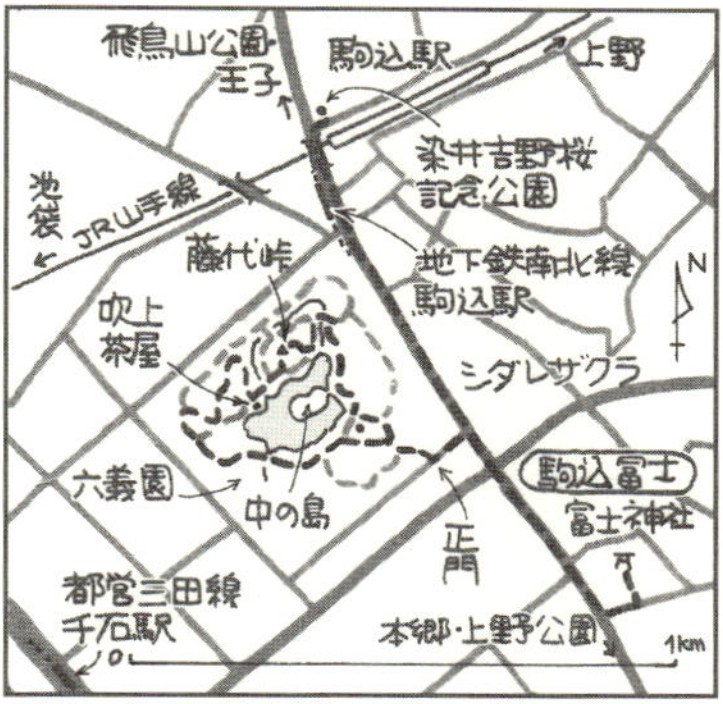

12月2週

八《はち》国《こく》山《やま》から荒《あら》幡《はた》富《ふ》士《じ》への丘陵歩き

国宝建造物の寺院からトトロの舞台とされる里山へ

㋭10km／2時間30分 ㋬119m（荒幡富士）
㋙55分／730円（池袋駅から西武池袋線、新宿線など）
㋢通年

八国山と荒幡富士があるのは、埼玉県所沢市と東京都東村山市にまたがる狭山《さやま》丘陵。武蔵野の雑木林が残る、貴重な里山です。アニメーション・映画監督の宮崎駿《はやお》氏によるアニメ映画「となりのトトロ」の舞台のモデルで、八国山は映画内の七国山であるといわれ、実際に八国山の南側には病院があります。荒幡富士は丘陵上に築かれた富士塚で、このコースの最高地点。整備されて歩きやすい歩道が四方から通じていますが、山慣れない人も安心して歩けて、史跡や見どころが豊富なモデルコースを紹介します。

スタートの東村山駅から正福寺千体地蔵堂《しょうふくじせんたいじぞうどう》へは、駅前から西へまっすぐ延びる県道128号を進むのが近道ですが、裏道を歩き、たたずまいが好ましい弁天池公園や大善院《だいぜんいん》に寄っていくのもおすすめ。千体地蔵堂は室町時代の応永14（1407）年建立で、大き

正福寺には地蔵菩薩の石仏も

寺伝では鎌倉時代中期弘安元(1278)年、鎌倉幕府の執権・北条時宗が建立したと伝えられるが、実際は室町時代の応永14(1407)年の建立。境内には都内最大の板碑とされる貞和の板碑も

さ、様式とともに鎌倉の円覚寺舎利殿《えんかくじしゃりでん》とよく似ており、ともに国宝です。ちなみに旧東宮御所《とうぐうごしょ》（迎賓館赤坂離宮《げいひんかんあかさかりきゅう》）が２００９年に指定される前は東京都内唯一の国宝建造物で、木造では今も唯一のものです。千体地蔵堂の名前は、堂内に多くの小地蔵像が祀られていることから。病気回復などを祈願する人が１体を持ち帰り、願いがかなったら新たな１体とともに返す繰り返しで地蔵像が増えたとされています。北山公園の菖蒲まつり中に参詣したときは、地元の歴史研究家が千体地蔵堂の建築や歴史について、解説されていました。「現在は創建時のこけら葺《ぶ》きが復元されているが、茅葺《かやぶ》きだった時期があり、その特性から屋根を現状のように反り返った形にできなかった」

など貴重なエピソードを聞けました。

八国山南麓にある北山公園は、中心部分にハナショウブ園が造られ、初夏の花期には色も形も様々な花が咲き競います。公園と八国山の間には西武鉄道西武園線が通っており、花と電車を一緒に収めた写真を狙うカメラマンも見られます。北山公園から八国山に登る道もありますが、山裾を西へ進み、１９９６年に付近で発見された下宅部《しもやけべ》遺跡の資料を展示する八国山たいけんの里へ。遺跡からは縄文時代後期から古墳時代、奈良・平安時代の遺構や遺物がたくさん見つかり、とりわけ約４０００年前の縄文時代の出土品は土器や石器、木製容器、丸木舟など多岐にわたっていて、職員の方から詳しい説明を聞けます。顕著なのは漆が塗られた漆液《しつえき》容器で「壊れた深鉢の底の部分を再利用したものが多く、煮炊きのお焦げが残っていたりして、縄文の暮らしが伝わる」とのこと。漆塗りの技術は現代の伝統工芸品に遜色ないほど発達していて、樹液を採るためのウルシの木の栽培もされていたなど、興味深い話を聞けました。

たいけんの里から雑木林を登り、尾根道に出て東へ、道なりに登ったあたりが八国山です。八国山の山名標識が立てられたピークがあるわけではなく、一帯が八国山と呼ばれています。かつては上野《こうづけ》、下野《しもつけ》、常陸《ひたち》、安房《あわ》、相模《さがみ》、駿河《するが》、信濃《しなの》、甲斐《かい》の八国を見渡せたことが由来とか。88・９ｍの三角点かたわらにある将軍塚は、新田義貞《にったよしさだ》が鎌倉攻めのとき、陣

北山公園付近から八国山の丘陵を見上げる

丘陵には広く歩きやすい歩道や案内板が整備されている

を置いたとされるところです。義貞は、その後、鎌倉幕府を滅ぼし、後醍醐《ごだいご》天皇に重用されるなどしたため、将軍塚は運気上昇のパワースポットとされているそうです。

将軍塚からは、八国山方面へ少し戻り、北側へ下って、住宅地と里山が入り組んだ道を荒幡富士へ向かいます。荒幡富士がある旧荒幡村は、かつて小字《こあざ》ごとに鎮守があり、村民はそれぞれの氏子に分かれていました。そこで、村民の心を統一するため、１８８１（明治14）年に４社を浅間《せんげん》神社に合祀。１８８４（明治17）年から１８９９（明治32）年にかけ、15年がかりで村民が協働し、荒幡富士を築いたそうです。関東大震災や第２次大戦による崩落や荒廃も村民の手で復旧、保存され、所沢市の文化財

上・荒幡富士山頂から本物の富士山も見える。
左上・標高119mの荒幡富士。
左下・新田義貞ゆかりの将軍塚

に指定されています。村民の労苦をしのんで山頂に立つと、所沢の市街から都心のビル群や本家・富士山の展望が広がっていました。

荒幡富士から西へ下ると、すぐ狭山丘陵いきものふれあいの里センターがあります。狭山丘陵の自然が大規模開発で破壊の危機にさらされた1980年代、地元の自然保護団体が緑地を買い取り、保全するナショナルトラスト運動を展開。宮崎監督の承諾を得て、公益財団法人トトロのふるさと基金として活動を続けています。センターは、財団が埼玉県の委託を受けて管理運営し、狭山丘陵の自然を学べる展示などがあります。センターの先で住宅地に出れば、期せずして下山口《げざんぐち》の下山《しもやま》口駅はすぐです。

DATA

★モデルコース　東村山駅→15分→正福寺→20分→八国山たいけんの里→40分→将軍塚→25分→南部浄水場→30分→荒幡富士→20分→下山口駅。

★歩行距離/時間　10km／2時間30分

★アクセス　行き：西武池袋線急行22分→所沢駅→西武新宿線→3分→東村山駅。帰り：下山口駅→西武狭山線3分→西所沢駅→西武池袋線急行27分→池袋駅。※西武新宿駅、高田馬場駅から西武新宿線も利用できる。

★シーズン　盛夏は暑く、快適に歩くなら10月～5月ごろがよい。紅葉は11月下旬、新緑は4月中旬～5月中旬ごろ。北山公園の約300種、8000株のハナショウブ園は例年6月上旬～中旬が見ごろで、東村山菖蒲まつりが行われて賑わう。

★アドバイス　八国山～荒幡富士は道が入り組んでいるので、地図や現在地を確かめて行動を。ほかのコースは、西武西武園線西武園駅→40分→将軍塚、西武池袋線・新宿線所沢駅→30分→将軍塚など。

★立ち寄りスポット　◎正福寺：境内自由。本堂内は8月8日、9月24日、11月3日に公開。☎下記東村山市。◎徳蔵寺板碑保存館：将軍塚南東麓にあり、新田義貞の鎌倉攻めを実証する元弘の板碑など多数の文化財を収蔵。9時～17時、月曜休館。200円。☎042-391-1603。◎八国山たいけんの里：9時30分～17時（16時30分締切）、月・火曜（祝日の場合直後の平日）休館。無料☎042-390-2161。◎手打ちそば ごろう：つつましい店構えだが蕎麦通の評価高し。11時30分～15時、月曜定休。せいろ、鴨汁せいろなど。☎042-393-7241。◎狭山丘陵いきものふれあいの里センター：9時～17時、月曜（祝日・県民の日の場合翌日）休館。無料。☎04-2939-9412

★問合せ　東村山市産業振興課☎042-393-5111、所沢市まちづくり観光協会☎04-2998-9155

★取材メモ　国木田独歩の「武蔵野」に記された久米川の古戦場もこの近く。独歩も秋から冬に歩いており、一読してから出かけると、より趣深く歩ける。取材日：2003年12月4日、2017年6月18日ほか。

手打ちそば ごろうの米なすと辛味大根そば（1000円）

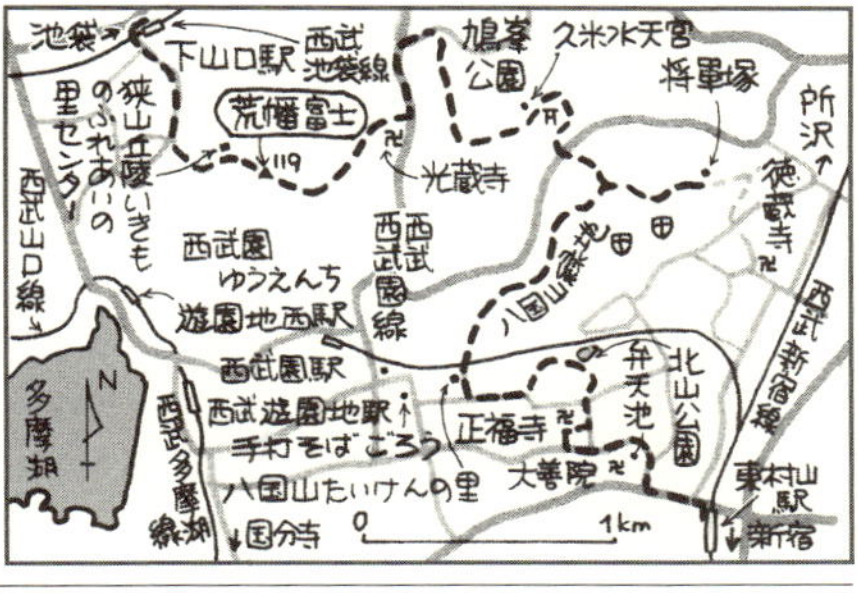

12月 3週

永山《なが》山《やま》駅から聖《せい》蹟《せき》桜《さくら》ヶ《が》丘《おか》へ

多摩ニュータウンの緑地と里山の雑木林を訪ねて

(歩)7㎞／2時間10分 (標)130m（旧多摩聖蹟記念館）
(交)1時間／660円（新宿駅から京王線）
(適)通年

高幡不動～南平《みなみだいら》丘陵（P144）、枡形山《ますがたやま》～生田《いくた》緑地（P246）と同じく、開発で変貌した多摩丘陵にあり、ここが最も大規模なニュータウン開発がされています。またもや年寄りの昔話で恐縮ですが、半世紀近くも前、この付近で毎日のように開発前の山林を歩き回って、植生の調査をしていました。ほかでも書いた京央造園設計事務所のアルバイトでした。当時は多摩ニュータウンの開発が始まったところで、山を削り、その土で谷を埋めて平地を造るという、池泉回遊式庭園と逆の造成が主流でした。そのため、自然の植生も、肥沃な表土も失われてしまうとして批判が出て、工法を見直すべく、植生調査が計画されたものです。見直しの結果、尾根や谷をつぶすような造成は避け、斜面の山林はできるだけ残すなど、基本方針が変更されたと聞いています。

公園にサザンカが咲いていた

上・電車見橋では、並んで走る小田急線（左）と京王線、遠く奥武蔵などの山を眺められる。右・永山駅のすぐ南側、芝生が広がる永山北公園

その後、このエリアを意識して歩いていませんでしたが、随所に公園や緑地があり、多摩市のウォーキングコースも設定されて楽しく歩けそう。多摩市の永山コースと京王線の聖蹟桜ヶ丘周回コースを組み合わせたプランが楽しいかも、と考え、紅葉の名残をとどめる初冬に出かけました。恥ずかしながら、今回、初めて知ったのですが、聖蹟桜ヶ丘という地名はないのですね。聖蹟は明治天皇の行幸地であること、桜ヶ丘は駅南側の地名で、2者を合体したものとか。歩くことは新たな発見につながります。

スタートは、調査したエリアの京王永山駅・小田急永山駅。当時、付近は団地や鉄道の建設はおろか、造成も始まっておらず、丘陵は雑木林、川沿いの平地は畑など。そのなかに民家が点在する農村風景が広がっていました。現在は、2路線の鉄道が通り、駅前にはビル、周辺には団地が建ち並んで、すっかり様変わりしていました。しかし、駅前の永山北公園の広場を抜け、団地の斜面を登っていくと、山林を残したと思われるところがあり、植栽された林もコナラやケヤキが多いなど、自然の植生に沿う工夫が感じられました。

雰囲気がよい桜ヶ丘公園の谷あいの道

並行する京王線と小田急線を高架で渡る電車見《でんしゃみ》橋では、奥多摩から奥武蔵の山を眺め、橋の名前にちなんで電車が通るのを待って、写真を撮りました。今回、その写真を使おうとチェックし「小田急と京王では架線柱の形も色も違うんだ」などと思いながら見ていたら、線路の幅（軌間）も異なるようです。調べたら、小田急は1067㎜、京王は1372㎜。前者は、1872（明治5）年、新橋駅〜横浜駅に開業した日本初の鉄道をはじめ国営の鉄道に採用され、1900（明治33年）の私設鉄道法で私鉄も1067㎜とされ、小田急はこれに従った。後者は明治初期の馬車鉄道から東京市電、さらに東京都電が採用し、馬車軌間と呼ば

高台で振り返ると、富士山が頭をのぞかせていた

れているとか。写真を撮ることも発見、勉強になります。

橋を渡って、陸上競技場や武道館がある多摩東公園を通り、高台にある多摩市の馬引沢《まひきさわ》南公園へ。公園の頂上付近は芝生の広場で、高木の植栽を控え、展望と明るく開けた空間を維持しているそうです。北へ向かい、団地の道を15分ほどで東京都の桜ヶ丘公園の入口に着きます。桜ヶ丘公園は丘陵上に広がり、東京ドームの7倍あまりの31haの広さ。さらに、隣接する多摩市の連光寺《れんこうじ》公園、大谷戸《おおやと》公園と一体の緑地を形成しています。標高は、コース最高地点で、旧多摩聖蹟記念館が建つ丘の頂上が約130m。永山駅側の入口が100m、聖蹟桜ヶ丘駅側の入口が80m、さらに聖蹟桜ヶ丘駅付近は50mでけっこうな高度差があります。園内には美しい雑木林や浅い谷があって、起伏、変化に富み、楽しく散策ができました。覆いかぶさるようにケヤキの大木が茂る、谷あいはとりわけ素敵でした。

旧多摩聖蹟記念館は、UFOとパルテノンが合体したようなユニークな外観で、関根要太郎《せきねようたろう》と蔵田周忠《くらたちかただ》が設計し、1930（昭和5年）に完成。入ると、外部と同じ太い円柱で

旧多摩聖蹟記念館は、楕円形の本館の前面外周を相似形の回廊と円柱が囲む。レトロモダンで独特な外観で、ウィーンのシェーンブルン宮殿を思わせる、黄土色がかった黄色を基調としている

支えられたホールに、馬に乗った明治天皇像、幕末・明治に活躍した人々の書画、多摩市周辺の植物の写真などが展示されています。明治天皇は明治10年代に4回、ウサギ狩りやアユ漁のために当地を訪れたそうで、一帯がのどかな田園だったことがうかがえます。

聖蹟桜ヶ丘は、近藤喜文監督、スタジオジブリ製作のアニメ映画「耳をすませば」の舞台でもありますが、アニメのモチーフとなった、いわゆる聖地は西側の乞田《こった》川を隔てた貝取山《かいとりやま》緑地の丘陵と付近に集中しています。冬至直前で、旧多摩聖蹟記念館を出たときは、すでに日が暮れはじめていたので、聖地巡礼は次の機会に譲り、聖蹟桜ヶ丘駅へ直行しました。

DATA

★モデルコース　京王永山駅・小田急永山駅→15分→諏訪北公園→30分→馬引沢公園→40分→旧多摩聖蹟記念館→30分→新大栗橋→15分→聖蹟桜ヶ丘駅。

★歩行距離/時間　7.0km／2時間10分

★アクセス　行き：新宿駅→京王本線・相模原線準特急30分→京王永山駅、または新宿駅→小田急小田原線快速急行25分→新百合ヶ丘駅→小田急多摩線10分→小田急永山駅　帰り：聖蹟桜ヶ丘駅→京王本線準特急30分→新宿駅。※京王永山駅と小田急永山駅は隣接。

★シーズン　紅葉は11月下旬～12月上旬ごろ。桜ヶ丘付近は名前のとおり桜が多く植えられ、見ごろは4月上旬。新緑は4月上旬～5月中旬。舗装された道を歩くところも少なくないので、盛夏は暑く、やや不向き。

★アドバイス　全体として宅地化されているが、店は駅を離れるとほとんどない。食事や買いものは駅付近ですませるのが無難。

★立ち寄りスポット　◎旧多摩聖蹟記念館：10～16時、月・水曜（祝日の場合翌日）休館、不定休あり。無料。☎042-337-0900。◎「耳をすませば」聖地：ファンには常識だが、聖蹟桜ヶ丘と周辺、大栗川遊歩道、いろは坂の階段と桜公園、天守台、ロータリー広場とノア洋菓子店などがある。駅前に「聖蹟桜ヶ丘散策マップ～猫を追いかけて～」の地図を掲載した案内板があり、同じ地図を桜ヶ丘商店会連合会からダウンロードできる。タイトルは「耳をすませばモデル地案内マップ」。

★問合せ　多摩市経済観光課 ☎042-338-6867

★取材メモ　多摩丘陵の雑木林を歩くことが主目的なら、聖蹟桜ヶ丘駅を起点に周回コースをとるのもよさそう。「耳をすませば」聖地も歩くなら、京王永山駅・小田急永山駅から貝取山緑地などを歩いて、モデルコースに合流することもできる。旧多摩聖蹟記念館は独特なデザインで、シンプルに見えて部分の意匠へのこだわりも優れた名建築と感じた。多摩市文化財、東京都の特に景観上重要な歴史的建造物に指定。聖蹟桜ヶ丘駅で流れる「耳をすませば」の挿入・主題歌「カントリーロード」は発車メロディと思っていたが、到着メロディであることも今回知った。取材日：2017年12月14日。

桜ヶ丘商店会連合会がウェブで配布している「耳をすませばモデル地案内マップ」

12月4週

天覧山《てんらんざん》から多峯主山《とうのすやま》を周回

飯能市街に接する「ヤマノススメ」聖地の山をミニ縦走する

歩 8・5km／3時間5分　⛰ 197m（天覧山）、271m（多峯主山）
交 1時間40分／960円（池袋駅から西武池袋線）
適 通年

埼玉県南西部に位置する飯能市《はんのうし》は市域の75％を山林が占め、首都圏有数のハイキングエリアになっています。多数のコースがあるなかで、最も親しまれているのが天覧山でしょう。飯能市中心部の飯能駅西側にあり、飯能駅からの標高差は90m足らずで、山頂まで1時間弱。アニメ「ヤマノススメ」の舞台で、ファンにも親しまれています。

季節折々に楽しめる山ですが、私には年末年始の山のイメージがあります。年末のほうは、かつて暮れに登ったとき、『日本百名山』の著者・深田久弥氏を慕う深田クラブの有志が鍋を囲んで忘年山行を楽しんでいるところに出会ったこと、年始のほうは初日を拝みに元日登山をしたという思い出があることが大きいです。

天覧山だけなら飯能駅から往復1時間30分ほどの手軽な行程です。手軽すぎて物足りな

世界唯一という鉄腕アトム銅像

能仁寺本堂。裏手には桃山時代の作という庭園が広がる

←天覧山山頂の南側は展望台になっている →中段に置かれている「ヤマノススメ」ファン交流ノート

ければ、さらに西へ進み、多峯主山、入間《いるま》川の渓流と合わせれば、変化に富んだ半日コースになります。ここでは多峯主山まで歩く周回コースを紹介しましょう。

飯能駅から市街地を抜け、登山口の中央公園へ。「ヤマノススメ」は2013年からの放送ですが、テレビアニメというジャンルの存在を確固たるものにしたのは1963（昭和38）年放送開始の「鉄腕アトム」でしょう。そのアトムの世界でただひとつという銅像が中央公園にあります。ファンなら、JR高田馬場駅からアクセスすれば「鉄腕アトム」主題歌の発車メロディに送られてスタートできます。高田馬場は、作品でアトムが誕生した科学省があるという設定で、手塚治虫プロダクションの事務所もあったことから、アトムの誕生年の2003年、2カ月限定で発車メロディに使われ、好評のため継続されて現在に至っているそうです。意外にご存じない方がいるので付け加えると、作詞は詩人の谷川俊太郎氏。さらに脱線しますが、私は谷川氏の作品、とくに『62のソネット』のファン。山で青く澄んだ空を眺めていて「空の青さを見つめていると／私に帰るところがあるような気がする」という一節を思い起こし、青空の新たな意味を感じたりすることもあります。

中央公園に戻り、幕末に飯能戦争の舞台となった能仁寺《のうにんじ》のかたわらから登りにかかります。ひと登りして、平坦になったところは中段と呼ばれ、休憩舎に「ヤマノススメ」ファンの交流ノートが置かれています。もう一度、やや急な道を頑張れば天覧山山頂で、展望台になっている南側は飯能市街から奥多摩、富士山などを見渡せます。「ヤマノススメ」では、主人公の女子高校生、雪村あおい、倉上ひなたたちが暮らす飯能がたびたび描かれますが、彼女たちが初めて登った山の天覧山山頂のシーンはとりわけ印象的です。

往復する場合は、ここで飯能駅へ戻りますが、多峯主山へ縦走して、よりたっぷり山を楽しみましょう。尾根道と西ノ谷の2コースがあり、西ノ谷のほうが変化に富んでいます。途中、1926（大正15・昭和元）年に牧野富太郎《まきのとみたろう》博士が発見し、埼玉県天然記念物に指定されたハンノウザサの解説板があります。尾根コースと合流し、手がかりの鎖が張られ

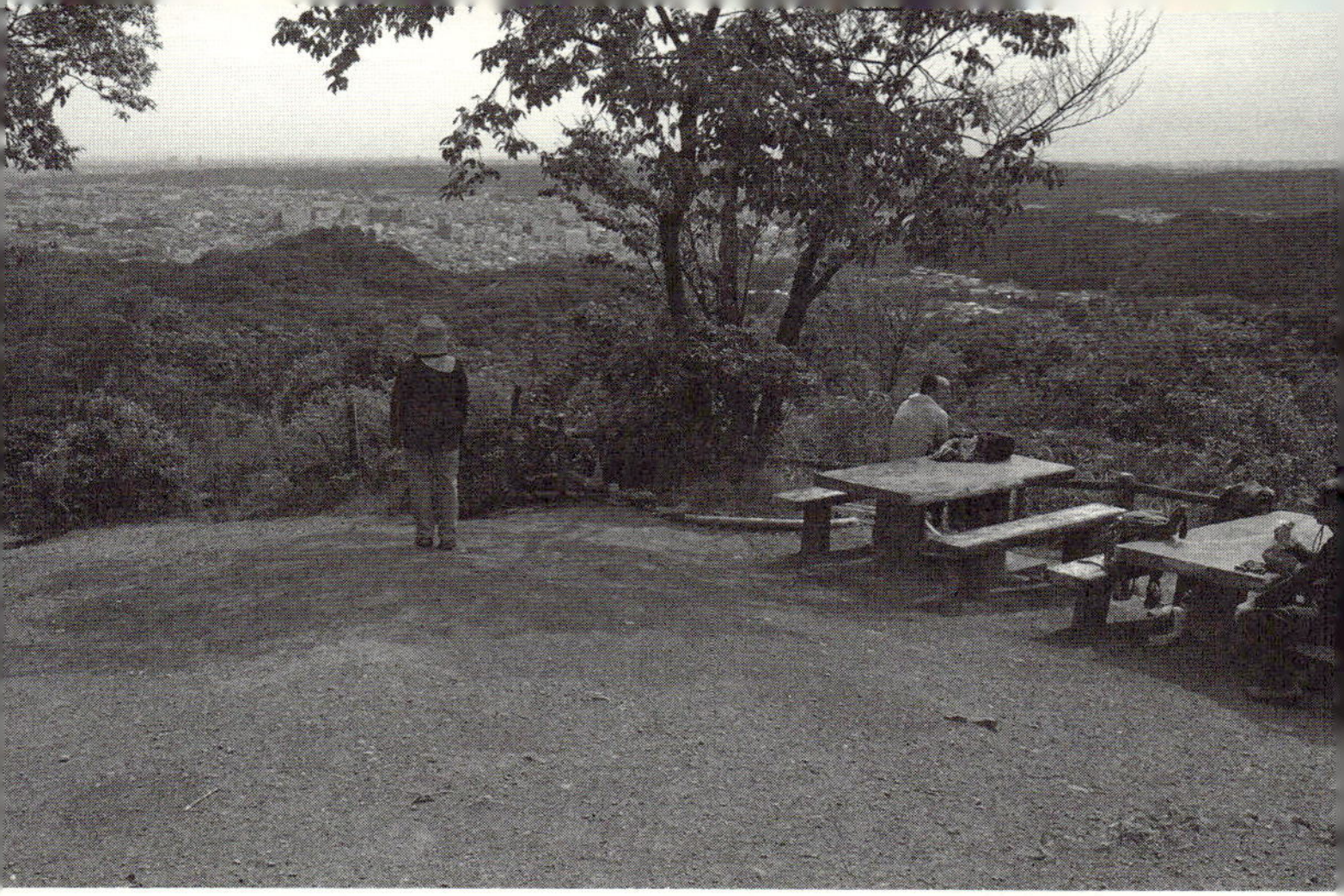

多峯主山山頂は東西に細長い広場で飯能市街や都心方面、奥武蔵や奥多摩の山々の眺めがよい。テーブルやベンチが置かれて、のんびり休憩や食事をするにもいいところだ

た男坂を登ると多峯主山山頂。細長い広場状でテーブルとベンチもあり、忘年山行、新年山行にぴったりです。鍋などをつくる場合、飯能駅付近のスーパーで食材を購入してから登ることができるのも好都合です。山頂は展望もよく、天覧山より奥まっているぶん山深い趣があります。武甲山《ぶこうさん》、伊豆ヶ岳など西武線沿線の山々も眺められて、今後、登るであろう山々への期待もふくらみます。

　下山は南へ下り、入間川に沿った里道を飯能駅へ戻ります。ひと下りして、岩場の上に建つ御嶽八幡《みたけはちまん》神社に着くと、奥武蔵や奥多摩の展望が開けます。樹林を下って、県道に出ると、右手に永田大杉《ながたおおすぎ》バス停があり、飯能駅行きのバスが通っています。バ

飛び石の橋で入間川を渡って
対岸の道を飯能駅へ戻る

「ヤマノススメ」聖地のひとつでもある割岩橋を渡って飯能駅へ

ス停の先で左に折れ、飛び石の橋で入間《いるま》川を渡り、対岸の車道に出たら左へ。道なりに進み、指導標に従って歩道に入って、割岩橋《われいわばし》を渡り、市街地に入れば飯能駅まで20分ほどです。

　最後に、元旦の初日の出ですが、天覧山山頂で6時50分ごろ。大晦日の西武線終夜運行はありませんが、池袋駅5時00分の始発を乗り継げば飯能駅6時00分着なので、すぐに歩きはじめれば初日に間に合います。ゆっくり歩きたい、早めに着いて場所を確保したいという人は、終電に乗り、飯能駅付近の24時間営業のファミリーレストランなどで休憩していくとよいでしょう。

DATA

★モデルコース　飯能駅→30分→能仁寺→20分→天覧山→40分→多峯主山→飯能駅。

★歩行距離/時間　8.5km／3時間5分

★アクセス　行き・帰り：池袋駅→西武池袋線急行50分→飯能駅。※特急は40分。特急指定席500円。

★シーズン　通年、楽しめる。天覧山の桜は4月上旬。新緑は4月中旬～5月中旬。夏はやや暑いが、8月上旬、飯能河原で飯能納涼大会、花火あり。紅葉は11月下旬ごろ。冬も通常、雪はほとんどない。

★アドバイス　天覧山から北へ向かうコースも。天覧山からムーミンバレーパーク、宮沢湖温泉経由で宮沢湖バス停まで1時間45分、天覧山から高麗峠経由で巾着田（P222参照）まで1時間40分など。

★立ち寄りスポット　◎飯能市立博物館：旧飯能市郷土館が2018年リニューアル。飯能の歴史と自然、林業を解説。9～17時、月曜・祝日の翌日休館（祝日の場合開館）、無料。☎042-972-1414。◎銀河堂：蔵をリフォームした雰囲気のよい喫茶店。12時～21時、月・火曜定休。手作りケーキ400円、チキンカレー780円など。☎042-972-0492。　◎祥龍房：飯能駅前にあり、本格的なメニュー多数、でリーズナブルな価格の中華料理店。11時～26時、無休。☎042-972-7838

★問合せ　奥むさし飯能観光協会 ☎042-980-5051

★取材メモ　2016年元日には特急・天覧山 初日の出号が運行された。元町・中華街駅3時59分発、横浜高速鉄道みなとみらい線・東急電鉄東横線・東京地下鉄副都心線・西武鉄道池袋線直通で飯能駅5時45分着。4線直通で元町・中華街駅始発という珍しい列車なので、大晦日のうちに横浜まで行って、みなとみらいでカウントダウン、除夜の汽笛や花火を楽しんだ後、始発駅から天覧山 初日の出号に乗って飯能へ向かった。当日は好天にも恵まれて、厳かな初日を拝むことができ、思い出深い山行ができた。取材日：2018年1月21日、2019年8月17日ほか。

天覧山山頂に昇る初日

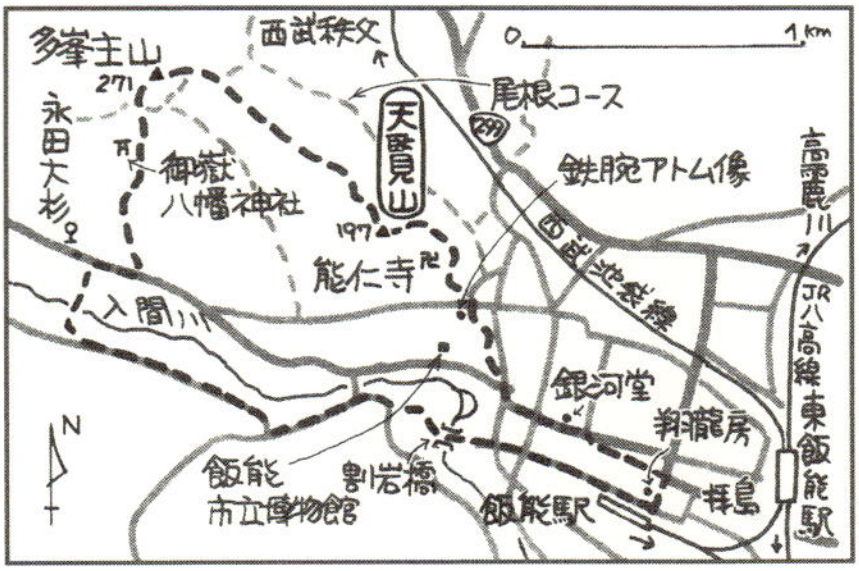

12月
5週

高《たか》尾《お》山《さん》のダイヤモンド富士

1年のフィナーレを飾るにふさわしい夕日と富士山のコラボ

(歩)5・3km／2時間15分、または7・7km／3時間5分 599m

(交)1時間50分／780円（新宿駅から京王本線・高尾線）

(交)12月下旬（ダイヤモンド富士）／通年

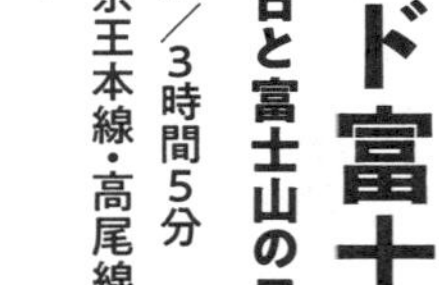

高尾山口駅からスタート

「コンビニエンス」。高尾山の魅力や特徴をひと言で表現すると？と聞かれたときの答です。軽薄な印象を受ける方もいるかもしれませんが、ポジティブな意味での好都合、便利の意味です。具体的にいえば、第1に、高《たか》尾《お》山口《さんぐち》駅からすぐ山に入れて、しかも新宿駅から高尾山口駅まで直通の準特急で55分、３９０円という近さ、手ごろさ。第2に、それでいて豊かな自然があり、季節折々に楽しめること。第3に、いくつもの登山コースがあって、そのときの花や気分で自由にアレンジでき、ケーブルカーを使わなくても高尾山口駅から2時間30分ほどで往復できること。最後に、コンビニエンスである分、足しげく通えて、季節の変化やいろいろなコースを堪能でき、高尾山への理解、愛着も深くなっていきます。なので、半日登山にも、登山は敷居が高いと躊躇《ちゅうちょ》する人のエントリーにもうってつ

稲荷山尾根の高尾山口駅〜高尾山のほぼ中間地点となる稲荷山の山頂。巻き道もあるが、登っても大差なく、都心や横浜方面を見渡せるので、立ち寄り、ひと息いれていくとよい

けです。

高尾山で人気の季節は春の桜と新緑、秋の紅葉で、週末など渋滞が発生するほどです。紅葉が終わって、冬を迎える時期はずっと人が少なく、といっても、ビギナーが不安を感じるほどいないわけではなく、静かな山を楽しめます。空気が澄み、富士山が美しく雪化粧して望めるのも、この季節ならでは。そして、年末が近くなると、また登山者が多くなります。目当ては、富士山の山頂に夕日が沈むダイヤモンド富士。日が沈む場所は移動するので、その時々に、あちこちの山で見られるはずですが、富士山が見える山でなくてはならず、意外にロケーションがいい山は少ないです。しかも、通常は1日限りですが、高尾山は冬至と一

致するので、日没の場所があまり移動せず、1週間近くにわたって楽しめます。ダイヤモンド富士を見た後、ほかの山なら夜道を下山しなくてはなりませんが、高尾山だと暗くなる前にケーブルカーの山頂駅である高尾山駅に着けて、ケーブルカーで下山できるし、ケーブルカーも終発が延長されるので、安心です。

この時期には、もうひとつ、シモバシラも楽しみとなります。「え、霜柱《しもばしら》って珍しくないよ?」と思われるかもしれませんが、霜柱ではなくシモバシラ。シソ科の植物の名前です。冬は枯れてしまうのですが、残った茎が毛細管現象で吸い上げた地中の水分が茎の隙間から帯状の氷となって延びる現象が見られます。幻想的で美しく、氷花とも呼ばれています。とはいえ、自然現象なので、富士山を雲が隠せばダイヤモンド富士は見られないし、シモバシラの氷花も気温などの条件があり、必ず見られるとは限りません。しかし、いつ行っても同じように見られるのではなく、その年、その日によって違う表情にふれられることが自然の魅力でもあります。ダイヤモンド富士でいえば、雲に隠れてしまうのはまずいですが、雲ひとつない快晴よりも、空に紅く染まった雲が浮かんでいるほうが趣があったりします。ご参考までに、私は直近の3年間で4回トライして、ダイヤモンド富士は3勝1敗、まずまずの好成績。氷花は1勝3敗という残念な結果でしたが、年が明けてからも見られるので、初詣を兼ねて、出直したりしています。

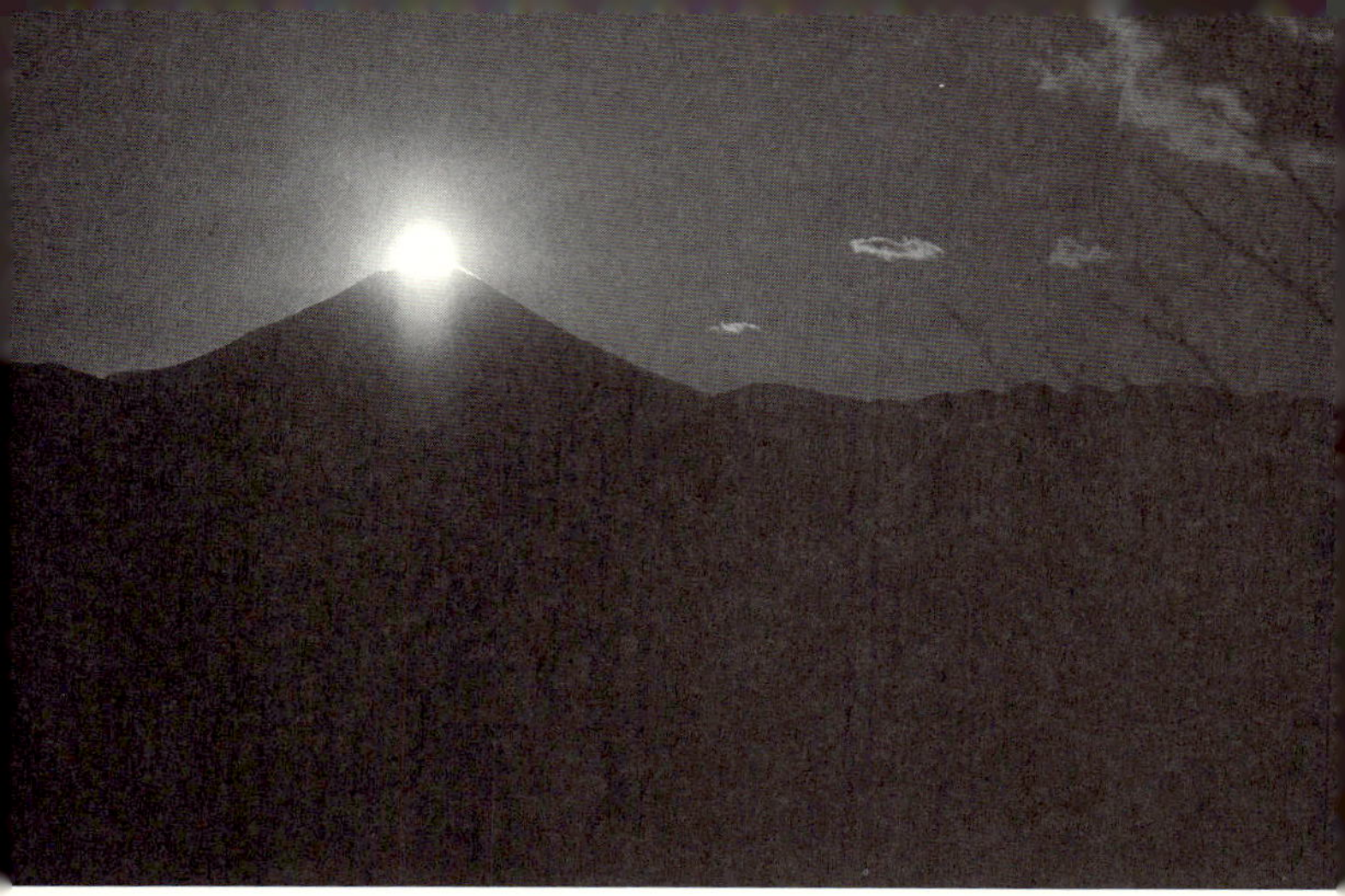

2017年12月26日のダイヤモンド富士。右手に浮かんだ雲がよいアクセントになっていた。日没後は丹沢山地の上に浮かぶ雲が夕映えでバラ色に染まっていたのも美しかった

高尾山口駅から高尾山への主な登山コースは1号路、6号路、稲荷山《いなりやま》尾根の3つ。1号路は中腹の薬王院の参道で、車も通れる広い道が薬王院まで続き、途中には茶店もあって、最も多く利用されています。6号路は谷間の道で、春は野草が咲き、夏は涼しいですが、日陰で、あまり冬向きではありません。その南側の稲荷山尾根は日だまりも楽しめる尾根道です。私のおすすめは稲荷山尾根を登り、1号路を下るプラン。帰りはケーブルカーも利用できますが、山頂駅から高尾山口駅まではほぼ車道なので、ライトを用意すれば、とくに困難なく下れます。不安がある人は、前もって昼間に歩いておくといいでしょう。

当日は、日没間際になると人垣ができて

ダイヤモンド富士の直後に下山すると、ケーブルカー高尾山駅に着くころはまだ薄明るい。しばらく待つと日が暮れて、イルミネーションのような夜景を楽しんで、ケーブルカーで下山することもできる

しまうので、1~2時間前には到着したいところです。待ち時間を利用し、鍋などを作って忘年山行を兼ねるグループも見受けられます。私は基本ひとりですが、友人のグループがいて、お相伴《しょうばん》にあずかったこともありました。混んでいるときは、奥高尾方面少し下ったもみじ台、さらに進んだ富士見台まで行くと、太陽の位置はわずかにずれますが、高尾山山頂より空いています。シモバシラは、もみじ台北側の巻き道に自生地があります。さらに進んで小仏城山《こぼとけしろやま》、景信山《かげのぶやま》、陣馬山《じんばさん》などにも自生地があり、奥高尾から縦走してくると見られる可能性が高くなるし、縦走で行程が長くなる分、達成感、充実感も得られます。

DATA

★モデルコース　高尾山口駅→50分→稲荷山→50分→高尾山→35分→高尾山駅→ケーブルカー6分→清滝駅→5分→高尾山口駅、または高尾山駅→50分→高尾山口駅

★歩行距離/時間　5.3km／2時間15分、または7.7km／3時間5分

★アクセス　行き・帰り：新宿駅→京王本線・高尾線準特急55分→高尾山口駅。

★シーズン　ダイヤモンド富士は冬至の前後約1週間で例年12月20日〜24日ごろがベスト。日没時刻は16時15分ごろ。シモバシラは12月中旬〜2月ごろだが、徐々に氷花が小さくなる。ネコノメソウなど早春の花は3月、山頂の桜は4月なかばごろ、新緑は4月なかば〜5月中旬、紅葉は11月なかば〜下旬。冬も雪があることは少ないが、日陰などのアイスバーンに注意を。大晦日から元旦にかけて京王線、ケーブルカーともに終夜運行され、山上の初日の出、薬王院の初詣を目的に登る登山者も多い。

★アドバイス　東京都の高尾ビジターセンターのサイトには登山道の状況、開花情報などが掲載されている。現地では自然解説の展示、毎日13時から約1時間のガイドウォーク（無料）などとともに利用価値が高い。

★立ち寄りスポット
◎TAKAO 599 MUSEUM：登山口にあり、高尾山の魅力や自然情報を発信。8時〜16時（4月〜11月は17時まで。各30分前に入館締切）、無休。無料。☎042-665-6688。◎高尾ビジターセンター：10時〜16時、月曜（祝日の場合翌日）休館。無料。☎042-664-7872。◎京王高尾山温泉・極楽湯：高尾山口駅に隣接し、食事処も備えする日帰り温泉館。8時〜23時（22時入館締切）、無休。1000円〜。☎042-663-4126

★問合せ　八王子観光コンベンション協会 ☎042-643-3115

★取材メモ　ほとんどの人は、夕日が富士山に隠れると、早々に下山するが、私は山頂にとどまって、残照や夕焼け、宵闇へと変化する空を眺めているのも好き。高尾山駅の展望台、金比羅台から見る、暮れなずみ、灯火が増してくる夜景も美しい。取材日：2017年12月26日、2018年12月27日ほか。

シモバシラの氷花も冬の楽しみ

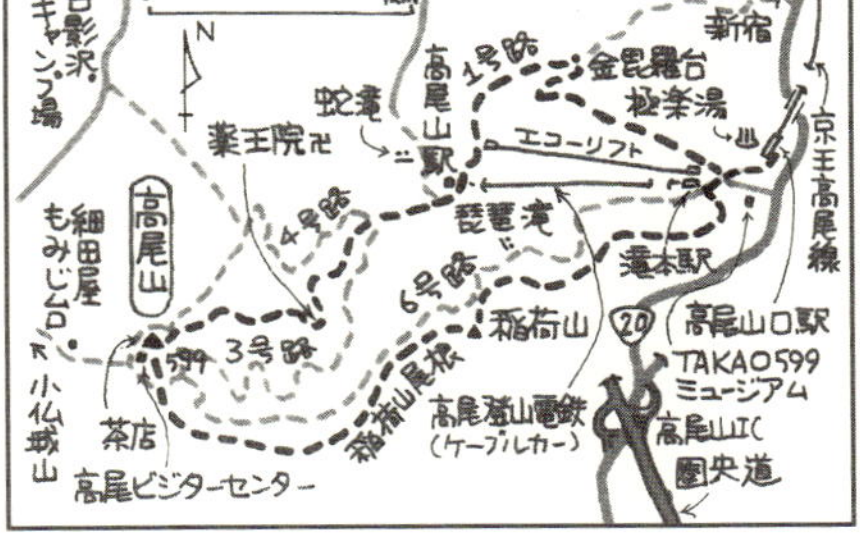

楽しい『ゆるゆる登山』を

この本の企画は、当初「週刊ヤマケイ」に投稿したレポートから、半日で登れる山をまとめようというところからスタートしました。しかし、集計してみると、地域的なバランスが悪いうえ、「都心から6時間で行って登って帰ってこられる」行程に収まらないものが多く、最近の取材をもとに、コースを選び直しました。一部、6時間の縛りで落とすのは惜しいコースを残し、長いコースにはできるだけ短縮のヒントを入れました。

選んだ50コースのフィールドは大きく3つ、山地、丘陵地、市街地に分けられます。山地は18コース。高尾山、奥多摩、丹沢、奥武蔵などで、そのなかから駅や山麓に近く、行程も手軽なところを入れました。従来からの登山・ハイキングのガイドブックにも入る範疇です。丘陵地は21コース。多摩丘陵、三浦丘陵などで、いわゆる里山が多いフィールドです。豊富なコースのなかから、なるべく山に登った感が得られ、道がわかりづらくないところを中心に選びました。市街地は9コース。街なか、それもほとんどが東京23区内です。最高峰でも45mという超低山ばかりで、どこにあるのか探すのにひと苦労というような山もありますが、それが新たな気づき、発見につながります。交通・道路網が発達していて、いかようにもコースを組めるので、計画の工夫も楽しみになります。

コースの内訳を都県ごとに見ると東京都21コース、神奈川県14コース、埼玉県10コース、千葉・茨城・栃木・群馬・山梨県が各1コースです。最初に作成したリストでは、神奈川が東京より多く、一方で埼玉は3コースしかありませんでした。埼玉は都心から近い、ゆるゆる低山のフィールドが意外に狭く、コースがかぶる山も多くて、再選択に手間取りました。その結果、多少、取材が古いものも入ってしまいましたが、記事を書くにあたって最新情報を精査しています。ほかの県は、アクセスが長くなるなどで、さらに選択が困難でしたが、各県から1コースずつ入れました。

「週刊ヤマケイ」では、そのときの速報的な側面を重視していて、歩行時間やアクセスなどのデータはガイドブックを参照していただく形になっていました。しかし、この本を手にされた方が「出かけてみたいと思ったが、どうやって行くのかもわからない」というのはよろしくないので、季節や立ち寄りスポットの情報も含めて、しっかりデータを入れることに。やはり掲載されていなかった地図も、概念をつかんでいただける程度ですが、入れることにしました。さらに、1年を通じて、コンスタントに歩いていただければという思いから、12カ月の各週に合わせて、並べました。

私は決められたコースを決められたように歩くのが苦手で、個人で出かけるときはかなり気まぐれな歩き方をしています。この本を読んで、そのとおりに歩かれてももちろん結構ですが、もっと違う歩き方も、と思われる方のために、できるだけヒントとなる情報やコース選びの考え方も入れました。季節も、私自身いろいろに楽しんでいるので、そのヒントも。半日のコースを1日かけて、まったりと歩いたり、めったにないですが、いくつものコースをあわせ「東京五岳縦走」と称して「大縦走」したりと気ままに歩いています。この本がみなさんの楽しい山歩きの参考になれば幸いです。

とくに市街地ではスポットや歴史がいろいろありますが、予習が過ぎると現地で情報確認に追われたり、発見の喜びが薄れたりして楽しめないので、ほどほどにしています。思いがけない出会いや縁の例をあげると、この本には入れませんでしたが、新宿区の「おとめ山」から下山して、なにげなく見た表札に「黒田正夫 初子」のお名前を見たこと。どちらか1人だけなら同性同名もあるでしょうが、ご夫妻です。しかも瀟洒な住宅で、登山家・黒田夫妻のお宅と確信。愛読者だったので感動しました。もう30年ほど前のことで、プライバシーの問題はないと思うので初めて書きました。

この本では江戸川橋~箱根山（P256）の取材で神田川に沿って歩いたとき。私はフォークソング世代で、脊髄反射的に南こうせつとかぐや姫の「神田川」が思い起こされ、歌のモチーフはどのあたりだろうと考え、帰って調べると、まさに歩いたあたりが舞台。作